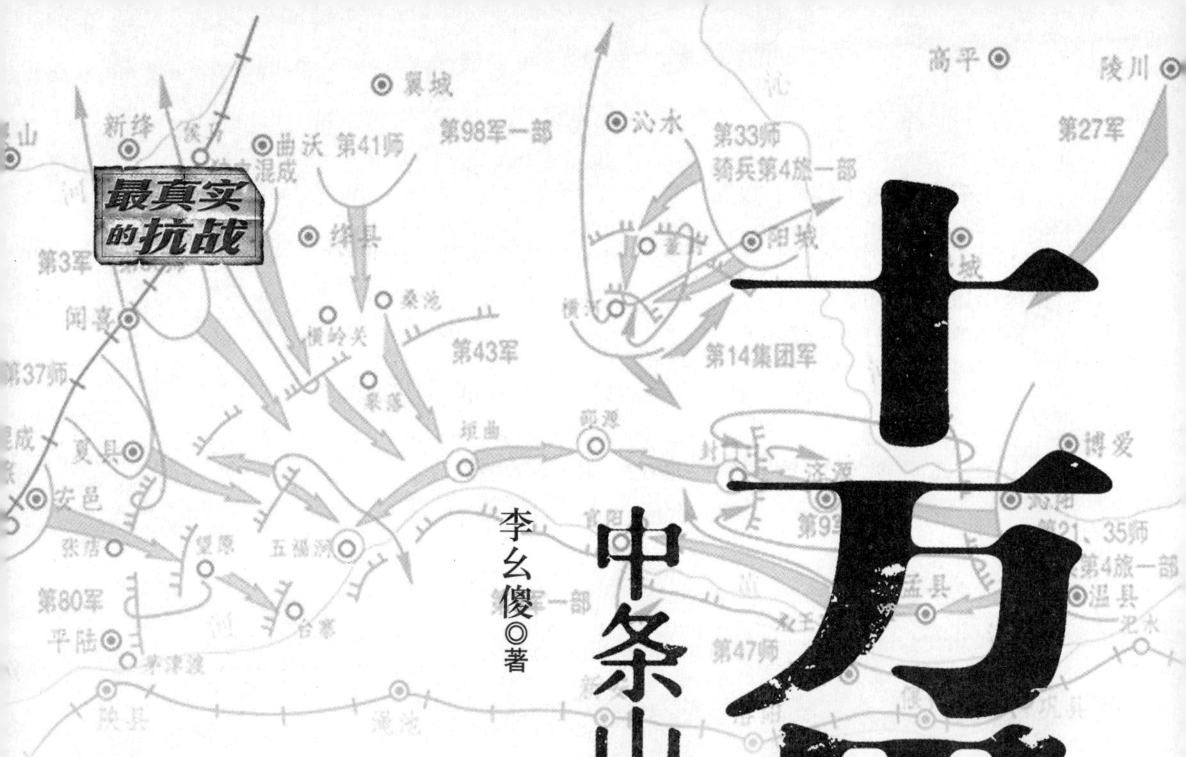

最真实的抗战

十万男儿血

中条山保卫战（1938~1941）

李幺傻 ◎ 著

西苑出版社
XIYUAN PUBLISHING HOUSE
北京·2015

图书在版编目（CIP）数据

十万男儿血：中条山保卫战：1938～1941 / 李幺傻著 .—北京：西苑出版社，2012.7
ISBN 978-7-5151-0236-8

Ⅰ.①十… Ⅱ.①李… Ⅲ.①晋南战役—史料 Ⅳ.① E297.3

中国版本图书馆 CIP 数据核字（2012）第 106369 号

十万男儿血：中条山保卫战（1938～1941）

著　　者	李幺傻
责任编辑	李　涛
出版发行	西苑出版社
通讯地址	北京市朝阳区利泽东二路3号
邮政编码	100102
电　　话	010-57280420
传　　真	010-88637120
网　　址	www.xiyuanpublishinghouse.com
印　　刷	三河市鑫利来印装有限公司
经　　销	全国新华书店
开　　本	710毫米×1000毫米　1/16
字　　数	300千字
印　　张	18.5
版　　次	2012年7月第1版
印　　次	2015年9月第2次印刷
书　　号	ISBN 978-7-5151-0236-8
定　　价	39.80元

（凡西苑出版社图书如有缺漏页、残破等质量问题，本社邮购部负责调换）

版权所有　翻印必究

血荐轩辕，捐躯炎黄

(代前言)

让我们打开中国地图，找到重庆的位置。

重庆，抗战时期是陪都，是民国政府所在地。1937年，日军在占领南京后，蒋介石带着民国政府迁往重庆。日军做梦都想进攻并占领重庆，逼迫中国投降。

重庆位于四川盆地，日军要进攻并占领重庆，有三条路可走：从南面和北面，可以走陆路；从东面，可以走水路。四川盆地西面是巍峨山脉的西藏，处于内陆极地，日军不会从西面进攻。

先说南面。1942年春，日军从缅甸仰光登陆，占领滇缅公路，向北推进，英军节节败退，急向中国求援。中国十万远征军走出国门，与日军在缅甸厮杀。可是，因为英军背信弃义、情报有误、将帅不和等原因，第一次缅甸战役失败。中国远征军的防线被突破后，日军顺着滇缅公路，越过缅北，直插中国滇西，然后来到怒江上的惠通桥边。中国守军慌乱中将惠通桥炸毁，才止住了日军的步伐。当时，如果日军控制了惠通桥，就可以从南面直接进入昆明，然后从云贵高原飞兵直下，可以很快进入四川盆地，重庆难保。

一座窄窄的桥梁被炸毁，桥下汹涌的怒江，挡住了日军北进的脚步。

再说东面。长江从巴颜喀拉山一路南下，然后向东流经四川盆地。重庆是长江沿线的一座城市，长江流经重庆后，继续东流，经过宜昌、武汉、九江、南京，注入大海。

1943年，日军占领了长江中下游的所有城市，然后大军齐聚宜昌，兵锋直指重庆。宜昌西面有一座村庄名叫石牌村，十八军十一师坚守这里。如果石牌有失，石牌到重庆的长江沿线，无险可守，日军可以直接叩关攻打重庆。

中日双方经过连月激战,日军步步紧逼,从水陆两路攻至长江岸边。关键时候,十八军十一师死死扼守石牌,生生斩断了日军一只伸进重庆的脚爪。然后,中国军队展开反攻,将日军又赶回了武汉。此后,一直到抗战结束,日军都没有再沿着长江进犯重庆。

最后说北面。

北面是日军经营最早、花费时间最长的一条通道,也是三条线中进入重庆最便捷的一条通道。重庆的北面是陕西,陕西的东面是山西,而日军早在抗战之初的1937年,就占领了山西。只需从山西进入陕西,再向南翻越秦岭山脉,就可以进入四川盆地,攻占重庆。这条线路比长江线路、云贵线路,要轻捷简单多少倍啊。

然而,从全面抗战之初的1937年,一直到抗战结束的1945年,整整八年,日军始终没有打通这条线路,也一直没有进入陕西,更没有进入四川盆地。这是什么原因?

山西,人称表里山河。它与西面的陕西,以黄河为界;而黄河的东岸,则有一座山脉,名叫中条山。

日军要进入陕西,必须先占领中条山,然后才能渡过黄河。中条山,扼守黄河三大渡口——蒲津渡、风陵渡和茅津渡。

日军要进入陕西关中,必须先渡过黄河;要渡过黄河,需要先占领这三大渡口;要占领这三大渡口,必须先占领中条山。所以,中条山,对于陕西,对于西北,对于西南,对于西南的重庆,都显得异常重要。

日军倘若占领了陕西关中,向西可以攻占甘肃和宁夏,关中向西,没有关隘,兵力稀少;向南可以进入四川盆地,进而攻占战时陪都重庆;而向北,则就是当年八路军总部所在地的陕北延安。

所以,中条山无论如何也要死守。

1937年下半年,日军进入山西,国民党军队先后进行了忻口会战、太原会战,都惨遭失败。其中,唯一的亮点,就是八路军一一五师师长林彪率军在平型关伏击日军辎重部队,取得大捷。

日军占领了山西省会太原后,兵锋南指,进入晋南山区。而晋南境内,就有中条山。

自七七事变后,日军一路南下,气焰正炽,兵锋正盛,他们没有想到的是,一条名叫中条山的山脉,挡住了他们南下西去的脚步。

一时,中条山前线,全国瞩目。

为了阻止日军向晋南进攻，原杨虎城将军的西北军就陆陆续续进入了中条山，进行防守。杨虎城的这支军队，被改编为第四集团军。

日军集结重兵，向中条山先后发起了13次大型进攻，均被以第四集团军为主力的防守部队击退。日方的记载中，将这些发生在中条山的战役，称为"中原会战"；中方的记载中，将这些战役称为"晋南会战"，或者"中条山保卫战"。

中条山保卫战取得了一连串的胜利，可是却少为人知。这些年，当常德保卫战、衡阳保卫战、滇西会战等战役进入人们视线的时候，同样惨烈悲壮的中条山保卫战仍然沉睡在历史的深处，等待着被唤醒。

一个重要的原因是，中条山保卫战的主力是第四集团军，而第四集团军是当年正面战场的杂牌军。杂牌军的战绩，是被当年书写战争进程的人，所忽略的；而当年的媒体，也很少报道。

第四集团军绝大多数是陕西人。

为了了解这段抗战历史，我曾经翻阅了陕西关中很多县的县志。每本县志上，都密密麻麻写满了抗战烈士的名字，和他们的出生地，后面的注释写着：牺牲于山西中条山。

每一本县志上，都记载着几百名这样有名有姓的烈士。算一算，整个陕南和关中，有多少个县？牺牲在中条山中的烈士，会有多少？

很多人听说过"八百冷娃跳黄河"，这场战役叫做"六六血战"。八百冷娃跳黄河，和狼牙山五壮士、八女投江一样壮烈；六六血战，比松山战役、腾冲战役更为悲壮。事实上，当年跳入黄河的，远远不止八百人，而是三千人。这三千人，几乎全是尚未经过训练的新兵和学生，他们刚刚来到中条山战场，连枪支都还没有领到。

六六血战，更是惨烈异常，悲壮无比。在这场战役中，陕西军猝遇强敌，四面被围，形势极端不利。日军天上有飞机轰炸，地上有坦克奔突，疯狂进攻中条山；陕西军大呼酣斗，死战不退，众志成城，绝地反击，终于将日军赶出了中条山。这些真实的故事，比好莱坞大片更震撼生猛，更一波三折，更回肠荡气。

为什么陕西军能够如此强悍？我采访过的一位老兵这样回答："身后就是我们的家乡，就是我们的父老妻儿，我们能不拼命？"

人们一直将中条山保卫战与中条山战役混为一谈。

中条山战役，是抗战相持阶段，正面战场上最大的一次溃败，国民党军队牺牲被俘八万人，蒋介石称之为"抗战中最大之耻辱"。

而中条山保卫战，发生在中条山战役之前。以第四集团军为主力的中国军队，坚守中条山将近三年，官兵同心，军民一体，让日军始终无法越过这条长度约为160公里的山脉，让日军占领西北和西南的战略计划，在这里止步。

中条山战役，失败了；但是中条山保卫战，我们胜利了。

在中条山战役前，对地形地理极为熟悉，又13次挫败了日军进攻，积累了丰富经验的陕西军，因为与八路军联系紧密，被蒋介石调到了中条山以南的河南驻防。陕西军调走后，蒋介石把中条山的防务交给了大量没有山地作战经验的部队，面对日军的进攻，仓促阻击，所以败在必然。

日军占领了中条山后，却仍然没有西渡黄河，进入陕西，进而进攻重庆。因为此时国际形势发生了变化，日本大本营的战略计划也要发生改变。

这是1941年5月，日军的战略计划已经从西进改为南下。日军缺少石油和橡胶，如果不能尽快占领南亚和东南亚，庞大的战争机器将无法运转。半年后，日军偷袭珍珠港，太平洋战争爆发，美国卷入了"二战"；日军进攻东南亚，东南亚是英国的殖民地，英国也被迫卷入战争。坚持独立抗战了四年之久的中国，终于有了自己的盟友。

此后，日军陷入了中国战场与太平洋战场的泥沼中，再也无力西进了。

当初，如果没有以陕西军为主力的中国军队在中条山的顽强坚守，如果日军进攻中条山的阴谋早早得逞，那么，日军西进成功，抗战的历史，甚至中国的历史，都要重新改写了。

从这个意义上来说，怎么评价中条山保卫战都不过分。

可惜的是，这段决定了中华民族历史进程的战争，一直不为人知，一直沉睡在历史深处。

现在，到了我们唤醒这段历史的时候了。

李幺傻

2012年5月13日

目录 CONTENTS

引 子 /1

这是中条山保卫战后发生的一幕幕感人的故事。

然而,中条山保卫战到底是一场怎样的战役?十七路军又是一支什么样的军队呢?

第一章 陕西军东征 /5

十七路军,是一支异常神勇的部队。因为和同一条战线上抗战的八路军联系紧密,军中又有众多的共产党员,老百姓称十七路军为"七路半";因为他们依托中条山顽强阻击日军,连战连捷,国民政府称十七路军为"中条山的铁柱子";因为日军无法占据中条山,进而渡过黄河,侵占西北,日军称十七路军为"盲肠炎"。

十七路军,就是西安事变后经过改编的杨虎城的部队,也是我的家乡陕西的部队。

第一节 陕西每县都有数百人战死疆场 /7

第二节 不抛弃,不放弃 /12

第三节 誓师出征,渡河抗日 /17

第四节 雪花山之役 /22

第五节 彭德怀传授游击战术 /28

第六节 孙蔚如挥师东征 /33

第二章 永济保卫战 / 41

然而,历史上陷入如此死地,能够反败为胜的,又有几人?

项羽破釜沉舟,说:"置之死地而后生",结果成功了;韩信背水结阵,说:"置之死地而后生",终于胜利了;赵括被秦军切断后路,说:"置之死地而后生",结果全军覆灭;马谡独上高岗,也说:"置之死地而后生",结果身首异处;张灵甫独上孟良崮,还是说:"置之死地而后生",还是失败了……陷入死地而能够生存的,找遍历史,也仅有项羽和韩信,而失败的例子举不胜举。

  第一节 卫立煌到延安 / 43

  第二节 西阳河战役 / 49

  第三节 激战尧王台 / 56

  第四节 夜雨中的西姚温村 / 62

  第五节 血染永济 / 68

  第六节 挺进中条山 / 75

第三章 共产党帮助整军 / 83

毛泽东又问,靖国军都投降了,杨虎城怎么没有投降?孔从洲说,杨虎城高举靖国军的旗帜不倒,主要是受党的影响,他的部队里有很多共产党员,在榆林时就认识魏野畴,他是陕西兴平人。

毛泽东说:"哦,陕西出人才,李自成是陕西人,司马迁是陕西人,魏野畴是陕西党的创始人之一,他还有著作呢,他对西北军的影响不小。以后呢?"

  第一节 孙蔚如保护地下党员 / 85

  第二节 以八路军为榜样 / 93

  第三节 看看这些二鬼子 / 101

  第四节 武士敏和高桂滋 / 109

  第五节 日酋的忏悔 / 117

  第六节 游击战遍地开花 / 123

第四章　六六血战 /129

6月6日午后，日军攻破了陌南镇，双方展开了巷战，一七七师的官兵死战不退，先是一条街道一条街道的拼杀，后是一间房屋一间房屋的争夺，喊杀声、爆炸声、怒骂声、喘息声，枪与枪相撞、刀与刀相击的声音，弥漫在陌南镇的上空。每一条巷道里，每一块地面上，每一堵围墙下，每一棵树木旁，都是死尸，死尸抱在一起，摞在一起，连在一起。鲜血顺着街巷向前流淌。双方的士兵踩着死尸交战。

第一节　奔袭敌后 / 131

第二节　看不懂的防御战 / 138

第三节　狭路相逢勇者胜 / 144

第四节　绝地反击 / 151

第五节　三十八军突围 / 158

第六节　飞兵北上 / 164

第七节　陕西冷娃的复仇之战 / 171

第五章　3000壮士跳黄河 /179

车国光第一次向外界披露陕西军跳黄河的历史，是在1986年5月，他的回忆文章收入了当月印刷的《垣曲文史资料》。在这篇文章中，他明确记载，当年从芮城县陌南镇跳入黄河的有1500人，这些士兵都是一七七师的。后来，张恒走访了平陆县的茅津渡、太阳渡、沙口、张峪等地，了解到当年独立四十六旅和独立四十七旅在这里跳入黄河的也有1500人。所以，六六血战的那几天，陕西军跳入黄河的共计有3000人。

第一节　黄河魂 / 181

第二节　最可敬的乡亲 / 188

第三节　跳黄河有多少人 / 196

第四节　寻亲路漫漫 / 201

第五节　后死碑 / 207

第六节　望原之战 / 214

第六章 中条山失守 / 225

中条山战役,中国军队一下子失去了这么多优秀将领,实在让人痛心。古希腊时期,力学之父阿基米德被一名罗马士兵砍杀,后世评论说:"这一刀,砍下了一个世纪也难长成的头颅。"而中条山战役,也丧失了我们中华民族的忠诚将士。

第一节 暴风雨前的宁静 / 227

第二节 卫立煌走了,何应钦来了 / 234

第三节 中国军队阵地被各个击破 / 241

第四节 三位将军同一天殉国 / 248

第五节 突围,突围 / 253

第六节 将军一去,大树飘零 / 262

第七节 战俘的悲惨命运 / 268

尾 声 / 273

1941年5月,留在中条山的中国军队被日军战败,一部分牺牲,他们至今连姓名也没有留下;一部分逃过了黄河,盼望着能够打过黄河以北来;一部分做了战俘,遭受了非人的折磨,九死一生。

后 记 / 279

参考文献 / 281

引 子

就在不久前，迈入耄耋之年的阎海棠委托儿子张晓锋在网上发帖，寻找父亲阎自明的墓地。阎自明1941年牺牲在中条山战役中，时年29岁。但是，父亲阎自明牺牲的具体地点，当年牺牲的情景，阎海棠都不知道，她的母亲只是在70年前，接到了国民政府送给的一张《牺牲通知书》。

阎自明曾经上过中学，在部队里应该是军官。阎海棠说，父亲阎自明牺牲前曾经回过老家一趟，只喝了一碗水就又离开了，他告诉阎海棠说："战事紧急。"此后，再也没有回来。

阎自明的家庭地址是：河南省偃师市城关镇东寺庄村。

杨超志是山西省芮城县陌南镇道东村人，芮城县就在中条山腹地。当年十七路军的一个骑兵连驻扎在这座村庄里，和村民相处很好。1939年"六六血战"时，骑兵连的赵连副牺牲在村外的小南沟里，村民们将他的遗体抬回村中，商量后决定掩埋在邻村。那天，抬棺上路时，突然绳索断了，村民们都说："赵连副不愿意离开咱村。"他们就将赵连副抬到了村旁一眼废弃的土窑里，将窑门封住，等着赵连副的家人来到道东村搬走遗骨。

多年后，来了两个外地人，他们说是赵连副的家人，恭恭敬敬地带走了遗骨，道东村全村人将他们送出了很远。

几年前，又有一个人来到了道东村，说自己是赵连副的儿子，他从当年与赵连副并肩作战的陆连副的口中知道了父亲掩埋在道东村，这次是来搬走父亲赵连副的遗骨。村里人告诉他赵连副的遗骨早就被人认领搬走了，不知道搬到了哪里。来人听说后，跪在地上大哭，后来烧香磕头，放了一挂鞭炮，就流着眼泪无奈离开。

杨超志说:"我们全村人都感到对不起赵连副,当年十七路军在中条山牺牲的人太多了,也不知道有多少个赵连副。"

山西省平陆县洪池乡西郑村有一块"后死碑",石碑上镌刻着28名抗日烈士的姓名和籍贯。

西郑村的柴昌老人说,这28名烈士都在一个营里。有一年,驻扎在西郑村的一营战士正在吃早饭,突然听说鬼子来了,战士们放下碗筷就拿着枪冲了出去。天黑后,鬼子被击退了,这28名战士也倒下了。因为战事紧急,营长将这28名战士掩埋在村外的壕沟后,又奔赴了战场。一月后,战事稍缓,营长又来到了西郑村,第二次安葬战友,给每位烈士买了一口棺材,在每口棺材里放了一块青砖,青砖上用刺刀刻着这名烈士的姓名、籍贯、年龄、军衔。随后,营长又找到石匠,用一块青石刻成了"后死碑"。

这28名烈士中,有24名是陕西籍,其余四人籍贯分别是河北、山东、甘肃和山西。

这些烈士有后代吗?后代知道他们掩埋在哪里吗?

西北大学教授张恒等人了解到这个情况后,立即呼吁寻找这些烈士的后代。于是,秦晋两地开始携手寻亲。两年来,张恒按照石碑上民国时代的地址,行程3000公里,终于找到了20名烈士的家人和后代。

70年来,这20名烈士的家人和后代一直在苦苦寻找亲人的下落,他们只知道亲人奔赴抗日战场,此后杳无音讯,没想到亲人牺牲在山西的中条山中。

张恒说,那天,20位烈士的亲人一同来到西郑村的"后死碑"祭奠,所有人都哭了,有的哭喊:"爸呀,咱一块回去啊。"有的哭着说:"哥呀,妈到临死都等着你回家。"

杨春生是山西省芮城县大沟南村人,她的父亲杨继周在中条山保卫战中救护过一名中国士兵,这名士兵叫陈志清。

当年,一场恶战过后,十七路军弹尽粮绝,面对蜂拥而上机枪扫射的日军,中国军队的士兵们一步步退到了黄河岸边,他们宁肯跳入浊浪翻滚的黄河,也不愿投降日军。

一天,杨继周在黄河岸边割草时,看到草丛中躺着一名中国战士,全身浴血。这就是陈志清,他从悬崖上往下跳时,落在了草丛中。

在这次战役中，陈志清所在的团伤亡大半，剩下的二三百名战士被日军逼到了黄河岸边。陈志清看到有两个战士，一老一少的父子兵，手拉着手跪在了悬崖上，面朝着黄河那边陕西的方向，连着磕了三个响头，然后头也不回地跳了下去。日军涌了上来，陈志清也纵身跳落悬崖，被摔昏了。他就这样躺了一天一夜，等来了杨继周。

杨继周告诉陈志清说："日本人在到处搜山哩，你得赶紧离开这里。"杨继周扶着陈志清到黄河岸边洗了脸，又把自己的衣服换给陈志清，把陈志清脱下的军装放在河水中顺流漂走，最后，把自己怀里揣着的两个馍馍给了陈志清。

杨继周和陈志清互相留了姓名后，陈志清对着杨继周跪了下去，感谢他的救命之恩，然后，就离开了。杨继周躲在草丛中，一直到天黑，才穿着裤衩回到村中。

杨春生说："这些年来，父亲总给我们讲，那个名叫陈志清的陕西兵，不知道以后活着没有，父亲到临死前都牵挂着这个陕西兵。"

那天，陈志清穿着杨继周的衣服沿着黄河西岸行走，走到天黑后，遇到了一支中国军队，以后他就跟着这支中国军队打鬼子。抗战胜利后，他回到家中，娶妻生子，儿子叫陈忠岳。

陈忠岳上小学的时候，正遇上"文化大革命"。有一天，他放学回家，看到全村召开批斗大会，父亲陈志清被五花大绑，站在高台上，弯腰屈膝，身后是两名红卫兵。陈志清一看到儿子，脸色大变，极为悲戚。多年后，陈忠岳回忆起此事，泣不成声，说："我能想到我父亲当时的心情，一个父亲最大的耻辱，就是在儿子面前出丑。"

陈志清一直没有告诉儿子陈忠岳自己当年抗战的经历。直到临终时，他才把儿子叫到身边，说起当年在山西省中条山抗日的情景，他说："我的救命恩人在山西芮城，名叫杨继周，这些年一直想去找，不敢去找，害怕给他家带来灾难。"

陈志清去世后，因为家庭困难，陈忠岳不能前去山西芮城，他多次托人在芮城打听一个叫杨继周的老人，可惜都没有消息。因为这时候，杨继周已经去世了。

2006年，距离杨继周和陈志清去世都已经十多年了。一天，西北大学教授张恒、陕西农民作家张君祥等人寻访当年十七路军跳黄河的地方，来到了大沟南村。杨继周的女儿杨春生看到他们车子上有"寻访十七路军"的字样，就给了他们每人一个苹果。他们拿着苹果，感到不解。杨春生说："苹果不是卖给你们的，是送给你们吃的。"然后，杨春生就说了父亲杨继周曾经救过一个名叫陈志清的十七路军战士的情景。

张君祥听到这个消息后，立即想到了朋友陈忠岳曾经讲过的一件事情：陈忠岳的父亲陈志清曾经在芮城黄河岸边被一名村民救了。但是，救人的是不是眼前这位农妇的父亲，张君祥和张恒都不敢确定。

回到西安后，张恒和张君祥找到了陈志清的儿子陈忠岳，说起了在芮城县的奇遇。陈忠岳激动万分，很快就和张恒、张君祥一起来到大沟南村。

陈忠岳和杨春生见面后，说起了父亲们当年见面的情景，分别时的留言，两人所说的一模一样。六十多年的愿望终于实现了，他们跪在地上，告慰父亲，放声大哭。张恒说，当时，所有在场的人都泪流满面。

现在，陈忠岳家和杨春生家结为了亲戚，人世间最好的亲戚。

这是中条山保卫战后发生的一幕幕感人的故事。

然而，中条山保卫战到底是一场怎样的战役？十七路军又是一支什么样的军队呢？

第一章

陕西军东征

十七路军,是一支异常神勇的部队。因为和同一条战线上抗战的八路军联系紧密,军中又有众多的共产党员,老百姓称十七路军为「七路半」;因为他们依托中条山顽强阻击日军,连战连捷,国民政府称十七路军为「中条山的铁柱子」,因为日军无法占据中条山,进而渡过黄河,侵占西北,日军称十七路军为「盲肠炎」。

十七路军,就是西安事变后经过改编的杨虎城的部队,也是我的家乡陕西的部队。

①	②
③	
④	

①杨虎城将军
②孙蔚如将军
③十七路军司令部特务营连长胥继武
④十七路军三十八军十七师五十一旅
　一〇二团排长宁必成

第一节　陕西每县有数百人战死疆场

　　人们只知道1932年上海"一·二八"淞沪抗战中英勇抗击日军的十九路军，只知道十九路军的军长蔡廷锴、总指挥蒋光鼐；而不知道1938年到1941年在山西黄河岸边中条山同样英勇抗击日军的十七路军，不知道十七路军的高级将领孙蔚如、赵寿山。因为十九路军的抗日事件写进了历史课本，而十七路军的抗战事迹湮没在了民间。

　　十七路军，是一支异常神勇的部队。因为和同一条战线上抗战的八路军联系紧密，军中又有众多的共产党员，老百姓称十七路军为"七路半"；因为他们依托中条山顽强阻击日军，连战连捷，国民政府称十七路军为"中条山的铁柱子"；因为日军无法占据中条山，进而渡过黄河，侵占西北，日军称十七路军为"盲肠炎"。

　　十七路军，就是西安事变后经过改编的杨虎城的部队，也是我的家乡陕西的部队。

　　可是，我了解十七路军，了解中条山保卫战，已经到了工作之后。

　　十多年前，在我还没有做流浪记者的时候，我是一名文学青年。那时候的文学青年，普遍有着浪漫情怀和报国热忱，对文学和生活有着一种神圣的感情，总感觉自己要"铁肩担道义，妙手著文章"，每个文学青年都像教徒对宗教一样虔诚，为了文学会抛头颅洒热血，鞠躬尽瘁死而后已。

　　那时候，我骑着一辆叮当作响的破自行车，像一只笨拙的大鸟，摇摇晃晃、跌跌撞撞地飞翔在关中平原尘土飞扬的乡间道路上，挖掘那些鲜为人知的或者不为人知的故事。

　　我至今还记得，在一次听陈忠实老师讲课的时候，他说到了他对陕西各地县志的关注，他说《白鹿原》中一个名叫小娥的人物，就是从县志中得到的灵感。每本县志中都有一章《烈女传》，专门记录那些为了贞洁而守身如玉的女子，还

中条山保卫战（1938~1941）

有为了丈夫甘愿殉葬的女子。但是这些女子都没有名字，她们在县志中的符号是"王氏、李氏、张氏、赵氏……"她们的面容在那些发黄的志书中模糊不清，并渐渐被人们遗忘。

从那时候起，我觉得县志中一定有很多故事。因此，我每到一地，就想方设法寻找县志进行阅读。在县志中，我看到了很多烈女的事迹，这些事迹让生活在今天的我们瞠目结舌。

我现在还记得一本县志中记载有这样一个故事：

某氏，刚结婚第二天，丈夫就离世，此后终身不嫁。曾有邻居一男子妄图轻薄，拉了她的手腕一把。她回家后用快刀砍断手腕，血流不止身亡。死后，县令命修建牌坊一座，彰显她的高风亮节。

看这个故事的时候，我没有受到感动，我只感到不寒而栗。

我到过关中平原的很多地方：黄陵、长安、三原、蓝田、临潼、华阴、华县、潼关、大荔、合阳、韩城、蒲城……也翻阅过这些地方的县志。我在县志的最后几页，总能看到一长串姓名，每个名字的后面都有"死于中条山保卫战"几个字。这是我第一次看到有关这场战役的记载。这场战役留给我的印象是异常惨烈悲壮，即使按照县志上的不完全统计，每个县城死于这次战役的都有几百人，而关中平原就有上万人。

这到底是一场什么样的战役？为什么会有如此重大的伤亡？

有一年，我在渭南塬上寻访到一位参加过中条山保卫战的老兵，他姓关，我忘记了他的名字。他现在已经去世多年了。

渭南塬是秦岭的一条余脉。秦岭像一条蜈蚣一样，它西起甘肃，爬过陕西，来到河南，它伸出的无数爪脚就是它的余脉。渭南塬上有好几个乡镇的人居住。

当时我还没有把中条山保卫战写下来的想法，只是出于好奇才向老人打听这场死伤惨重的战役。

老人说，陕西军在中条山打了三年，日本人用了三年时间也没有攻下中条山。中条山是中国军队在黄河以北的最后一道防线，失去了中条山，中国黄河以北就全部沦陷。

老人所说基本正确，后来我查找资料得知，当年国民党军队在中条山部署了十几万军队，其中的主力就是陕西军。而这支陕西军，就是杨虎城留下的西北军。

西安事变后，那支镇守陕西的西北军去了哪里？

第一章 陕西军东征

第一节 陕西每县都有数百人战死疆场

他们去了中条山前线。

杨虎城的名字,是和西安事变连在一起的。

西安事变后,张学良被蒋介石带到了南京;杨虎城留在了西安,被解职。陕西军由孙蔚如将军统领。孙蔚如是一员抗日虎将,他身高一米九以上,膀大腰圆,孔武有力,是一名典型的关西大汉。接下来我会重点写到孙蔚如将军和他那些能征惯战的部下。

杨虎城出生在陕西省蒲城县孙镇。我曾经去过那里,那里是远近闻名的鞭炮之乡,那里人的性格也像炸药一样一点就着,爱憎分明,快意恩仇。就是这样一块土壤养育了杨虎城这样的人。

陕西人把侠客不叫侠客,而叫刀客;陕西人把土匪也不叫土匪,还叫刀客。而杨虎城就是一个刀客。关中这块地方不但盛产小麦,还盛产刀客。关中刀客是和油糕、棍棍面一样成为关中平原的名牌产品。

蒲城的人都说,杨虎城胆子大得很,又有计谋,从小就看出了和别人不一样。

杨虎城出生在穷人家庭,从小饱受磨难。他和后来一起发动西安事变的张学良不一样,张家公子尽管出生在东北一辆马车上,但是随着父亲张作霖职务的不断升迁,他的荣华富贵也就接踵而来,养尊处优的他从来不知道什么叫做艰苦卓绝。当张学良把心思都用在怎么玩乐的时候,杨虎城的心思全用在了怎么填饱肚子上。

杨虎城12岁那年,父亲去蒲城县城赶庙会,母亲在家患急病,杨虎城一路奔跑去找父亲。到了集市上,看到人山人海,哪里能够找到父亲,怎么办?小小的孩子看到路边有一个旗杆,就像猴子一样"哧溜哧溜"地爬上去,爬到高处后还手搭凉棚四处观望。庙会上的人都围聚过来,纷纷打听:这是谁家的孩子?怎么爬这么高,多危险啊!杨虎城的父亲也来到旗杆下,看到了他。就这样,杨虎城找到了父亲。

杨虎城15岁那年,父亲因为参加哥老会被抓。哥老会是一个反清复明的秘密组织,从长江沿岸波及黄河两岸。父亲被押解到了省城西安后,杨虎城一路乞讨,来到西安一家饭店打杂,每天都把节省下的一碗饭端进监狱,送给父亲。两个月后,父亲被执行绞刑,杨虎城又用自己两个月的打工钱,买了一辆独轮车,载着父亲推回家乡。从省城西安到渭北的蒲城,路程长达二三百里,杨虎城硬是推着独轮车一路"吱吱扭扭"地回到了家乡。

杨虎城16岁那年，蒲城县孙镇成立了孝义会，这是由七户农民组成的民间组织，宗旨在于互相帮助，扶贫济困。敢作敢当、智勇双全的杨虎城成为了孝义会的首领。几个月后，这个组织很快就发展到了上百人。但是这时候，杨虎城还只是一个日出而作、日落而息的农家少年。

辛亥革命爆发，推翻清朝的浪潮也席卷了西北，当时陕西有一支秦陇复汉军，杨虎城带着100人的队伍加入了这支武装，与清兵作战。

接下来的一年里，中国乱得不能再乱了，你方唱罢我登台，争权夺利名利场，密匝匝蚁排兵，乱纷纷蜂酿蜜，闹嚷嚷蝇争血，战场变成了官场。中国不再需要那么多的军队了，秦陇复汉军被解散，杨虎城带着子弟兵又回到了渭北，面朝黄土背朝天，把日头从东山背到西山。

如果没有接下来的这一起凶杀案，杨虎城可能一辈子都是一个农民。

杨虎城21岁那年，渭北出了一个名叫李桢的人。李桢是前清武秀才，会两下拳脚功夫，纵横乡里，无恶不作。李家在渭北势力很大，有一支私人武装，又与官府往来密切。用今天的话来说，李桢就是一个"黑社会"老大。李桢当年是渭北的老虎，李桢一出门，人们就纷纷躲避。

当年的"黑社会"就是这样的，都是一方恶霸，走路都像螃蟹一样横着行；现在的"黑社会"老大都西装革履，油头粉面，把自己装扮得像个贪官；而贪官则吃喝嫖赌，一脸恶相，随意抓人打人，又像是"黑社会"。

那时候，李桢经常带着一帮子打手下乡，看到不顺眼的人就打，看到交不起租的人就打。很多人都挨过李桢的拳脚，他们没办法，就找到杨虎城。杨虎城曾经看到过李桢把一个农民吊在树上打死了，他早就看不惯李桢这一套，决心为民除害。

这时候的杨虎城就和《水浒传》中行侠仗义的绿林好汉一样，匡扶正义，除暴安良，鲁达三拳打死镇关西，石秀一刀砍翻淫和尚。《水浒传》之所以能够流传几百年，而且还将永远流传下去，是因为它满足了人们一直盼望的惩恶扬善的美好愿望。

杨虎城要为民除害，干掉李秀才。

杨虎城干掉李桢的故事在很多书籍中都有记载。杨虎城没有枪，就向别人借了一把马拐子，这是陕西人口中的短把步枪，是骑兵用的，可以一只手使用。杨虎城把枪揣在怀里,去找李桢。有人说李桢在一家粮店里催债,杨虎城就找到了这家粮店。李桢手下的打手在粮店门口拦住了杨虎城,问他干什么,杨虎城不动声色地说:"给李秀才送信。"打手就放杨虎城进去。杨虎城走进粮店后院里,看到有两个人躺在炕上吸大烟,他就问:"哪一位是李秀才?我送信给他。"李桢毫无防备,站了起来说:"我就是。"杨虎城从衣服里摸着摸着,没有摸出信件,却摸出一杆枪,一枪就把李秀才撂倒了。然后,杨虎城在人们惊恐的目光中扬长而去,这就像武侠小说中常常写到的剑客一样,收剑入鞘,飘然远去。

打死了李桢,官府就捉拿杨虎城,杨虎城干脆组织起了一队刀客,杀富济贫,来往于渭北,让官府惊恐。这批刀客有100人,这100人以后成为陕西军的中坚力量,无论是杨虎城落魄还是风光,这些老弟兄都没有离开他。陕西人讲义气的特点在这些刀客身上充分体现了。

官府围剿了"关中刀客"几次,都惨遭失败,后来采取安抚政策,收编他们为民团,杨虎城想到做刀客也不是长久之计,就接受了改编,后加入了陕西护国军。

这一时期,贺龙在湘西拎着两把菜刀砍翻了盐税局的公务员,拉起了一支队伍,也接受了改编,加入了湖南护国军;刘伯承在四川部队里当上了连长,也加入了四川护国军;而彭德怀也像杨虎城一样,打死了一个地方恶霸,正在躲避官府的追捕。

各地的护国军,打的都是袁世凯的军队,因为袁世凯要称帝。

这时候,孙蔚如、赵寿山都在杨虎城手下任职。孙蔚如和赵寿山以后都在中条山保卫战中大显身手,建立殊勋。

孙蔚如是西安市长安县人,赵寿山是西安市户县人,两人都毕业于当时西安的陆军测绘学校,他们都在杨虎城手下,从下级军官做起,以后成为了集团军司令。

第二节 不抛弃，不放弃

在没有成为西北军举足轻重的人物之前，有两件事情改变了杨虎城的生命轨迹：第一件是蛰伏陕北，第二件是坚守长安。

陕西作家高建群在小说《最后一个匈奴》中写到过杨虎城在陕北的往事；陈忠实则在《白鹿原》中写过"二虎守长安"。陕西作家对历史都有一种特殊的感情。

那些年里，中国一直在打仗，大军阀在混战，小军阀也在混战，为了争夺地盘，为了争权夺利。军阀们是没有原则的，也是无所谓正义不正义的。昨天还是朋友，今天就成了敌人；今天还是敌人，明天就成了朋友。"没有永恒的朋友，只有永恒的利益。"打来打去，消耗的都是中国的国防力量，消耗的都是中国的战略物质。而此时的日本，却已经在暗暗地厉兵秣马，工厂的机器声昼夜轰鸣，校场上喊杀声直入云霄，他们上下一心，准备占领中国。

杨虎城带着他的部队在陕西打了很多仗，他的势力在不断壮大，最强盛的时候，手下已经有了 8000 人枪，这样的一支武装，足以称霸一方。可是在一次与直系军阀的交战中，他们被装备精良拥有重武器的直系军阀击败，手下猛将孙蔚如负伤，杨虎城带着仅存的 1000 名残兵败将退入陕北。

那时候的陕北地广人稀，草木不生，被西方人认为是最不适合人类生存的地方。杨虎城带着 1000 人来到陕北的时候，连粮食都没法筹措。直系军阀预测到杨虎城在这个鸟不拉屎的地方成不了气候，就让他自生自灭。十几年后，毛泽东也带着一支疲惫不堪的队伍来到了陕北，蒋介石同样判断出毛泽东在这个穷山沟里成不了气候。然而，异常苦焦的陕北锤炼了陕北人异常坚韧的性格，杨虎城在这里把事弄成了，毛泽东也在这里把事弄成了。

杨虎城带着 1000 人一直向北，穿越了千沟万壑和毛乌素沙漠，来到了背靠蒙古草原的榆林。尽管当时极度饥寒，前途渺茫，但是这支队伍没有散，他们拧成了一股劲，等着局势变化，然后从陕北杀出去。十几年后，毛泽东也是这样，尽管经历了各种困难，走完了二万五千里长征，终于来到了陕北，尽管贫困的陕北几乎无法养活这支红军队伍，但是，他们依旧万众一心，对胜利充满了渴望。

当年跟随着杨虎城在陕北养精蓄锐的很多人，一直跟随杨虎城到西安事变，不抛弃，不放弃。西安事变后，杨虎城出国，他们又一起开赴中条山抗日前线。这支队伍越战越勇，这些陕西军将领从来没有窝里斗，无论处境多么艰苦，他们总是抱成团，义字当先。而这些人，无论哪一个都是能够独当一面的虎将，在以后的中条山保卫战中，他们每个人都打得有声有色，功勋卓著。人们只知道桂系高级将领齐心协力，不知道陕西军高级将领照样同心协力。

孙蔚如当年没有跟随杨虎城去往陕北，他在一次战役中负伤了，当杨虎城带着仅余的1000人行走在陕北的千沟万壑时，孙蔚如在医院里疗伤。伤好后，很多军阀都来拉拢孙蔚如，委以高官，但都被孙蔚如一一谢绝，他奔往陕北，寻找杨虎城。

孙蔚如来到陕北后，就举办了陕北军事教导队，为杨虎城的军队培养干部，后来，名扬中条山战场的孔从洲就是这时候入学的。

后来，杨虎城军中的军官有"测、保、教"的说法，意思是说，这支军队中的军官都来自陕西陆军测绘学校、保定军校、陕北军事教导队。

杨虎城在陕北待了一年，这一年里他痛定思痛，总结失败教训，重新训练军队。他像当年蛰伏新野的刘备三顾茅庐邀请诸葛亮一样，延请了杜斌丞、魏野畴作为自己的军师。杜斌丞是以后国民党军队著名将领杜聿明的堂兄，当杨虎城在陕北练兵的时候，杜聿明还背着书包上学堂。杜聿明还有一个表兄叫做李鼎铭，就是毛泽东在《为人民服务》中提到的人。

杨虎城延请的另一个军师魏野畴则是中共早期党员，他的入党介绍人是李大钊。杨虎城以后能够与共产党合作，与这两个军师有很大关系，他们一个倾向于共产党，一个是共产党员。

一年后，形势大变，冯玉祥进入北京，囚禁了直系军阀曹锟，邀请国民革命军和孙中山北上。

当初将杨虎城赶到陕北的就是直系军阀在陕西的代表，而现在树倒猢狲散，陕西的代言人惶惶不可终日，河南的国民革命军十万人又准备向西进入陕西。杨虎城趁机发兵南下，一路收编各路武装，实力大增。等来到关中平原的时候，直系军阀已经在陕西倒台了,头目刘镇华逃亡河南。冯玉祥将杨虎城收归麾下,命令他驻扎在富饶的陕西西府宝鸡。

不久,接受了吴佩孚任命的刘镇华从河南搜罗了十万土匪喽啰,攻陷潼关,进攻关中,声言要血洗西安。当时守卫西安的是李虎臣。

李虎臣也是一名关中刀客,曾经是杨虎城的拜把子弟兄。当年他们结拜的时候有十兄弟,在华山之巅歃血为盟,都是没有成名的二杆子刀客,杀富济贫,匡扶正义,除暴安良。这十个人是胡景翼、井勿幕、邓宝珊、宋哲元、续范亭、孙殿英、续西峰、弓富魁,另外两个就是杨虎城和李虎臣。胡景翼和井勿幕都曾经称霸陕西;邓宝珊是国民党陆军上将;宋哲元是抗日名将,喜峰口抗战的民族英雄;续范亭曾在中山陵前剖腹,名动全国,后来组建共产党的山西新军,高中历史课本上曾经出现过他的名字;孙殿英更是名气很大,当然是夜盗东陵,断了大清皇室的龙脉;续西峰曾担任冯玉祥的总军师,过早离世;弓富魁曾任国民革命军军长,也过早离世。

乱世出英雄。当年华山之巅结义的十兄弟,谁也没有想到以后都史册留名。

李虎臣是陕西临潼人,杨虎城是陕西蒲城人,都属于陕西的关中地区,两人当年当刀客的时候,就一见如故。而且,更奇特的是,杨虎城,号虎臣。所以,李虎臣称呼杨虎城的时候,不叫名字,而叫"对点",杨虎城也以"对点"称呼李虎臣。对点,是陕西关中方言,意思是"想到一搭了"。

和杨虎城一样,李虎臣也没有多少文化,但是非常喜欢听《三国演义》《水浒传》,自小血管里就流淌着忠义和倔强的血液。关中人都特别讲义气,关中人对《三国演义》《水浒传》的喜爱达到了无以复加的程度,这是陕西以外的人难以想象的。即使在现在,东南沿海地区谈论的都是怎么赚钱,而走进关中农村,老老少少们聚集在一起,谈论的话题还是《三国演义》《水浒传》,这几百年来一直都是这样。在关中农村,即使没上过学的文盲,也能把关羽、武松、鲁智深这样的人说得头头是道。在别的地方以经济建设为中心的时候,关中百姓还是将"义"看得高于一切,从古到今一脉相承,他们日子过得再清苦,也很少有人去行骗。

关中人从《三国演义》《水浒传》中学会了报国忠义。西安事变后,孙蔚如三次面见蒋介石,要求将他扣押,而放杨虎城出来抗日,他说杨虎城打仗比他在行;抗战开始的时候,已经成为平民的李虎臣从西安跑到了重庆,要蒋介石给他一支军队去打鬼子。这样的事情，别的地方的人是干不出来的。

关中人，甚至整个陕西人的性格都有一个特点——生倔冷憎。一条路走到黑，撞倒南墙不回头，总是能够干出别人想不到的事情。外界人把这种性格叫"冷"，把陕西小伙叫"陕西冷娃"。理解了陕西冷娃，就能够理解张学良被抓了，东北军解散了，而杨虎城被抓了，讲义气的陕西军没有解散；就能够理解陕西几千娃娃兵手无寸铁，被日本人逼到了黄河岸边，宁肯跳进黄河也不投降；就能够理解以陕西军为主的中国军队为什么能够孤悬敌后三年之久，日本人难以越过中条山。

"二虎守长安"的事情发生在1926年4月初，刘镇华带着十万军队来到关中的时候，李虎臣的守军只有5000人，而且四分五裂，人心惶惶。是战是和，部下各执一词。李虎臣派人向杨虎城求援，并说："'对点'来，就守；'对点'不来，就走。"对点，就是李虎臣对杨虎城的称呼。

杨虎城当然守，关中刀客出身的他从来就不怵硬仗恶仗。杨虎城先派孙蔚如占据了渭北通往长安的所有交通要塞和桥梁，然后5000大军开往长安城。

就在杨虎城星夜兼程赶往长安的时候，刘镇华已经将长安城围住了。可是，愚蠢的刘镇华采取"围三阙一"的战术，西门外没有派一兵一卒，幻想着大兵压境，李虎臣会望风而逃，他没有想到杨虎城的5000人马趁着夜色从西门鱼贯而入。等到刘镇华发现援兵到来，派兵围攻西门的时候，杨虎城已经站在了城墙上，西门关闭了。

长安城里，现在有了一万人。然而，十万人攻，一万人守，仍旧实力悬殊。

长安围城，长达八月。陈忠实在《白鹿原》中详细写到了当年城内的情景。因为战事延长，城内粮食已经严重告罄。《陕西文史资料》记载：

> 11月8日，一场雨雪使气温大幅下降，难民们饥寒交迫，无以为继，每天死亡多达数百人，惨不忍睹。到西安解围时，城内死亡人数高达五万人。

这样的惨烈战事，在中国现代历史上是绝无仅有的。宁肯饿死，也不投降，反映了陕西冷娃的性格。

当年，孙蔚如守卫战事最激烈的城墙东北角，这是刘镇华的主攻方向。据史料记载，这里的战事"日辄数起"。

有一天早晨，孙蔚如坚守了一夜后，刚刚走下城墙，突然城外大哗，刘镇华组织敢死队攀着城墙进攻，而城外又筑起了两座高于城表的炮台，炮弹带着巨大的啸声落在城墙上。孙蔚如带着援兵赶到时，守城的一连士兵仅余三人。他们立即投入战斗，这场惨烈的战斗长达七个小时，等到午后战斗结束，孙蔚如身边的警卫员、勤务兵14人仅余3人，而且全都带伤。

1926年11月26日，守军已经弹尽粮绝，无法再坚守。杨虎城和李虎臣有过这样一段对话。李问："没有了弹药，咋办？"杨答："用城墙上的砖打。"李问："城墙上的砖用完了咋办？"杨答："我两个就登上钟楼战死。"西安钟楼，是长安城的中心。

两天后，冯玉祥的援兵来到，刘镇华逃走。

当时，长安城里仅有20万人，而饿死的就有5万人。杨虎城命人挖掘两个大坑，一个掩埋男尸，一个掩埋女尸，掩埋尸体的地方，就是今天西安的革命公园。

"二虎守长安"的时候，国民革命军正在中原战场上与直系军阀的吴佩孚杀得难解难分，铁四军和钢七军经过长期厮杀，终于打败了直系军阀。而二虎在陕西牵制了直系军阀的十万大军，策应了北伐战争。可惜以后人们只知道铁四军和钢七军，甚至只知道一个独立团团长叶挺，而不知道更为艰苦卓绝的长安围城。

"二虎守长安"后，杨虎城归属了冯玉祥的西北军。

第三节 誓师出征，渡河抗日

陕西军人心齐，泰山移。冯玉祥来到西安后，杨虎城躲而不见。当时，冯玉祥完全可以找个借口——比如饿死民众等等——杀了杨虎城。

这种事情冯玉祥不是没有干过，当年陕西省蒲城县还出了一个人物郭坚，比杨虎城名气大得多，就是被冯玉祥诱杀了。

杨虎城不在了，但是陕西军没有散，他们还是抱成一个团，没有人能够指挥动这支杨虎城一手带大的部队，而杨虎城的手下也没有人愿意篡位。冯玉祥一看不行，就把杨虎城请了回来。

杨虎城请回来了，但冯玉祥没有把他当成嫡系，当成了杂牌。每逢作战，杨虎城的陕西军总是冲锋在前，撤退在后，伤亡巨大。

陕西人是二杆子，但不是二球。二杆子是不要命，不怕死；二球是傻子，蠢货。陕西人不怕死，但是要死得有价值。给人挡枪子，给人当垫脚石的事情，二杆子不会干。

杨虎城带着陕西军在中原战场跟各路军阀打了几仗后，陕西军武器低劣，伤亡惨重，这样打下去不是回事，迟早会被打光，打光了冯玉祥也不会补充。万般无奈，杨虎城带着残兵来到了安徽太和，陕西回不去了，因为黄河渡口被封锁了。

当年退到安徽太和的还有一个陕西人，他叫高桂滋，是国民革命军暂编十七军军长。高桂滋的故事我以后会详细写到，他也参加了长达三年的中条山保卫战。

不同的是，高桂滋一直不属于杨虎城的这支陕西军。高桂滋早年拉起了另一支陕北人组成的武装，杀富济贫，呼啸甘陕。而杨虎城的人马主要来自关中。陕西地分三块：陕北、关中、陕南。当初杨虎城蛰伏陕北的时候，他和高桂滋有过来往。

杨虎城没有想到会在这里遇到高桂滋，大喜过望，他们合兵一处，接连攻占了颍州、亳州，打垮了当地民团。这样，他们有了三个县的地盘，暂保无虞。

高桂滋也是一个传奇。

我在西安工作的时候，曾经去过高桂滋公馆，就在西安市建国路陕西省作家协会院内。西安事变的时候，蒋介石曾经在此房间里住过11天，后来陈忠实也在此房间里写过小说，而我在此房间里接受过写作培训。

高桂滋是陕西定边人。陕北的靖边、安边、定边合称"三边"，自古都是最贫穷的地方。高桂滋从下级军官开始干起，曾经干到了旅长。在早期的军阀混战中，有一次他的手下只剩下了七个人，但是高桂滋带着这七个人艰苦奋斗，终于把事情给弄成了。当"二虎守长安"的时候，高桂滋已经是国民革命军独立第八师师长了，后来又升为了暂编第十九军军长。

然而，国民革命军也不是铁板一块，蒋介石、阎锡山、冯玉祥、李宗仁，还有很多人一直在打来打去，中国乱得不能再乱了。在河南，杨虎城被张宗昌的鲁军打败，高桂滋被李宗仁的桂军打败，他们就一起退往了皖北。

那时候的中国就是这样混乱，各路军阀打个不停，整天窝里斗，谁也不服谁。难怪日本人敢于发动九一八事变，敢于侵略中国。

高桂滋是中国现代史上被误解最多的一个人。他对日作战百余次，无数次死里逃生，然而这些事例很少有人知道。高桂滋是对日作战最早的中国将领，早在1933年长城抗战的时候，他就带着一个杂牌师参加了，全师牺牲了1800人。七七事变后的第三天，他又留下遗嘱，请缨杀敌。遗嘱上说：如果我牺牲了，将家产变卖，给定边县建造一座中学。而那时候，国民政府还没有下定全面抗战的决心。

杨虎城和高桂滋在皖北养精蓄锐的时候，局势又发生了变化，张学良的东北军归顺了蒋介石的中央军，阎锡山的晋绥军只图自保，冯玉祥的西北军孤掌难鸣，杨虎城抓住这个时机，率队取道河南，直插陕西。尔后，蒋介石任命杨虎城为陕西省主席兼十七路军司令，而十七路军就是由杨虎城当初带往陕北的1000人发展而成的五万人。这时候，杜聿明仅是蒋介石中央军中的一个师长，这属于陕西人在中央军中职位最高的。

不久，杨虎城又任命孙蔚如进军甘肃，控制了甘肃省大半部分。

如果不是后来发生的一连串事情，杨虎城据守的陕西会一直风平浪静。

1936年，毛泽东领导的中央红军来到了陕北，然后，全国各地的红军都来到了陕北，总数达到五万人。红军来了，围剿的东北军也来了，这时候张学良的东北军还有十余万人。不但东北军来了,中央军也来了,陕西境内大军云集,每支力量都强过杨虎城的陕西军,每支力量都想趁机取代杨虎城,收编十七路军。

杨虎城为了抗日,选择投向红军,和张学良发动了震惊中外的西安事变。

杨虎城是一个口风极严的人,他知道此事非同小可,在古代是要灭门九族的,所以,直到事变前一个夜晚,他手下最得力的干将孙蔚如才知道了要发动事变。孙蔚如1921年就与杨虎城相识,当初两人彻夜长谈,相见甚欢,义结金兰,誓同患难,此后,孙蔚如一直是杨虎城的副手。如果西安事变事先连孙蔚如都不知道,那么十七路军就再没有人知道。

那天晚上,孙蔚如得知了即将发生的事变后,张学良对孙蔚如说:"孙先生,如果你不同意,可以将我和我的11员大将一起绑起来,送给蒋介石,升官领赏。"孙蔚如说:"我们这些人是干不出出卖朋友的事情的。"

接下来发生的事情,大家都知道。在唐明皇为杨贵妃所修建的骊山上,蒋介石被抓了。

西安事变最终和平解决,张学良被判终身监禁,杨虎城出国考察。

《孔从洲回忆录》中记录了杨虎城和十七路军在西安事变后的情况。杨虎城和周恩来相见,杨虎城说:"我今遭此大难,真是一言难尽啊。"周恩来说:"在国家民族遭受极大灾难的时刻,你和张学良将军为国家民族建树的丰功伟绩,人民永远不会忘记,共产党永远支持你们。"杨虎城又与蒋介石见面,蒋介石问杨虎城:你对十七路军的安置有什么意见?杨虎城说没有意见。蒋介石又问:经过此次事变,你在这样的环境中继续任职,感觉有什么不便的地方没有?杨虎城还没有回答,蒋介石又说:继续任职,他们在感情上有些转不过弯,你不如先去欧美考察一段时间,回来再任职。

蒋介石口中的"他们",可能是指中央军各将领。当时,中国仅有的三个德械师之一的三十六师,已经被宋希濂带到了西安,各路中央军还在源源不断地进驻关中。蒋介石认为:如果西安事变后,发起人没有受到惩罚,中央军的将领可能会有意见。

孔从洲当时担任杨虎城的十七路军警二旅旅长。

西安事变后五个月,杨虎城请求辞职,愿意"出洋考察军事"。

十七路军总指挥改为孙蔚如。

杨虎城在上海短暂逗留时，孔从洲曾去上海看望杨虎城，杨虎城激动不已，两人彻夜交谈，杨虎城说：最近我常想起陕西军队的浮沉变化，我们这支队伍的曲折经历，有很多的感触……这次事变，我的任务只完成了一半，扣了蒋介石，使他没脸，不可能再打内战了。所谓"停止内战"这一点，基本上做到了。剩下的一半，"救亡抗战"，我能不能亲自参加还很难说，主要依靠你们了。我希望你们一定要搞好内部团结，"篱笆扎得紧，野狗钻不进"。团结起来，才有力量。蔚如、寿山和你相处多年，你们互相都比较了解，一定要真诚合作，团结一致。舍此，就有被蒋介石肢解、消灭的危险。同时，要在抗日战场上积极作战，我们是国民党军队中首先提出抗日的军队，应该言行一致，积极同日寇作战，我们只要在战场上有好的成绩，就会得到人民的拥护和支持，我在国外也会得到安慰，蒋介石就不敢把我们怎么样。所以，你们一定要力争部队参加对日作战，共赴国难，多打胜仗，取得好的成绩。

杨虎城的话字字肝胆，句句泣血，发自肺腑。十七路军只有在抗日战场上连战连捷，才能不负众望，也才能实现当初的诺言。

《孔从洲回忆录》中没有写孔从洲回到西安后，是否把杨虎城的话传达给了十七路军。但是，十七路军能够坚守中条山长达三年之久，一定与杨虎城的嘱托有关系。

杨虎城离开了中国，十七路军接受了改编。

1937年5月，国民政府撤销西安绥靖公署和十七路军总部，所属部队改编为第三十八军，孙蔚如任军长，下辖十七师和一七七师、警备一旅、二旅、三旅，以及教导团、骑兵团，共约三万多人。赵寿山任十七师师长，李兴中任一七七师师长，孔从洲任警备二旅旅长，十七路军另一名战将李振西任教导团团长。这四人，每个人都是从血泊中杀出的猛将。

此后，再无十七路军的番号，但是在北方老百姓的口中，他们不知道三十八军和以后的第四集团军，只记得十七路军。他们一说起这支军队，就说十七路军。

十七路军改编后，赵寿山和孔从洲来到庐山，在军官训练团学习。不久，就爆发了七七事变，日军铁蹄践踏华北，赵寿山被派遣带领三十八军十七师开赴抗日最前线的河北战场，孔从洲一个人留在了庐山。

孔从洲心急如焚，他也想奔赴抗日战场，他曾请求冯玉祥转告蒋介石，让他能够上阵杀敌，但是，没有被允许。

第三节 誓师出征，渡河抗日

1937年7月下旬，赵寿山在陕西省三原县城外，率领三十八军十七师全体官兵召开誓师大会。

那天，赵寿山军装笔挺，神情肃穆，他站在高高的土台上，举拳宣誓，十七师全体陕西冷娃吼声如雷：

"我为中华生，我为中华死！坚信抗战必胜，誓死抗战到底！我不杀敌，敌必杀我！若要自救，必先杀敌！凡我官兵，共同勉之！"

在这场民族战争中，有我无敌，有敌无我，这场战争注定了是不能苟活的，注定了是异常惨烈的。中华男儿的躯体要么站起，要么倒下，绝不会屈膝投降。

三原县的老人回忆说，当时，赵寿山站在高台上问台下的娃娃："我们就要上战场杀鬼子了，你们怕不怕？"

台下的娃娃齐声喊："怕个球！"

誓师结束后，十七师渡过黄河，义无反顾地走上了抗日最前线，走上了河北战场和山西战场，走向了一块块淹没在民间的墓碑，走进了岁月的烟雾和尘埃中。

十七师开赴抗日战场，一年后仅剩1000人。

三十八军共有两个师：十七师、一七七师。不久，三十八军一七七师五二九旅和教导团也渡过黄河开往山西战场。在忻口会战中，五二九旅坚守阵地14天，受到第二战区前敌总指挥卫立煌的五次嘉奖，阵亡超过三分之二。在娘子关战役中，教导团坚守阵地九昼夜，撤下阵地时，2700人仅剩700人。

三十八军特务连连长胥继武说："咱们的部队当年在西安要求抗日哩，人家不叫去，咱还不满意，到了抗日战场上，咱就得泼出命打，要是打得不好，咱就丢不起喔人。"

胥继武家有弟兄三个，都走上了中条山战场。大哥牺牲了，他和弟弟得以幸存。

如今，我能够找到的健在的十七路军老兵仅有四个：胥继武、胥继昌、宁必成、刘怀斌。胥继昌是胥继武的弟弟，四位老人都上了90岁，最大的宁必成已经97岁了。

第四节 雪花山之役

1937年7月下旬,赵寿山带着十七师毅然决然地开到了河北保定。这里,有一场大战正在等着他。

赵鸿勋当年也在庐山训练团学习,赵寿山前脚来到保定,他后脚就跟来了。中央军委会政训处派遣赵鸿勋担任十七师政训处主任。国民党军队的政训处主任,可能相当于共产党军队里的政治部主任。

赵鸿勋是云南人,此前不认识赵寿山,也没有在陕西人组成的十七师呆过。他一来到十七师,就感到所有人都对他很客气,但是又对他明显抱有戒心,他们商量什么事情的时候,也背着他。如果用古代的话来说,赵鸿勋就是皇上派来的监军,是一个不讨人喜欢的角色。

让赵鸿勋对赵寿山看法发生改变,是在一次会议上。在那次"总理纪念周"会议上,赵寿山慷慨激昂地说:"我们十七师是坚决抗日的先锋,在全国早已闻名,有光荣传统的历史和战功,中央非常倚重,希望各位英勇的官长弟兄们,继续发扬光荣的革命精神,与日寇势不两立,予以迎头痛歼。"

赵寿山喜欢古典诗词,赵鸿勋也喜欢古典诗词,因为有共同的爱好,两人慢慢有了交情。

保定战役前,十万中国军队聚集保定城外,昼夜不息地挖掘壕沟,因为日军有坦克,中国军队只能用壕沟阻挡;又因为日军有远程大炮,中国军队只能在壕沟里穿梭来往,躲避日军的炮击。

有一天,日军30多架飞机飞临保定上空,狂轰滥炸。那时候,很多中国军人都是第一次看到飞机,根本就不知道怎么躲藏,只能乱哄哄地奔逃,和飞机比赛速度。结果,这天有1800多人被炸身亡,保定城里很多地方被炸为废墟。赵寿山看到冒烟倒塌的房屋说:"这些强盗啊!这回战争要来了,咱们在地面上揍狗日的!"赵寿山看到身边的赵鸿勋,又对他说:"赵主任,你年富力强,以后我们两个随时在一起。"

赵寿山这样说,是为了保护文职干部赵鸿勋。

战争是在一天早晨开始的。

那天凌晨,十七师的阵地前突然出现了几十个日军的骑兵,骑着高头大马,来到阵前侦察。十七师的机枪手探出战壕,一齐扫射,日军丢下几具尸体后,仓皇逃遁。中国军队无一伤亡。

那是日军的前哨部队,大批日军很快就要来了。

入夜,赵鸿勋看到身穿灰军装的八路军在战壕间持枪跃进,他们一小队一小队地向敌后方挺进。

第二天,日军的大部队来了。先是飞机轰炸,然后炮弹就飞过来了,接着是坦克冲击。陕西军从来没有遭遇过这样炮火密集的冲击,战士们的尸体躺倒了一层,被炸断的手臂和腿脚挂在战壕前面的铁丝网上,挂在战壕边的树枝上,但是,没有一个人退缩。每到日军的坦克抵近,陕西军就有一批批敢死队员身上缠满手榴弹,匍匐到了日军坦克的面前,叫一声"大""妈",拉响手榴弹,与坦克同归于尽。

陕西人把父亲叫"大"。

赵鸿勋看到师长赵寿山始终和一线战士在一起作战,和战士们同甘共苦,吃一样的饭菜,爬在一起阻击日军。赵鸿勋担心他的生命安全,赵寿山说:"我与日寇势不两立,早就把生死置之度外。"有一次,日军的炮弹飞过来,战壕被炸塌了,赵寿山被埋在里面,等到警卫员刨出来的时候,赵寿山昏迷了。几分钟后,他苏醒过来,第一句话就是:"没事的,日本人快要上来了,狠狠揍狗日的。"

这样的激战,一直进行了十多天。

有一天,赵寿山带着赵鸿勋来到前线督战,突然遇到大批日军围攻,战况极为惨烈,双方死伤惨重,日军不断增兵,陕西军有些抵挡不住。十七师补充团团长孙子坤请求赵寿山赶快后撤,赵寿山满脸凝重,面朝前方,子弹在他的身边飞来飞去,他屹立不动。突然,他拔出手枪,指着孙子坤团长的太阳穴喊道:"孙团长你不能退,你要敢退后一步,我就一枪打死你。"孙子坤满脸血污,鲜血顺着下巴一滴一滴往下滴落。他抹了一把脸,看着身边的人大声喊道:"不怕死的跟老子走!"他带着身边仅有的几个人冲了上去。

就这样,十七师在风雨飘摇的阵地前又坚守了三天。

第三天夜晚,友军坚守的阵地左翼被日军攻破,大批日军穿插切割,迂回包抄,抵抗已无意义,赵寿山让损失较轻的一支部队,掩护十七师向南撤退。

在撤退途中,赵鸿勋又见到有两支八路军武装挺进敌后战场,准备打游击。

撤退的第二天,天空中就出现了散发传单的日军飞机,那些花花绿绿的传单上写着"南京失守,蒋介石失踪"。第三天,传单又变成了"南京失守,蒋介石死亡"。

河北平原无险可守,利于日军的机械化部队,中国军队一直退到了娘子关后,决定再次坚守,歼灭日军。

娘子关在历史课本出现过,八路军曾在这里击败过日军。百团大战的时候,八路军又在这里打了一场胜仗。娘子关地处连绵不断的崇山峻岭,是河北进入山西的必经之路,是一座易守难攻的天堑阵地。

在这里,十七师又迎来了一场恶战。

娘子关前有一座山峰,名叫雪花山,和娘子关成犄角之势,要守住娘子关,必须守住雪花山。赵寿山让五十一旅一〇二团张世俊带领一团人坚守雪花山。

日军又开始飞机轰炸,大炮轰击,一〇二团据险坚守,日军一连进行了十多次进攻,都被击退。

当时担任十七师四十九旅九十七团二营五连连长的袁启亚说,日军用来攻击的大炮有120门之多,目标指向雪花山和娘子关,经过一夜炮击,雪花山到处起火,山顶被夷为平地,日军每次冲杀,都被中国军队击退。十七师的三个团长全部带伤,师长赵寿山脚部、旅长耿志介肩部受伤,营长以下干部几乎伤亡殆尽,兄弟们的尸体堆成山,山道上血流成河,"当时,我的右胯骨也被日军弹片穿入,全连只剩下一个副班长没有带伤,他扶着我走下阵地,一路上,满眼看到的全是牺牲的战士。"

因为中国军队伤亡过大,日军占领了雪花山。

雪花山丢失的消息传到了总指挥庞炳勋的耳中,庞炳勋大为震怒,要求赵寿山不惜一切代价夺回来,因为雪花山的得失,影响整个战局。

当天夜晚,赵寿山把全师还能动的士兵集中起来,交给了张世俊团长,责令他无论如何也要夺回雪花山。

午夜时分,张世俊带着敢死队,兵分两路,从两个方向摸上雪花山。快要到达山顶的时候,娘子关方向的中国军队20门大炮一齐怒吼,炮弹纷纷落在雪花山顶。炮声过后，张世俊手挥大刀，高声呐喊，带着勇士们仰攻。

赵鸿勋说，这天晚上的战斗一直进行到拂晓，双方像拉锯一样，你攻上去，我挤下来，如此反复了很多次，双方都伤亡惨重。天明的时候，中国军队终于夺回了雪花山。

本来，张世俊夺回雪花山后，应该坚守。可是，他带着敢死队杀了大半夜，早就杀红了眼，他们齐声呐喊着，挥舞大刀，追击退到山脚的日军。只要见到穿黄色日军军服的，挥刀猛砍。日军惊惶万状，狂奔数里。张世俊带着勇士们猛追数里，道路上都是被砍杀的日军尸体。

张世俊没有想到的是，就在他追击日军挥刀猛斫的时候，另一股日军趁机偷袭，再次占领了雪花山。然后，日军集中所有机枪重炮，向娘子关扫射轰击。娘子关危在旦夕。娘子关一失，山西危矣。

总指挥部追查雪花山丢失的责任，要求枪毙张世俊。

赵寿山与张世俊私交很厚，形同兄弟，然而在军法面前，赵寿山无能无力。

赵鸿勋说，一天早晨，赵寿山的几名卫士将张世俊五花大绑，拉到师部门外。张世俊知道情况不妙，坦然地说："杀我也好，但是我要见师长一面。"卫士说："师长出去了，没有在。"其实，师长赵寿山当时就在师部。

几名卫士将张世俊拉到营门外，张世俊昂头挺胸，长身直立，他说："恨只恨不能再杀鬼子了，兄弟们，以后替老哥多杀几个鬼子。"卫士说："你放心上路，杀鬼子的事情就交给我们。"

一声枪响，张世俊倒了下去。赵寿山踉踉跄跄地走出了师部，人们看到他满脸都是泪水。

袁启亚说，那天，随同张世俊一起被枪毙的，还有两名连长，一个是李含英，一个是余志华。赵寿山那天很伤心，他自责说："平素治军不严，而让部下罹难。"他让军需官将这三人按照阵亡申报抚恤。

十七师四十九旅九十七团团长李维民将全团官长阵亡后上交的手枪做了清点，居然有30多把。李维民团长决定成立一个手枪排，由袁启亚担任手枪排排长。袁启亚此前是连长，他的连队已经被打光了。

雪花山失守后，娘子关危急。日军将大炮拉上雪花山顶，与娘子关上的中国军队对射。中国军队大炮数量质量都不如日军，很快就处于劣势。日军涌上娘子关，中国军队拼死坚守。经过半个月的攻防后，娘子关丢失了。

赵鸿勋说，赵寿山从娘子关上退下来后，忧愤交加，一夜之间，头发胡子全白了。戏曲里有伍子胥过昭关，一夜急白了须发，总以为那只是戏曲故事里的情节，没想到人在极度忧郁愤懑中，真的会一夜白头。

十七师从娘子关撤退，一路南向，又饥又渴，沿途的百姓拿出舍不得吃的食物送给中国军队，把最好的马料让给中国军队的马匹。袁启亚说："我们给他们钱，他们不要。有这样好的百姓，中国怎么会灭亡？"

走了两天后，赵寿山忧心如焚，粒米未进，发着高烧，憔悴不堪。他连马也不能骑了，战士们就用担架抬着他。

走到一个叫做三边村的地方时，队伍刚刚停下来休息，对面的山坡上突然出现了几十个穿着棉袍大褂的人，架着轻机枪向他们扫射。这是日军的便衣队，也就是电视剧中所说的"斥候"（即侦察兵），斥候的后面肯定有大队日军。迫不得已，十七师只能继续向南走，最后，来到了晋阳，才能喘一口气。

晋阳，在太原附近，属于山西中部。

至此，十七师仅余三个营的兵力，装备不齐，兵员奇缺，无法再战。赵鸿勋在晋阳给军委会政训处拍发了一条电报："本师五经战役，仅存三营，溃不成军，无法作战，我准备即日南下来处，详情面陈。"

此后，赵鸿勋就离开了十七师，但是他一生都记得性格刚硬的赵寿山，记得陕西冷娃十七师。

袁启亚说，娘子关一战，十七师元气大伤，但是即使这样，全师上下依然充满了抗战激情，决心在这里舔干身上的血迹，恢复元气，重振旗鼓，择日再战。

当时，天气越来越寒冷，而所有人身上穿的还是从陕西出征时的单衣，站岗放哨的时候，为了御寒，把被子毛毯披在身上。后来，延安方面拨给每人大衣一件，棉鞋一双，棉帽子一顶。

在这段时间里，赵寿山抓紧整训，他开办了中下级军官训练班，并按照八路军的章法，进行培训。赵寿山要求全师官兵做到：一、不准私入民宅，不准调戏妇女，不准和女人说笑话；二、要公买公卖，不准拿老百姓的东西；三、借老百姓的东西，用过要还，损坏赔偿；四、谁也不准欺负老百姓；五、驻在哪里，每天要替老百姓打扫院子、劈柴禾、挑水。

这简直就是浓缩版的"三大纪律八项注意"。

《孔从洲回忆录》中写道：10月间，十七师在保卫娘子关战役中，以劣势装备，面对日军精锐，浴血奋战15昼夜，做出了极大牺牲；教导团先在平顶山阻击日军。这时，在旧关与日军激战七昼夜。五二九旅转战河北唐县、曲阳、易县、涞源等地，先后与八路军一一五师、一二九师配合作战，10月中旬驰援晋北忻口战场，血战14昼夜，重创敌人。各部在历次战斗中英勇顽强，深得抗日军民的称赞。当时在晋东南前线指挥的第二战区副司令长官黄绍竑说：十七师此次攻守皆很尽力，损失奇重，殊堪嘉慰。负责指挥忻口战役的第二战区前敌总指挥（后任第二战区副司令长官）卫立煌，曾经五次嘉奖五二九旅，并说："五二九旅增援上去，使忻口阵地转危为安。"

第五节 彭德怀传授游击战术

十七师遭受重创后，于 1938 年初，渡过黄河，在陕北绥德补充休整。

十七师和一般的国民党军队不一样，它的师长赵寿山非常赞同共产党的主张，它的中下层军官中有将近一半都是共产党员。因为十七路军与八路联系紧密，而被人们称为七路半。

杨虎城曾经说过：我们十七路军的枪最杂，什么样的子弹都能用上，可是像八路军这样的烂杆子枪，比起我们还差得多，可就能打胜仗。所以，那时候，十七师，甚至整个十七路军，都对红军和八路军的战斗力保持敬意。

在陕北，十七师的兵力得到了补充，并从八路军那里学到了很多游击战的打法。他们仿照八路军的战斗编制，每个营组织一个武装便衣队，编制为三个班，每班 12 人，设立正副班长各一名，主要任务是袭扰日军后方，刺探情报，破坏日军交通，铲除铁杆汉奸。这些人昼伏夜出，出没无常，来去无踪，让日军和汉奸胆颤心惊，他们称武装便衣队为夜猫子，老百姓则笑称"夜里混"。

武装便衣队有时候会与日军遭遇，如果能打过日军，就发动突然袭击；如果打不过，就迅速脱离战场，所以伤亡极小。即使这 12 个人的队伍，也嫌行动不方便，他们化整为零，各自执行任务，任务完成后，再在指定地点会合。而每十天，武装便衣队向营部报告一次行踪；如果遇到特殊情况，汇报的间隔时间又能够随时伸缩。这种灵活机动的战法打法，十七师此前从来没有接触过，这让他们大开眼界。

十七师在陕北得到了短暂休整后，又东渡黄河，深入敌后。袁启亚清楚地记得，1938 年 3 月中旬的一天，他们中下级军官接到了通知，在山西省高平县的下马游村集合。那天，他见到了彭德怀将军。

彭德怀穿着棉布大衣，戴着棉帽子，中等身材，面容清瘦，他操着一口地道的湖南口音，向十七师的军官们讲解游击战。

彭德怀说，游击战分两种，一种是待伏，一种是诱伏。待伏就是预先设伏在险要地方，等到敌人走近，以迅雷不及掩耳之势一举歼灭。孙子曰：善守者藏于九地之下，善攻者动于九天之上。孙子所说的九地之下，就是说要绝对隐蔽，一击奏效。而诱伏，则是设法引诱敌人进入包围圈，然后一举歼灭。

八路军此前打过十多年游击战，他们深得游击战的精髓。八路军的游击战曾经让一个名叫卡尔逊的美军观察家惊叹不已，卡尔逊是罗斯福总统派到中国战场来观摩的，后来，卡尔逊将从八路军这里学到的游击战法运用到了太平洋战场上，取得一连串让人眼花缭乱的胜利。

十七师在八路军副总指挥彭德怀那里学到的游击战很快就派上了用场。

1938年4月14日，袁启亚接到了一项任务，要在今夜率队夺回被日军占领的高平关。高平关扼守着两条大道，日军在这里驻扎有上百人。

那天黄昏的时候，袁启亚站在全团的武装便衣队面前。武装便衣队都是从各营抽调出来的精英，身强力壮，战斗力强，共有108人。那天晚上，每个战士一把驳壳枪，四枚手榴弹，一把砍山大刀。袁启亚检查每个战士手中的大刀是否锋利，他知道今晚有一场血战。

团部有人抬来了一大缸烈酒，敢死队员每人喝了一碗，然后把瓷碗摔碎了，踩着一地的碎片，走向高平关。塞外的四月还异常寒冷，但是每个人都光着上身，一手持枪，一手握刀，胸前吊着四枚手榴弹，雄赳赳气昂昂地走向被日军把守的关口。

快到半夜的时候，袁启亚他们走到了距离山顶只有几十米的地方，然后向着十七师九十七团的方向挥舞着衣服，团长李维民看到了月光下挥舞的衣服，就命令全团仅有的六门大炮一齐向着山顶上的高平关轰击。十多分钟过后，炮击停止，袁启亚带着敢死队齐声呐喊着，冲向山顶，几十米的距离，一口气就冲了上去。然后见人就砍，月光映着刀光，汗水和着血水，山鸣谷应，杀声震天，很多日军还没有来得及反抗，就身首异处，头颅骨碌碌地滚下山坡。

战前，团长李维民曾给敢死队员说，杀死日军后，割下耳朵，回来用耳朵领赏，一个耳朵三块大洋。可是，敢死队杀得兴起，只顾挥刀奋斫，早就忘记了割掉日军耳朵。

袁启亚有武功基础，擅使大刀，他左劈右削，一连砍翻了四个鬼子。而自己的手臂也被日军刺伤了，他浑然不觉。仅仅过了一刻钟，日军就抵挡不住了，他们乱纷纷地逃下山去，袁启亚高喊："抓俘虏。"黑暗中听到有一个人说："到现在谁还管这一套，见了鬼子齐杀。"

一个身材矮小的鬼子从袁启亚的身边跑过去，袁启亚飞起一脚，将鬼子踢翻在地，举起砍刀，那个鬼子跪在地上喊："我是中国人，我是中国人，别杀我，别杀我。"

袁启亚看到月光下的这个鬼子长着一张孩子的脸，顶多十六七岁，还是个少年。他问："中国人为什么当鬼子？"

那个少年说："我是被日本人抓来的，我家在东北。"

袁启亚说："起来，跟我走。"

高平关收复后，袁启亚清点人数，敢死队108人中，阵亡13人，受伤21人，缴获歪把子机枪两挺和几十杆三八大盖，另外还有军大衣、手表、王八盒子、铜佛像等等。除机枪和步枪上交外，其余的战利品，谁从日本鬼子手中抢到的，就归谁。

分完了战利品，敢死队员发现袁启亚身边有一个鬼子，纷纷举起大刀，要宰了他。少年吓坏了，他跪在地上大哭，向着每个人磕头作揖。袁启亚心软了，就收留了他，带着他下山。

这就叫"善攻者动于九天之上"。

攻打高平关的时候，日军派了一支增援部队，他们一路急急忙忙地冲向高平关，没有想到在距离高平关十里远的一座山沟里，他们遭到了九十七团的伏击，丢下几十具尸体后，又逃了回去。

这就叫"善守者藏于九地之下"。

袁启亚一直相信那个少年的话，少年说他是辽宁丹东人，是日本人强迫他来打仗，这是他第一次上战场，从来没有杀过人。

不久，一次偶然事件，这个少年暴露了真实身份。

那天中午，九十七团行军经过一条小河，所有人都脱下衣服跳入河中洗澡，那个少年也脱了衣服。大家都看到少年一双脚大拇指和食指中间的缝隙特别宽，但是没有人往更深层去想，穿上衣服后，大家又继续行军。

下午的时候，团长捎话让袁启亚带着少年来团部。袁启亚疑惑不解。在团部，李维民团长让少年脱掉鞋子，看着他的脚趾问："你是哪里人？"

少年面露惊恐，但还是强作镇静，说自己是东北人。

李维民团长轻蔑地说："东北人有这样的脚趾吗？"他对着门外喊："绑起来。"两名战士冲进来，将少年五花大绑。

李维民对袁启亚说："说你是个憨子，你还真是个憨子，日本人从小穿牛蹄子水鞋，脚趾就会穿成这样。这个日本娃要是把你杀了，你死都不知道怎么死的。"

袁启亚感到一阵后怕。

牛蹄子水鞋，可能就是木屐吧。

经过审讯得知，这个日本兵的父亲是关东军的一个官佐，他在东北宽甸县出生，所以说一口流利的东北话。这个日本兵后来结局怎么样，袁启亚不知道。

1938年6月发生的一件事情，让袁启亚终生难忘。

每年的5月下旬和6月上旬，陕西的关中平原和晋南地区的小麦就成熟了。从这年开始，一直到抗战结束，每年麦子成熟的时节，都要爆发战争。老百姓收割，中国军队保护，日军袭击。全面抗战打了八年，围绕小麦的战争也打了八年。

1938年的6月，袁启亚升为九十七团二营营副。

这天，二营全体出动，保护老百姓收割小麦，日军侵袭，双方展开了拉锯战。日军在二营坚守的阵地上方发射了几枚炮弹，炮弹是在空中爆炸的，弹片四散纷飞，像雨点一样落下来，躲无可躲。大家都是第一次看到这种炮弹，也不知道如何躲。

营长负伤了，弹片贯穿了他的手臂和腹部，血流不止。

营长在牺牲前，把带领全营阻击的任务交给了袁启亚，并嘱咐说，无论如何，不能让日军伤害了老百姓。营长从北京师范大学毕业，九一八事变后，毅然投笔从戎，抗战期间，每战必身先士卒，立功无数，而他率领的二营也被十七师称为"虎营"。营长叫什么名字，至今已不可考。我从十七路军职务表中，看到三十八军十七师四十九旅九十七团二营营长的名字处是空白。

麦子收割后，九十七团与日军在毛栗沟对峙，日军没有抢到小麦，只能依靠空投补给。

有一天，袁启亚带着战士们站在山冈上，看到另一座山头上的日军把白色床单铺在地上，日军就把补给品投下来。他们灵机一动，也把白色床单铺在自己坚守的山冈上。不久，日军飞机果然也把补给品空投了下来，打开一看，是香烟、饼干、罐头，还有衬衣和鞋袜，战士们兴高采烈，欢声雷动。而另一处山头上的日军气急败坏，垂头丧气。

日军的飞机一连空投了好几天，补给品多得用不了，罐头、饼干堆成山，战士们一个个吃得都走不动了，后来，二营又分给了兄弟营一些食品。

就在袁启亚他们坐享日军食品的时候，三十八军警二旅在旅长孔从洲的率领下，离开陕西，开赴山西抗日前线。

第六节 孙蔚如挥师东征

《孔从洲回忆录》中写道：

> 1938年6月，由于晋南日军不断袭扰河防，威胁黄河沿线的安全，我旅奉命东渡黄河，坚守永济，阻敌西渡。部队出发前在朝邑县城隆重举行东渡誓师大会，我还在大会上率领全旅官兵，一句一句地宣读了渡河抗日的誓词。

时隔几十年后，我采访过的一些十七路军老兵，还能一字一句地背诵出这段誓词，"我为中华生，我为中华死"、"我不杀敌，敌必杀我"，这段誓词至今读起来还让人热血沸腾。陕西军的每支部队，每个将士，都是抱着必死的决心开往黄河对岸。黄河东岸的山西，不是他们祖辈父辈生活的土地，但是黄河东岸如果丢失，日军就会跨过黄河，铁蹄践踏他们祖辈父辈生活的陕西。守山西就是守陕西，保中条山就是保家乡。中条山是黄河东岸通往陕西的唯一屏障。日军若占有中条山，向南可以直取洛阳，向西直接攻取潼关。自古以来，要守西安，先守潼关；潼关一失，西安危矣。因为潼关以西，直达西安，都是一马平川，无险可守，这就是人们所说的八百里秦川，这片平原一直延伸到了陕西西部的宝鸡地区。

《孔从洲回忆录》中所说的朝邑，是我的祖辈和父辈生活过的地方，那里土壤肥沃，民风淳朴，是陕西最富裕的地方，上世纪50年代，因为要在河南的三门峡修建水库，我的祖父和父亲，还有50万人离开世代繁衍生息的富饶的关中平原，迁徙到了宁夏、甘肃和秦岭山区、陕北高原，在丘陵上凿窑洞居住，在最偏远的山沟中广种薄收。

当年随同孔从洲的警二旅出征的，还有一支民间武装，这就是世代生活在黄河西岸的"平民县渡河杀敌游击队"。

十万男儿血

中条山保卫战（1938~1941）

日军开始进入山西后，身兼陕西省主席和三十八军军长的孙蔚如就制定了黄河沿岸游击战计划，委派了一批坚决抗日的爱国志士担任黄河沿岸各县县长，在中山陵前剖腹明志、力主抗战的续范亭将军的族弟续俭任平民县县长。平民县与山西永济县隔河相望，最窄处仅有2.5公里，日军的汽艇只需十分钟就能够开过来。

1938年2月27日，日军占领了中条山中的山西省永济县，然后在永济县城西面的城墙上架设了五门大炮，轰击平民县城，世代安居乐业、风平浪静的平安县城变成了人间地狱，房屋全部倒塌，百姓死伤惨重。平民县城后来被黄河水淹没了，我无法看到日军炮击留下的痕迹，但是，我看到了从平民县城向南一百里处的古潼关城墙上的斑斑弹痕。当地人说，当年日本人占领了风陵渡后，架着大炮向黄河西岸的潼关轰击，这些城墙上的弹痕，都是日本人留下的。

日军占领了风陵渡后，还架起大炮轰击陇海铁路。陇海铁路是中国东西交通的大动脉，蒋介石的二儿子蒋纬国当时在胡宗南手下当营长，曾经有一天坐着火车去西安，差点被日军的炮火击中。潼关县城的老人说，那些年，陇海线上白天不敢过火车，火车都是夜晚开行，而且开行的时候熄灭了灯光，在黑暗中前行。除此而外，火车还需要忽停忽开，虚虚实实，斗智斗勇，让日军的炮手无法判断火车的方位。

当年，中国军队有一种从德国购买的超级大炮，叫做"三十二倍十五榴"，因为这种威力巨大的大炮是32倍口径的150毫米榴弹炮，所以有这样一个拗口的名字。它的最大射程可以达到40里，弹头重100斤，这是当时世界上最先进的大炮。1934年，中国从德国购买了24门这样的大炮。这样的大炮让蒋介石都珍爱有加，冯玉祥、白崇禧等国民党军队高级将领也专程来参观，喜不自禁。为了这24门超级大炮，专门成立了一个炮团。

"一·二八"事变开始后，16门"三十二倍十五榴"被运往上海，首击日本海军司令部，次击日军飞机场，再击日军军舰，皆取得不错战绩。

1937年11月5日，日军在杭州湾登陆，装备有"三十二倍十五榴"的中国炮团被迫撤退。

可是，麻烦来了，他们在经过一座公路桥时，前面通过的部队为了阻击日军，在桥上桥下埋设了很多地雷，超级大炮无法通过。团长彭孟缉急得大哭，他说："中国只有这样一个像样的炮团，怎么办呀？"后来，万般无奈，他们只能把这些超级大炮推入河中。没有了超级大炮，这些炮兵骄子变成了步兵。

1938年3月，日军攻占了山西中条山，占领了风陵渡，中国军队的情报反映，

第一章 陕西军东征

第六节 孙蔚如挥师东征

日军将大量的橡皮艇和架桥器材运抵风陵渡。站在风陵渡,就能够望到潼关,日军此行的目的,就是准备进入陕西。

危急时刻,国民政府军参谋总长白崇禧想起了那些被推入河中的超级大炮,立即向蒋介石申请,命人在河中打捞,沿着陇海线将这些超级大炮运往潼关。陕西民众看到超级大炮,兴奋不已,乡绅们和坚守潼关的中国军队部队请求"三十二倍十五榴"轰击日军,可是,这种超级大炮的调动需要蒋介石同意,而发炮需要战区司令长官的批准。由此可见,当时中国人对这些超级大炮的倚重。

3月23日黎明,日军开始渡河进攻潼关。四五十艘橡皮艇满载日军,向潼关方向划来。风陵渡上,日军的炮兵还在掩护,黄河西岸的中国守军在日军密集的炮火中无法迎战。日军的橡皮艇距离岸边仅有几十米了,后来还有日军的船只源源不断地划来。在此危急时刻,"三十二倍十五榴"终于发话了,几发炮弹过后,日军的炮兵阵地就腾起阵阵烟雾,然后,黄河东岸再无炮声。接着,"三十二倍十五榴"抵近发射,黄河河面上腾起冲天巨浪,日军的橡皮艇倾翻了,中国守军欢声雷动,士气大振,纷纷从掩体中冲出,用轻重机枪向河中的日军发射,浑浊的河面上漂满了日军空荡荡的橡皮艇和尸体。

之后,"三十二倍十五榴"就留在了潼关。

日军为了对付"三十二倍十五榴",专门制造了一批280毫米的巨炮,运往风陵渡。这种巨炮的炮弹重量是"三十二倍十五榴"的四倍,他们满以为这种巨无霸的大炮可以摧毁中国的"三十二倍十五榴",没想到,日本的巨炮有致命的缺陷,尽管它的摧毁力很强,但是炮弹因为太重而射程受到限制,没有中国超级大炮的射程远,而且,日本巨炮因为炮弹过于沉重,每次发射时都要燃起很大的火光和硝烟,每发一枚炮弹,就会暴露目标。

所以,日军不远万里不辞劳苦从东瀛列岛运到山西风陵渡的巨炮,每次刚一发射,就受到中国超级大炮从更远处的反击,死伤惨重。

后来,日军不愿意炮击了,他们找了几个大嗓门的会说中国话的日本人,手持喇叭站在黄河东岸向西岸喊话,他们说:"大家都不要再打了,避免伤了和气,你们要打的话,我们也打,你们的炮位我们全都清楚。"话音刚刚传到黄河西岸,中国军队一发普通炮弹过去了,喊话的日军全部成了哑巴。

"三十二倍十五榴"的每发炮弹都是从德国进口的,当时,德国已经与日本建立战略协作关系,停止了对中国的军事援助,所以,超级大炮的炮弹越打越少,无法补充,后来,只是作为一种威慑。

黄河发源于青藏高原，从西向东流，流到了内蒙古后，又转而从北向南流，流到陕西的潼关后，又改为从西向东流，而潼关，则就是这个大拐角，这个大拐角的另一面，被黄河揽在怀中的，则是中条山。中条山东西走向，长约160公里，山脉两侧有山西省永济、芮城、平陆、夏县、垣曲、绛县等县，地理位置十分重要。

日军占领了中条山，就能轻易度过了黄河，占领潼关；占领了潼关，则西安指日可下。

江河的大拐角一定是兵家必争之地。

长江也发源于青藏高原，从西往东流到了宜昌，从宜昌又改为从北向南流，宜昌处于长江的大拐角。而宜昌市夷陵区石牌村又处于拐角的角尖，于是这里在1943年爆发了决定中国抗战命运的"石牌保卫战"，陕西华县出生的胡琏率领十八军十一师生生斩断了日军伸入重庆的一只脚爪，日军退回了长江下游。

胡琏也是个陕西冷娃。

当年，日军架着大炮轰击平民县城后，平民县县长续俭来往于各乡各村，号召民众起来抗日，很快就组织起了一支"平民县渡河杀敌游击队"，队长名叫王子敬。

我在中条山各县采访并搜集资料的时候，从那些残破不堪的纸张中，多次看到了王子敬的名字，可见这支游击队活动范围之广，影响之大。

孔从洲渡过黄河后，在永济蒲州旧城安营扎寨，营寨外面挖掘了一丈多深的壕沟，用来对付日军的坦克。

与此同时，三十八军的另一支部队一七七师展开了陕西军渡过黄河在中条山的第一战，取得大捷。

三十八军共有两个师，一个是赵寿山的十七师，一个是李兴中的一七七师，另外有三个警备旅、教导团、骑兵团、教导大队等部队。现在，十七师和一七七师开往了山西战场，三个警备旅中战斗力最强的孔从洲的警二旅也开往抗日前线，留在三十八军大本营孙蔚如身边的仅有6000人。

《河东文史》中记载，一七七师渡过黄河的时间是在1938年4月底；《爱国将领李兴中》中记载，一七七师渡过黄河的时间是在1938年5月3日。不论是哪个时间，都说明了这支部队打响了陕西军在中条山的第一仗。

这一仗是在山西省永济县的张营镇打的。

第六节 孙蔚如挥师东征

一七七师的先头部队刚刚渡过黄河，就与一支 500 人的日军遭遇。狭路相逢勇者胜，一七七师的先头部队蛰伏西安的时候，早就听说十七师建功、教导团建功、五二九旅建功，他们早就按捺不住，杀敌心切，可惜身边没有日军。现在突遇日军，先头部队精神大振，一阵排枪过后，就抽出大刀嗷嗷叫着冲上去。日军看到要开始肉搏战，他们兴高采烈，排成方阵，自以为胜券在握，然而，短暂的交锋后，日军很快就被打垮了。他们没有想到，这群衣着简陋的中国军人个个都是耍大刀的好手。

十七路军老兵宁必成曾向我比较过日军和陕西军的武器，他说，日军的装备很好，三八大盖、迫击炮、轻重机枪、大炮、坦克、飞机应有尽有，西北军的装备和日军是没法比的，即使汉阳造，也不能达到一人一支，没有枪的人还握着大刀、扛着苗子上战场。苗子，就是长矛。

日本步兵人手一支三八大盖，但是三八大盖有长处也有短处。长处是射程远，短处是穿透力强，在肉搏战的时候，三八大盖的子弹不能造成死亡。宁必成的身上有三道三八大盖的子弹留下的伤口，都是穿身而过。第一次在大腿上；第二次在左胯骨上；第三次是三八大盖的子弹从腹部进去，从后背穿出来。

陕西军因为装备简陋，所以苦练肉搏战术。当初上前线的时候，人手一把大刀，每个人都精通刀术。日本人在这样一群刀术名家的面前，占不到任何便宜。

短兵相接后，日军仓皇逃遁，逃进了寨墙高耸的张营。张营本来也驻有一队日军，他们听说了这支渡过黄河的队伍如何如何厉害，互相商量后，决定闭门不出，在寨墙上架起轻重机枪，任凭一七七师先头部队怎么骂阵，就不出来。日军训练有素，说不出来就不出来。

一七七师的先头部队组织敢死队，准备偷袭。《河东文史》中记载，这一天是 1938 年 5 月 6 日。

夜晚，天黑如墨，敢死队提着大刀摸向日军岗哨。突然，电闪雷鸣，大雨倾盆，敢死队暴露在了明亮的电光中，城墙上日军的重机枪响了，敢死队无奈，只好退回掩体。

第二天夜晚，再次发动袭击，日军机枪扫射，敢死队裹足不前。而此时，从日军大本营运城开往张营的援兵正在路上，如果不能尽快攻下张营，先头部队就会遭到日军前后夹击。

就在这时候，有一个本地的百姓赶来了，他是永济县窑头村人，被日本人抓进了张营做苦力，这晚激战的时候，他偷偷循着暗道跑出来。他叫张长命。

中条山保卫战（1938~1941）

张长命说，他能够带着敢死队进入张营。

张长命对日本鬼子怀有刻骨仇恨。

几天前，日本鬼子突然出现在了窑头村，打破了这座古老村庄千年的寂静。那天，张长命在山腰锄地，突然看到山脚的村庄上空烟雾滚滚，他跑回村庄，就亲眼看到了让他一辈子也无法忘记的一幕：日本鬼子用刺刀逼迫着，将全村的男人集中在一起，将村中几名年轻女人轮奸，村庄的地面上，是被日军用刺刀挑死的老人和孩子，其中就包括张长命的妈妈。

日本鬼子发现了张长命，也将他抓了起来，和村中的其他男子一起押往十几里外的张营，让他们修筑碉堡。

张长命在修碉堡的这几天里，一直寻找机会逃跑。他终于在村外一处悬崖边发现了一线生机，攀着悬崖边的葛藤草丛，下到悬崖底部，就有一条小路通往村外。

张长命孤身一个人逃出张营，又带着敢死队摸进去，他的脖子上挂着四颗手榴弹，嘴巴里咬着一把西瓜刀，手抓葛藤草丛，攀援到了悬崖之上，他的身后是敢死队。

他们像猴子一样出现在张营镇的时候，日军毫无察觉。

张营镇的寨墙上有一座魁星楼，魁星楼上有一架重机枪，日军居高临下，压制得中国军队难以抬头。

张长命带着两名敢死队员，他们在即将成熟的小麦地里匍匐前进，渐渐接近了魁星楼。然后，他们将手榴弹四个一捆，四个一捆，捆绑在一起，发声喊，一齐扔上了魁星楼。随着震天动地的一声巨响，魁星楼倒塌了，日军的机枪手和重机枪被埋在了瓦砾之下。

敢死队员们发起了冲锋，被压制在悬崖之下的中国军队也吹响了冲锋号，四面合围而来的一七七师对日军构成了摧枯拉朽之势。两小时激战后，日军死亡300多人，其余的少量日军仓皇逃遁，一七七师乘胜追击，并与十七师联合，乘胜收复了永济、临猗、万荣、夏县等地，日军只好龟缩进运城。

这是陕西军在山西中条山所打的第一场大胜仗。此仗为孙蔚如大军东进扫清了障碍。

日本人的后面跟着一七七师，一七七师的后面跟着一支小分队，这支小分队担负着特殊的任务。胥继武当时就在这支小分队里。

这支小分队有30多个人,他们都是陕西陆军测绘学校毕业的,在部队里任班长和区队长。他们在一个夜晚坐着羊皮筏子渡过了黄河,来到中条山中,此行的目的是了解民俗、查看地理、绘制地图,为司令部提供情报工作。陕西军此后要长期在中条山驻扎,抗击日军,保卫黄河,保卫陕西,保卫西北。

胥继武说:"那时候,我们每个人一支短枪,一支长枪,一把大刀,随时准备与敌人作战。"后来,这支小分队走进了中条山的更深处进行测绘,他们不知道十七师和一七七师在哪里。在芮城县陌南镇,他们看到日本人做饭所生的火还在燃烧,问当地人,他们说大队的日本人刚刚离开,还不到一个小时。

这支小分队在中条山中测绘了十天,积累了大量的资料,然后又返回西安,向三十八军参谋部汇报情况。

1938年7月,第三十八军被改编为三十一军团,三十一军团军团长孙蔚如从西安行营主任蒋鼎文手中接过了一面绣有"国民革命军第三十一军团"的旗帜,然后率领军团部6000人,从西安来到了朝邑县的黄河渡口。

这6000人是三十一军团留在黄河西岸的陕西最后的部队。此时,陕西军倾巢出征,奔赴抗日前线。

之所以选择在朝邑渡河,这是经过推算的。

张恒的外公是当年十七路军的高级将领李子村,和孙蔚如有八拜之交,情同兄弟。在抗日战争前夕,李子村因为有肺病,不适合军队生活,被迫离开。孙蔚如东渡黄河前,结合胥继武他们在中条山的考察报告,询问李子村在哪里渡河最佳。李子村精通周易,他经过了一番推算,告诉孙蔚如应该在朝邑渡过,渡过朝邑直取永济,站稳脚跟。与朝邑隔河相望的,是山西永济,陕西军果然在这里有一场大战,揭开了三年中条山保卫战的序幕,取得了一连串大捷。

当天夜晚,孙蔚如率军来到朝邑县的成家庄,架设起电台,一面指挥先期渡河的赵寿山的十七师和李兴中的一七七师的军事行动,一面安排晚上的渡河准备。

突然,村外一阵喧哗。

孙蔚如走到村外,看到有两个农民模样的人被绑在树上,一个小排长抡起皮带,抽打着他们。

孙蔚如怒不可遏,他冲上前去,一把夺下了小排长手中的皮带。小排长看到孙蔚如，赶紧肃立敬礼。

孙蔚如问："为什么打人？"

小排长敬礼后，说："报告军团长，这两个家伙以前是我们排的机枪手，后来不打一声招呼就跑了，今天我们要过河，这两个家伙又跑回来了。军营不是饭馆子，不能说来就来，说走就走。我今个是拿这两个做做样子，看谁以后谁还敢跑！"

孙蔚如走上前去，询问他们为什么要跑，又为什么要回来。那两个穿着农民衣服的士兵说："以前中国人打中国人，没意思；今儿个要过河打日本人，我们一商量，就赶回来了。"

孙蔚如问："你们叫什么名字？"

他们说，一个叫徐二虎，一个叫张黑龙。

孙蔚如说："好，我带你们过河杀鬼子。开小差本来是要从严惩处的，这笔账咱先记下，你们杀了鬼子，这笔账一笔勾销。"

孙蔚如又对着列队的士兵说："来，给他们换衣服，入列！"

徐二虎和张黑龙大为感动，一齐跪下。

那天晚上，三十一军团司令部和直属队6000人乘着大木船，在"吱吱呀呀"的桨声中划向黄河东岸。而在相隔几公里外的下游，黄河河面上灯火通明，十几艘小船上，是闪闪的灯光。日军的飞机从运城起飞，向着这些灯光处狂轰滥炸，空无一人的小船被炸飞了，小船上的灯光也熄灭了。

三十一军团司令部和直属队渡过黄河，毫发无损。

当天午夜，木船行驶到黄河中央时，孙蔚如口占了一首七绝：

　　炯炯橄枪照亚东，
　　炎黄世胄运何穷？
　　凉风午夜长河渡，
　　扫尽强权见大同。

从此，陕西军在孙蔚如将军的带领下，开始了气势如虹的中条山保卫战。

第二章

永济保卫战

然而，历史上陷入如此死地，能够反败为胜的，又有几人？

项羽破釜沉舟，说：「置之死地而后生」结果成功了；韩信背水结阵，说：「置之死地而后生」终于胜利了；赵括被秦军切断后路，说：「置之死地而后生」结果全军覆灭；马谡独上高岗，也说：「置之死地而后生」结果身首异处；张灵甫独上孟良崮，还是说：「置之死地而后生」还是失败了……陷入死地而能够生存的，找遍历史，也仅有项羽和韩信，而失败的例子举不胜举。

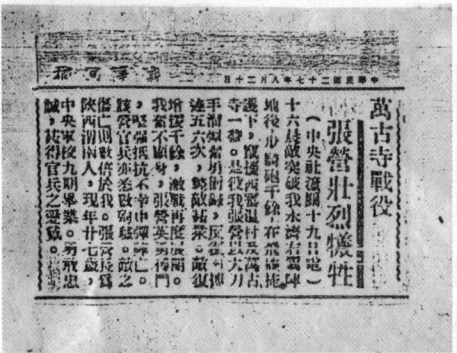

①	
②	③
④	

① 抗战时期，身着戎装的卫立煌将军
② 《新华日报》上登载的张希文牺牲报道
③ 十七路军教导团第三营营长张希文
④ 三十二倍十五榴

第一节　卫立煌到延安

陕西军渡过黄河后，归入第二集团军建制，直接指挥者是蒋介石的"五虎将"之一卫立煌。五虎将有几种说法，不过最广泛的五虎将是指：刘峙、顾祝同、蒋鼎文、陈诚、卫立煌。

卫立煌是从孙中山先生的卫士成长为集团军总司令、战区司令长官的人，他的作战艺术绝对是高超的。

陕西军的十七师和一七七师在中条山中与日军浴血奋战的时候，在晋西与日军作战的卫立煌接到蒋介石的命令，要去中条山中的垣曲县走马上任，直接指挥中条山保卫战。

然而，要从晋西去往晋南的中条山中，障碍重重，因为要穿越好几个敌占区，而敌人的情报系统早就在山西渗透，第二战区副司令长官和前敌总指挥卫立煌要带着司令部穿越吕梁山区和日军重兵把守的临汾地区，前往中条山脉，实在太危险了。

参谋长郭寄峤为这次去中条山制订了好几个方案，而卫立煌听了郭寄峤的汇报后，比较赞同这样一条：由晋西渡过黄河，取道陕北，乘汽车到西安，再由西安乘火车到河南的渑池县，渡过黄河后，到达晋南的垣曲县，进入中条山区的腹地。

后来有书籍记载，卫立煌的延安之行，也与中共地下党员赵荣声的极力推荐离不开。赵荣声是燕京大学投奔延安的学生，后受党组织的委派，以安徽同乡的关系来到卫立煌身边，任文字秘书。

人们普遍认为，这段时间是国共两党合作的蜜月期，特别是在山西战场，国共两党的军队配合密切。

1938年2月，日军十万人沿太原正太路南下，企图一举歼灭山西境内的中国军队，进而全部占领山西。卫立煌和郭寄峤率领国民党军队组成的十四集团军在韩信岭一带布防，阻击日军十天，朱德得以率领参加太原会战的部队转移到了中

中条山保卫战（1938~1941）

条山和吕梁山中。随后，十四集团军向中条山中转移，然而，卫立煌的指挥部却被日军围困在汾河以西，共产党军队组成的十八集团军（即八路军）又派出部队截击日军，使得卫立煌能够由永和关渡过黄河，进入安全的延水关。

卫立煌一直想去八路军这支传奇部队的大本营延安看看。他一直想不明白这支装备简陋的部队，为什么会有那么强悍的战斗力。他想知道，昔日战场上的老对手，现在过的是一种什么样的生活；又是什么力量，让这支打不垮的军队具有钢铁般的意志。

1938年4月的一天，卫立煌和他的战区指挥部20多人仅靠几条木船，从山西的永和关摇渡到了黄河对岸的陕北延水关，这是他们第二次沿着相同的路线渡过黄河。

渡过黄河后，他们分乘卡车，向延安驶来。

4月17日，卫立煌来到了延安，迎接他的是中央军委参谋长滕代远和八路军留守司令萧劲光。他们一起走向城中心的大教堂，当年，教堂是延安城里唯一算得上雄伟的建筑。

还没有走近教堂，卫立煌就看到了毛泽东。毛泽东似乎认出了卫立煌，他满脸笑容，早早伸出双手迎接。

卫立煌对毛泽东说，八路军打鬼子打得好，他非常钦佩，今天来到延安聆听教诲。

毛泽东说，卫将军是第一位来到延安的战区司令长官，和八路军友好合作，今后这条路要一直走下去。

那天谈话的时候，毛泽东分析了抗日形势，并向卫立煌说明了八路军的困难，八路军缺少弹药，缺少医药，夏天就要来了，而八路军还没有领到夏装。

卫立煌答应这些事情——照办。

那天中午吃饭的时候，延安专门拿出最好的伙食招待卫立煌一行人，八人一桌，六菜一汤，有鱼有肉，这顿饭给卫立煌也留下了很深刻的印象。上世纪30年代，在苦寒的陕北延安能够拥有这样的招待，实在是很难得的。

他们还在延安大礼堂里观看了陕北乡土味非常浓烈的歌曲演唱和舞蹈表演，这些纯朴的来自于民间的歌舞，也让卫立煌记忆深刻。

这次陕北之行，彻底改变了卫立煌对共产党军队的态度，他对共产党军队能够在这样艰苦环境中，依旧坚持抗日，感到异常钦佩。后来，卫立煌就由反共急

第二章 永济保卫战

第一节 卫立煌到延安

先锋，变为共产党的同盟者。

当天下午，卫立煌到达延安城外一个叫做二十里铺的地方时，突然听说林彪在这里养伤，决定去看看。

陕北很多地方的名字很有特点，比如七里铺、十里铺、二十里铺、三十里铺。陕北有首非常著名的歌曲叫做《三十里铺》，开头唱道："提起那个家来家有名，家住在绥德三十里铺村"，这个名叫三十里铺的村庄顾名思义，就在距离绥德城三十里的地方。绥德，是古代边塞重镇。而卫立煌看到的二十里铺，则是距离延安城区二十里的地方。

当时，二十里铺住着林彪。

林彪和卫立煌一样，也是从一名士兵成长起来的，南昌起义的时候，林彪才仅仅是排长，来到井冈山后，他卓越的军事才能受到毛泽东和朱德的赏识，很快就提拔为军团长，指挥最有战斗力的一支红军。长征中，他一直担任开路先锋的角色；抗战开始，他担任最精锐的由中央红军改编而成的一一五师师长，并取得了全面抗战的第一场全胜——平型关大捷。

然而，就在全国人民都盼望着林彪能够在抗日战场上取得更大的胜利时，他却意外负伤了。

很多书籍都在绘声绘色地描述林彪负伤的经过，它们说林彪穿着平型关战役中缴获的日军黄呢子大衣，骑着日本的大洋马，神气活现地走在晨雾中，结果被晋绥军的哨兵当胸打成了重伤。而这个哨兵是一个神枪手，他一直想在抗日战场上露一手，一直没有机会，因为中国军队一路都在败退，而机会终于来临的时候，他击中的却是中国军队的名将林彪。

当年一一五师的卫生部长谷广善将军曾经详细讲述了林彪负伤的经过。林彪负伤的时候，并没有穿着日军军官的黄呢子大衣，而是穿着普通的灰色面料的八路军干部惯常穿的棉衣；而林彪的伤口也不是那些书籍记载的从前胸射入，而是从后背射入。

平型关大捷后，林彪带着一一五师指挥部穿过阎锡山的晋绥军防区。事前，晋绥军已经接到消息，一一五师指挥部要从这里通过，可是还没有通知到连哨一级。当一一五师指挥部骑着战马从晨雾中出现在山西省隰县千家庄村的时候，林彪的马走得最快，和后面的队伍拉来了十几米的距离，一名叫做王璐生的晋绥军哨兵看到了晨雾中的这队骑兵,一枪将走在最前面的林彪打下马来。

王璐生使用的是三八大盖枪,这一枪从林彪的背部穿入,擦着脊椎骨,穿过肺叶,击穿了一根肋骨,从前胸透出,还将一截寸把长的肋骨击出体外。

此后,战神林彪被迫退出抗日战场,从山西前线退往陕北后方,进行疗养。谷广善将军当年将林彪送到了黄河岸边,看着林彪坐上了西渡黄河的木船,然后返回一一五师。

这次,卫立煌来到延安,距离林彪负伤已经过了一个月。

林彪是一个伤病员,看望伤病员不能空手而去,这是中国自古以来约定俗成的规矩。当时,卫立煌身上没有多少钱,就问随行的人谁有钱,都拿出来,结果,这一行人仅仅凑起来 600 元钱,而 600 元钱是远远拿不出手的。按照当时国民党军队不成文的规定,看望一个将军,需要几千元的礼金。把这 600 元钱的薄礼送给林彪,还不如不送。

有人就说:既然这样了,那就干脆空着手去,看看林彪将军需要什么,以后补上。

卫立煌点头表示同意。

卫立煌和林彪见面,都有惺惺相惜的感觉。然而,考虑到林彪的身体原因,卫立煌不便久留,两人依依惜别。当时,谁也没有想到,十年后,一对情同兄弟共同抗日的战将,在东北战场上兵戎相见。

那天晚上,在延安大礼堂的晚会上,卫立煌做了一次演讲。这次演讲本来是有事先准备好的讲话稿的,但是,卫立煌说得兴奋,干脆推开了讲话稿,即兴演讲。他的演讲中有这样一段话:"此次奉命赴西安,系指挥黄河两岸部队,继续坚持抗战,直到最后胜利。这次抗战中已把我国的弱点完全暴露出来了。第一是不团结现象,因而受到了局部失利,但由于抗战继续坚持,我们的弱点逐渐消灭了。第二是缺乏组织,没有坚强的领导。今后要把全国人民组织起来,筑成一道万里长城,来打击日本强盗的进攻。"

他的演讲博得了满堂喝彩。

第二天,滕代远和萧劲光接受毛泽东的嘱咐,一直把卫立煌送到了三十里铺,然后才分别。

一个月后,卫立煌向八路军送来了 100 万发子弹,25 万枚手榴弹,180 箱牛肉罐头。

除此而外，还有八路军三个师的夏装、50 部电话机、两部电话总机和部分医药用品。

这些战略物资当时是由一个名叫卢佐的人负责送到延安的。在延安，八路军兵站部部长杨立三喜不自禁，赠送给了卢佐十件日本呢子大衣、十支日本新式马枪、两匹缴获的日本战马。杨立三，长征时候抬着患病的周恩来走出了草地，新中国成立后担任中国人民解放军总后勤部部长。

这次延安之行，是卫立煌与毛泽东第一次见面，再见面的时候，已经到了 1955 年。1955 年，卫立煌将军离开香港，回到大陆，照样受到了毛泽东的亲切接见。

卫立煌辗转来到中条山后，将司令部设立在垣曲县莘庄。一时间，这个在地图上无法找到的小山村，成为知名度非常高的地方。中共多位领导人也都来到了莘庄看望卫立煌。

最先来到莘庄的中共领导人是刘少奇。1938 年 7 月，刘少奇从渑池经过垣曲去往太行山根据地，他专门前来莘庄拜访卫立煌，并将三个月前卫立煌访问延安时，和毛泽东的一张合影，交到了他的手中。

一个月后，第十八集团军总司令朱德和一一五师三四四旅旅长徐海东因为要去延安参加六届六中全会，也由晋东南的屯留县来到了垣曲县莘庄。当天，卫立煌专门带着郭寄峤等将领来到莘庄村口迎接，卫立煌看到朱德将军穿着一身洗得发白的旧军装，腰间系着战士皮带，脚穿黑布鞋，脸色黝黑，精神饱满，神情和蔼，他感到很亲切。卫立煌没有想到八路军的总司令，居然如此朴素，又如此平易，完全就是一个忠厚长者。

莘庄上了年纪的老人说，那天，莘庄村口还有一支提前预备的仪仗队，第二战区前敌总指挥的所有人都唱着《欢迎朱德将军歌》，这首歌曲的歌词现在已不可考。朱德和卫立煌携手走进会场，朱德将军作了演讲，他的演讲博得了满堂喝彩。

老人们说，那天，朱德和徐海东还与第二战区前敌指挥部的人举行了联欢会，徐海东演唱"黄陂戏"。徐海东是湖北人，会唱这种地方戏。戏唱到一半的时候，徐海东将军突然停止了，他说："啊呀，后面的忘词了。"大家鼓掌欢笑，都感到这个八路军将军很亲切。

那天，八路军特务连和第二战区前敌指挥部的特务营还分别合唱歌曲。八路军特务营唱的是《国共合作歌》："国民党和共产党，现在站在一条线上……"第二战区前敌指挥部特务营唱的是："中华男儿血，应该洒在边疆上……冲！冲过山海关，雪我国耻在沈阳……"当时的气氛非常热烈。

朱德将军在莘庄停留了两天，和卫立煌亲切交谈了两天。他们除去睡觉时间，都一直在交谈。临分手的时候，朱德赠送了卫立煌两匹缴获的日军战马，卫立煌非常喜欢，他赠送给了朱德100支新式手枪，还有一支美国产钢笔，上面刻着"卫立煌赠"的字样。

朱德离开后，卫立煌对他的文字秘书赵荣声等人说："朱玉阶对我很好，真心愿意我们抗日有成绩。这个人气量大，是个忠厚的长者。"

玉阶是朱德将军的字。

第二天，朱德将军到了河南渑池，然后乘火车到西安，再回到延安。

当年，无论是中国共产党的领导人毛泽东，还是第十八集团军总司令朱德、第一一五师师长林彪，都给卫立煌留下了极为深刻的印象，尤其是朱德。两天两夜的深谈，让卫立煌彻底成为一个倾向于共产党的国民党高级将领。

当年，卫立煌指挥着山西境内所有中央军阻击日军，而朱德的十八集团军活动区域也正好与卫立煌属于同一个战区，所以互有往来，密切合作。

后来，在中条山保卫战中，卫立煌始终坚持和八路军的友好合作，中央军正面阻击日军，八路军破坏日军交通线，正因为两支中国军队同心协力，才使得中条山像一道利刃，切断了日军向西北进犯的企图。

国共两党的军队坚守中条山，一守就是三年。

第二节 西阳河战役

国共两党的密切合作，很快就取得了一场大捷，这就是地方史书中记载的发生在 1938 年夏季的东坞岭战斗。

生活在中条山中的很多人看来，东坞岭战斗是长达三年的中条山保卫战的揭幕战。这也是他们了解到的发生在中条山的第一场取得大胜的战斗。

1938 年夏季，日军为了肃清晋南的中国军队，打通同蒲线，为渡过黄河、威胁西北做准备，从河南的沁阳和新乡调来大量军队，兵分两路，一路直奔中条山中的垣曲县，一路来到中条山中的沁水县。

两路日军都遭到中国军队的顽强阻击，无法速战速决，只能向后方请求速发粮草。

1938 年 7 月 1 日，八路军总部得到了一份情报，日军有一支庞大的运输队从河南进入山西的晋城、阳城、沁水，这支车队就是给前方的日军送给养的。八路军总司令朱德得到这个消息后，立即将这一情报通报了卫立煌，并指示三八六旅和决死三纵队配合卫立煌的中央军一起行动。决死队，又称山西新军，是抗战开始后共产党和阎锡山在山西成立的一支武装力量，决死队共分为四支纵队，很有战斗力。

当时，卫立煌是第二战区副司令长官兼前敌总指挥，朱德是第二战区副司令长官兼东路军总指挥。

朱德和卫立煌商量后决定，将兵力埋伏在沁水县境里的东坞岭。

7 月 25 日，由 300 辆汽车组成的日军运输队，浩浩荡荡地开进了沁水县境，因为当时的沁水县城太小，日军的汽车停在城外的开阔地。

这支日军一路上都非常小心，步步谨慎，仅在渡过黄河的山西境内，从晋城到阳城再到沁水，路程仅有上百公里，就走了一星期。日军被中国军队打怕了，他们一路像蜗牛爬行一样缓慢而胆怯，他们自以为这样就会万无一失。

十万男儿血
中条山保卫战（1938～1941）

埋伏在东坞岭的抗日名将李默庵的第十师已经等候了好多天，他们等得心急火燎，等待的时间越长，被暴露的危险越大。日军的飞机每天都在空中巡逻。这些汽车上的装备和粮食，维持着前方作战的上万日军的生命。

因为日军步步小心，迟迟不进入伏击圈，八路军就展开夜袭，逼迫日军上路。日军为了避免八路军偷袭，只得慢慢上路了，这300辆汽车，绵延40里，像一串乌龟一样，慢慢腾腾地进入了伏击圈。这一天是7月29日。

当年，东坞岭的道路非常狭窄，一面是高山，一面是深沟，地势异常险要。日军也知道这段道路险象环生，所以，当走到东坞岭的时候，突然加快了速度，想尽快通过，就在这时候，埋伏在山脊上的第十师的大炮打响了，一连三发炮弹，击中了最前面的日军汽车。前路被挡，所有的汽车都无法通过。日军开始向后倒车，埋伏在另一面山脊的中国军队大炮又打响了，最后一辆汽车扭了两扭，着火了。

现在，日军汽车被堵在了东坞岭狭窄的路面上，上天无路，入地无门。日军只好跳下汽车，向两边山脊上的中国军队展开反击。然而，占据了地利优势的中国军队将手榴弹和炮弹像下饺子一样扔进包围圈里，汽车的四周是一片爆炸声和冲天的火光。

这场战斗进行得很顺利，中央军和八路军像瓮中捉鳖一样，谈笑间，强"虏"灰飞烟灭。三个小时后，战斗就结束了。2000多个日军几乎被全歼，300辆汽车一辆也没有开走。

这是一场中国军队占压倒性优势的伏击战，无论是从武器上还是从人数上，日本军队都无法与中国军队等量齐观。中国军队在山脊上埋伏了很多门大炮，而日本军队手中只有枪支；中国军队是经历了一年艰苦磨砺的坚强之师，而日本军队是一支缺乏战斗力的后勤运输队。中国军队占据了山峰优势，躲在暗处，而日本军队在局促得无法转身的山谷间，一举一动都在中国军队的视线里。

这是一场比平型关大捷更为漂亮的伏击战，也是比平型关大捷战果更辉煌的歼灭战。

战斗结束后，沁水县各村的百姓兴高采烈，他们拿着面袋子和锅碗瓢盆，将汽车上的大米和罐头向家中搬运，能搬运多少就搬运多少。这是中条山中的老百姓第一次见到大米和罐头。

粮食搬运完了，枪弹搬运完了，剩下的汽车没有用处，因为当时中条山中用不到这么多的汽车，就算能够用上这么多汽车，仓促之间哪里能够找到300名司机？那时候在中国，汽车还是稀罕物。驻扎在晋城和临汾的日军已经来增援了，中国军队放一把火，将300辆汽车全烧了。

东坞岭附近的老人说："那场大火一直烧了三天三夜，汽车的爆炸声没日没夜地响起，这场战斗中逃跑的日本鬼子只有几个人。增援的鬼子听说战斗结束了，也急忙返回了临汾和晋城，他们也不敢出门，因为出门就会遇到中国军队的伏击。"

还有的老人说："那300辆汽车的残骸一直摆放在东坞岭，太多了，没法清理，只有一些能够拆下来的小零件被人拿走了。上世纪50年代，大炼钢铁的时候，这些残骸都被拿去练了钢铁。"

几乎在东坞岭战斗的同时，一场更大的战役在中条山中的垣曲县境内的西阳河谷展开，史称"西阳河战役"，日军的称呼是"南阳圈战役"。

车国光当年是三十八军十七师上尉机要员，他经历了西阳河战役。

1938年6月上旬，一直坚持在晋东南高平阻击日军的十七师奉命开往晋南的平陆县茅津渡，归还第三十一军团建制。

此时，三十八军升格为三十一军团，但是下属部队还是赵寿山的十七师和李兴中的一七七师，人数并没有增加。不同的是，十七师升格为三十八军，下辖仅一个师，就是十七师，赵寿山任三十八军军长兼十七师师长；一七七师升格为九十六军，下辖也是一个师，就是一七七师，李兴中任九十六军军长兼一七七师师长。

十七师进驻到了山西省阳城县横河镇的时候，赵寿山接到了卫立煌的密电，密电中说，日军铃木师团和步骑炮特种兵两万余人，在豫北新乡一带集结，有西犯意图，命令十七师进驻王屋山，和王屋山附近的八十一师一同坚守阵地，阻击日军。

王屋山，就是古代寓言故事《愚公移山》中所写的王屋山。

卫立煌的策略是，将垣曲的西阳河谷作为一个口袋，将日军聚而歼之。

1938年6月8日，日军开始进攻，50辆坦克和十余架飞机不断轰炸。八十一师仓促构筑的防线很快被攻破，师长贺粹之带领部队撤到了十七师的防线。日军开始进攻十七师阵地。

贺粹之，也是一员抗日名将，精习游击战。贺粹之的八十一师同样属于国民党军队中的杂牌军，但是它的战斗力和取得的成绩，也超过了很多装备精良的中央军。

车国光说，十七师官兵和八十一师同心协力，奋勇阻击，师长赵寿山、贺粹之亲临前线督战，多处阵地失而复得，达数次之多。因为伤亡惨重，十七师的预备队都投入了战斗。到了第二天午夜，日军死亡将近400人，开始退却，战斗暂缓。

夜晚，车国光接到了卫立煌发来的急电，电文中说，第二战区决心将这股西犯之敌消灭在西阳河附近，已经命令围攻侯马的李默庵的第十四军赶来增援，十七师必须将日军阻击在邵源、崔家庄、蔡家庄附近，达到歼灭日军的目的。

邵源，是一个镇，位于现在的河南省济源市，距离垣曲不到百里。

第二天拂晓，日军又向我阵地发起猛攻，先是飞机轰炸，然后是山炮轰击。因为武器差距太多，人数又不占优势，中国军队损伤过半，赵寿山和贺粹之商量后，决定渐次退却，将部队撤到邵源后，再进行阻击。

6月13日，日军开始全线反扑，激战半天后，八十一师后撤到了邵源镇，与十七师一道，同日军展开巷战。战况异常激烈，每一道墙壁，每一幢房屋前，都是喊杀声，都是飞溅的鲜血，都是倒下的躯体。有的墙壁前面，尸体层层累积，摞到了墙头之上。

双方激战正酣时，车国光接到了卫立煌的一封急电，内容为："限十分钟到贺师长、赵师长。第十四军现已到达皋落镇，预计寒日始能到达蒲掌附近，你师必须在邵源艰苦奋战阻止敌人前进，待十四军到达，各师进入蒲掌、双庙、南羊圈、油房、芮村后，让敌西进，你两师在后面截断敌归路，策应李默庵部作战。卫立煌辰元戌参三。"

当时，卫立煌与各师的来往电报中，有灰日、真日、元日、寒日等名称，这是为了避免被日军破译而设置的特定时间称呼。电报中的最后一句，不是当事人，也无法破解，可能也说的是时间。

又激战了两日，十七师、八十一师伤亡大半，如果继续坚守，就会全军覆没。

十七师副师长陈硕儒建议说："邵源以北有一个村庄名叫北寨村，可以俯瞰整个邵源，如果占据此地，日军就不敢向西，就等于截断了日军进攻的路线。不如让部队收缩防守，派精兵占领北寨村，居高临下，则可阻击敌人。"

赵寿山命令两个加强营，配属师炮兵营和山炮连，集中在北寨村。另外，警卫连还每人一把二十响，每人十颗手榴弹，埋伏在北寨村前的壕沟里，等到日军接近，一举歼灭。

拂晓，也就是卫立煌电报中所说的"寒日"拂晓，日军集中500人开始进攻北寨村。

这一切都没有出乎十七师副师长陈硕儒的预料。在十七路军战士的记忆中，陈硕儒是一个深有韬略、足智多谋的人。

500个日军冲到距离北寨村仅有三四十米远的距离时，埋伏在壕沟里的警卫连突然站起身来，日军仅仅能够看到他们的头部，而他们看到的是日军的全身。他们拿起手榴弹，砸向日军，他们每个人都一口气将十颗手榴弹扔了出去，手榴弹像冰雹一样纷纷扬扬地落在了日军头上、肩上、腿上、屁股上，在竞相响起的爆炸声中，日军像被割倒的麦捆子一样，横七竖八地倒下了一片。然而，日军的战斗意志毕竟是顽强的，没有倒下的日军继续前冲，北寨村山冈上的重机枪响了，密集的子弹像锯子一样，将冲在最前面的日军锯倒了一片，又锯倒了一片。

突然，天空中出现了日军五架飞机，飞机尖叫着掠过低空，几颗炸弹在高岗上爆炸了，中国军队的重机枪再也没有发出声音。

午后，日军又增加了500人，向着北寨村蜂拥进攻，枪炮声响了一天，到了黄昏，双方展开了白刃战，日军退后。这天，坚守在北寨村的战士一天也没有吃东西。阵地前，日军丢下了200多具尸体，被活着的日军拖到了后方。而坚守的中国军队也有150人献出了生命，其中包括一名连长。

十七师和八十一师以伤亡过半的代价，为李默庵的中央军第十四军赢得了布防的时间。6月16日中午，李默庵装备精良的第十四军进入阵地后，精疲力竭的十七师和八十一师拖着满身的鲜血，闪开了一条道路，让日军继续西进。日军像一头凶蛮的牤牛一样，撞入了十四军的包围圈。

日军进入包围圈后，十七师和八十一师又立即占领了邵源镇，扎紧了口袋。这样，日军陷入了南北长20里，东西长8里的西阳河谷。

所谓的河谷，就是两边高、中间低的狭长地带，出口只有前后两端，如果扎紧了前后两端的袋口，日军则就陷入了上天无路、入地无门的穷途末路，只能坐以待毙。

这场围困战打了十多天，日军负隅顽抗，一次次组织力量，想要冲破中国军队的包围，但是一次次都失败了。战后，据一个俘虏供述，在围困战的第一天，一个联队长因为攻击不力，而被迫切腹自杀。

中国军队尽管将日军诱入了这一狭长地带，但是急切间无法吞下。这是一支日军的作战主力部队,而不是日军的后勤运输队,所以,东坞岭战斗中,中国军队能够用三个小时就干净利落地结束战斗,而这场战役,中国军队围攻十余天,还是无法将日军咬死。

车国光在6月16日接到的卫立煌的急电是这样的:"限30分钟内到李军长、赵师长、贺帅长。窜犯西阳河之敌,前不能进,后不能退,已陷入我军包围。各军师长应亲督所属于筱日拂晓向当面之地展开猛攻,一举歼灭之。"

筱日,就是17日。

围攻这股日军的有五个中国师:赵寿山的十七师,贺粹之的八十一师,李默庵十四军所属的三个师(十师、八十三师和八十五师)。17日拂晓,每个师派出了一个加强团向日军猛扑,战况空前激烈。每个师仅仅派出一个加强团攻击日军,说明中国军队伤亡惨重,无法组织更多的力量进攻。

五个加强团向日军发起不间断的冲锋,没有达到预期目的,也没有冲击到预定的位置。当天中午12时左右,日军开始施放毒气,毒气顺风吹到了中国士兵占领的阵地上,中国士兵无力进行攻击。因为伤亡过大,无法组织起更有效的冲锋,中国军队被迫撤回到原来的位置。

卫立煌指示:"白天炮击,夜晚偷袭。"中国军队依照此法攻打十天,仍然未能奏效。

被围困在西阳河谷的日军,依靠空投来补充装备。中国军队缺乏防空武器,只能眼睁睁地看着日军的飞机把大批武器弹药和粮食空投进西阳河谷。西阳河谷地势低矮,日军飞机一目了然。

第12天,中国军队第九军第四十七师赶到了,卫立煌立即命令再次攻击。

对中条山保卫战研究颇深的中共中央党校教授杨圣清曾经讲过这样一件事情。在西阳河战役中,一名中国军队的旅长穿着崭新的军装走过一座村庄,老乡们看到后,就问:"你去上战场,为什么要穿着新衣服?"这名旅长回答说:"老乡你不知道,我们当兵的都是提着脑袋过日子,今天出门打仗,就不知道还能不能回来,我把衣服穿好,免得死了还要人入殓。"

中国军人抱着必死的决心,走上了战场。

攻击是在午夜开始的。漫山遍野的中国军队高声呐喊着,挺着刺刀,高举大刀,冲向河谷中的日军。等到拂晓的时候,各支中国师都取得战果,第十师攻克了东坡,八十五师收复了李家谷垛，八十三师攻克了南羊圈，十七师攻克了茶坊，八十一师攻克了提沟。日军被压制在了一个狭小的包围圈中，即将被歼灭，中国军队胜利在望。

可是，天亮后，大批的日军飞机飞临战场，向着中国军队狂轰滥炸，中国军队无法继续冲击，无法抬头，无法与日军作战。万不得已，中国军队只能停止了攻击。

夜晚，车国光所在的十七师又组织了最后一场攻击，仅派出一营兵力，这是十七师仅能组织的最后一支攻击力量。当天夜晚，喊杀声通宵达旦，天亮后，十七师九十八团一营营长呼品一和200多名官兵全部壮烈牺牲。

据十七师老兵回忆，在东渡黄河后的一年时间里，十七师伤亡近万人，也就是说，与日军作战一年后，十七师几乎全部换了一茬战士。老兵们，全部牺牲在了抗日前线。

至此，中国军队再也无力攻击了，只能将日军继续包围起来，防止突围。而日军，也没有能力突围了，他们躺在地上，等着日军的飞机空投给养。

接着，中国军队的视线里就出现了前来增援的日本军队，这支从绛县横岭关赶来增援的日军，装备精良，仅坦克车就有几十辆，坦克后面是密密麻麻的穿着土黄色衣服的军队。

史料记载："1938年6月28日，日军调集5000人沿垣曲向东进犯，策应西阳河谷作战，同时，一万日军从沁阳出发，向西急进，妄图围歼中国军队。"

而此时，中国军队已经无力再打下去。

卫立煌命令中国军队渐次撤出西阳河谷，中国军队含恨离开。

被围困在西阳河谷的日军，未能全歼，实在遗憾。

战后，南羊圈和双庙村一带的百姓，捡拾手榴弹的木柄作为柴禾做饭，竟然整整烧了三个月。老百姓从地上随便抓一把土，就能找到弹壳。而在一棵大树上，就数出了三十多个弹痕。

西阳河战役，中国军队尽管没有全歼日军，但是将铃木师团打得失去了战斗力。这是抗战初期最漂亮的一场围歼战，日军痛心不已，切齿痛恨，将这场战役写进了日本陆军教材中。

日军解除了西阳河谷之围后，又直扑垣曲县莘庄村的卫立煌指挥部，为了保存实力，寻机再战，卫立煌带着司令部转战到了平陆县太寨村。

第三节 激战尧王台

垣曲县位于中条山的东北端，这场在日本教科书中被称为"南羊圈战役"的战争，一直作为反面教材让日军饮恨切齿。这场战役中，陕西军的十七师居功甚伟，如果没有十七师的坚决阻击，就没有十四军的后方布防，也就没有这场胜利。

不久，在中条山的西南端，中条山的另一面，陕西军的另一支部队，刚刚渡过黄河的三十一军团司令部和所属各支小部队（不含十七师和一七七师），也在永济痛歼日军。

永济和陕西只有一河之隔，站在永济城墙上，就能够看到黄河向南流去。从永济向西行走，不到半个小时就能够走到黄河岸边。黄河的那边，就是陕西省朝邑县，一个现在已经消失了的县名，它的地域被并入了大荔县。

当时，孙蔚如刚刚渡过了黄河，立足未稳，日军就从运城集结了一个旅团的兵力，向永济扑来，企图将孙蔚如的三十一军团司令部赶入黄河。

三十一军团背水而战，稍微懂点历史知识的人，都知道这是死地，没有任何回旋余地的死地。孙子兵法云："投之亡地然后存，陷之死地然后生，夫众陷于害，然后能为胜败。"当陷入这样的死地后，如果万众一心，则可以反败为胜。

然而，历史上陷入如此死地，能够反败为胜的，又有几人？项羽破釜沉舟，说："置之死地而后生"，结果成功了；韩信背水结阵，说："置之死地而后生"，终于胜利了；赵括被秦军切断后路，说："置之死地而后生"，结果全军覆灭；马谡独上高岗，也说："置之死地而后生"，结果身首异处；张灵甫独上孟良崮，还是说："置之死地而后生"，还是失败了……陷入死地而能够生存的，找遍历史，也仅有项羽和韩信，而失败的例子举不胜举。

今天，孙蔚如也要背水结阵。

当时的形势是这样的：警三旅渡过黄河后，部署在永济栲栳镇一带，阻击北面进犯之敌；教导团渡河后，集结在永济县、韩阳镇、风陵渡一带；警一旅第一团暂时归警二旅孔从洲指挥，守备永济城关一带。

三十一军团军团部驻扎在永济县的六官村。孙蔚如在《第四集团军抗日战争概略》中曾写道："该地前面强敌，后背大河，势甚艰险，但中条山为陕东屏障，为敌所必争。"

在这里，孙蔚如将军写有七律一首：

烈烈金风荡寇氛，中条立马日将曈。
十年积恨还辽沈，百战提兵涉潞汾。
师克在和壮在直，汗挥如雨气如虹。
待看斩尽楼兰日，痛饮黄龙奏大勋。

渭南师范学院副教授王忙有这些年来一直挖掘陕西军在永济保卫战中的历史资料，由于他的努力，一大批被遗忘了的名字：邓祥云、杨法震、张希文、魏鸿纪……才开始进入了人们的视线。

陕西军东征，警一旅一团二营营长邓祥云随队出征。

邓祥云是朝邑人，三十一军团从朝邑东渡黄河开赴抗日前线的时候，邓祥云回家看望，他的母亲当时已经双目失明。邓祥云向母亲说："娘，我要去山西杀鬼子。"年老的母亲说："你为国赴难，娘不拦你，娘也不要你牵挂，上阵杀敌，是军人的天职，娘在家中天天给菩萨磕头，保佑你平安，等着你回来。"邓祥云说："国家危难，军人战死沙场是尽了本分，如果我有一天牺牲了，娘不要难过。"母亲说："国家国家，先有国后有家，如果有一天我儿为国尽忠，娘就年年去山西给我儿烧纸钱。"

邓祥云就这样走上了山西抗日前线，后来，他牺牲在了山西战场。可惜，娘连他的坟墓在哪里也不知道。邓祥云牺牲后不久，他的母亲也去世了。

邓祥云的同村还有一个战友叫邓继忠，邓继忠向家中告别的时候，妻子拉着他的衣服，哭着劝他不要去。邓继忠把妻子一把甩开，大喊道："国家养兵千日，用在一时，日本人侵略中国，当兵的不去打仗，谁去打仗？"

邓继忠离开妻子后，也牺牲在了山西战场。至今，还不知道他的尸骨埋在哪里。

永济血战，一方是中国三十一军团警一旅第一团和警二旅，统一归孔从洲指挥；一方是日军二十师团三十九旅团。日军二十师团师团长是牛岛实常，下辖两个旅团，一是高木义人的三十九旅团，一是山下奉文的四十旅团。高木义人的经历语焉不详，而山下奉文则是日军名将，被称为"马来之虎"，当年横扫东南亚。二战后，山下奉文被绞死在马尼拉。

当时的永济县城，不是今日的永济县城，它在今日的永济市向西十余公里处。这里有王之涣曾经登上过的鹳雀楼，他登上永济城墙还写了一首千古绝句《登鹳雀楼》："白日依山尽，黄河入海流，欲穷千里目，更上一层楼。"这里还有《西厢记》中的普救寺，"红娘月下牵红线，张生巧会崔莺莺"的故事就发生在这座寺庙里。

为了坚守永济，中国军民在城外挖掘了一道壕沟，壕沟深约一丈，宽约三丈，又将黄河水引灌壕沟。为了对付日军的坦克，中国军民还在悬崖沟壑的背面，挖掘窑洞，躲藏其中，当日军坦克驶过后，中国军队冲出窑洞，可以直接攻击坦克的背部。

不仅如此，中国军队还将永济四座城门全部封死了。日军无法冲进来，中国军队也无法走出去。永济城，就是守城军队的坟墓。

大战在即，孙蔚如将守城部队上尉以上军官召集在盂盟桥一户农民的打麦场上，召开动员会议，与会军官振臂高呼："永济在，我们在；永济亡，我们亡！"大家热血沸腾，场面极为感人。

1938年8月12日，日军攻占永济北古城，日军坦克的隆隆履带声就响在耳际，北面的尘土遮天蔽日，大队日军开来了。孔从洲亲临前线，他对手下将士们说："黄河那边就是陕西，是我们的家乡，家乡父老都看着我们，我们誓与永济共存亡。人家都叫我们陕西冷娃，考验我们的时候到了。"

将士们齐呼："有我无敌，有敌无我。让鬼子来吧，看他们有几下子。"

日军最先攻打的是城外的上下高市，坚守上下高市的是杨法震率领的一个营。杨法震家在陕西兴平，三十一军团离开陕西开往山西前线的前一天，妻子方向知抱着四岁的孩子来到军营探望丈夫。妻子放心不下丈夫，要随队出征，加入三十一军团卫生队。杨法震说："我先去山西前线，等我安定下来，就捎话给你，你把孩子托付给二姐，就来山西相会。"杨法震没有想到，他一来到山西，就参加了永济保卫战，根本没有时间给妻子捎话。

战前，杨法震给营部的人说，等到永济战役结束了，就让妻子方向知过来。

杨法震的一营战士仅有500人，而进攻的日军兵分三路，多达1200人。

在一座桥头，曾离队远去、又归队赴敌的张黑龙所在的那个排坚守桥头，面对蜂拥而来的日军，他们手挥大刀，与敌血战，击退了日军的进攻。张黑龙浑身都是血，他摇摇晃晃地走到排长面前，伸出了左手的五根手指，对排长说："排长，五个，五个，我杀了五个鬼子，军长不会处罚我了。"

说完后，张黑龙就倒了下去，脸上带着笑容。曾经打过他的排长，泪流满面。

日军又发起进攻，全排伤亡殆尽。尔后，日军攻向上下高市。

日军的大炮震耳欲聋，弹片纷飞。在上下高市，杨法震身先士卒，率众拒敌，接连打退了日军两次进攻。

很快地，日军又组织了第三次进攻。上下高市前是黑压压的日本兵。

杨法震对着战士们喊："日本鬼子又来了，大家怕不怕？"

战士们喊："怕个球！让鬼子来吧！"

很快地，枪声炮声响成一片。

激战三小时后，杨法震腿部中弹，倒在地上。身边的排长宁必成扶起杨法震，杨法震说："甭管我，打！"

宁必成刚刚转过身，一颗子弹飞过来，穿过了宁必成的大腿，血流如注，昏迷过去。多年后，宁必成对我说："那天，日本鬼子像蚂蚁一样，哇哇叫着向前冲，鬼子的眼睛和嘴巴都看得很清楚。"

三八大盖步枪枪弹穿过了宁必成的大腿，说明当时敌我距离非常近。

杨法震让两个战士抬着宁必成下去，自己操起手枪继续向日军射击。战士们要抬走他，他说："我腿不能动，双手能动，甭管我。"杨法震从身上抽出一片白布，自己给自己包扎伤口。然后，继续射击。

很多年后，我曾经问过宁必成："当时，你们部队有没有军医？"

宁必成说："哪里有军医啊，受伤了都是自己给自己包扎。"

当时，日军发现杨法震是中国军队的指挥官，就集中了几挺机枪，向着杨法震射击。杨法震身中数弹，他用最后的力气喊："弟兄们，把鬼子赶出去！"然后，就闭上了眼睛。

一个月后，陕西的《西北文化日报》以《永济之役，杨法震团附壮烈殉职》为题，报道了他的事迹。妻子方向知看到报纸后，一下子昏了过去。

后来，国民政府给了方向知1200元的抚恤金，方向知用这笔钱创办了一所"法震小学"。现在，这所学校叫"法震中学"。

日军攻占了上下高市后，向盂盟桥、峨眉原进攻，企图从中心突破，将中国军队一分为二，但是遭到中国军队顽强阻击。日军曾经一度占领阵地，但是又被中国军队组织敢死队，手持大刀趁夜夺回。

8月16日，日军二十师团三十九旅团七十七联队约3000人，大炮20门，坦克10余辆，开始进攻中国阵地右翼，意欲夺取尧王台。

尧王台是整个战场的制高点，而且阵地突前，较难防守。日军一旦进攻，尧王台就处于三面临敌的不利境地。尧王台被占，永济城内外都会暴露在日军的视线和火力下。

坚守尧王台的是步兵张志甲的一个营和炮兵赵益元的一个营，两个营协同作战。张志甲是陕西省大荔县人。日军冲上来的时候，张志甲对士兵们说："只许进，不许退，这是我们的阵地，甭说是他日本人，任何人来了，我们都照打不误。"

日军愈来愈近，他们完全就没有把中国军队放在眼里，他们冲锋的时候，连腰都没有弯一下，端着上了刺刀的三八大盖，直挺挺地走上来。走在最前面的是枪刺上挑着一面膏药旗的士兵，张志甲操起一杆步枪，一枪就撂倒了枪刺上挑着旗帜的日军，他喊一声："打鬼子！"身边战友的长枪短枪就一齐响起。张志甲弹无虚发，他一连打倒了五个鬼子，还忙里偷闲地对战友们笑着说："日本人牛逼个锤子，我还以为是金刚之躯，弄了半天，也是肉长的。"

战友们也戏谑地对着日本鬼子喊："小日本鬼子，你牛逼个锤子。"

尧王台高处的大炮也一齐轰鸣，炮弹在日军中爆炸，一炸就是一大片。日军因为过于轻敌，第一波攻击很快就被打垮了。

日军第一波攻击失败后，马上组织起了第二波攻击，这次，日军像挨打了的狗一样，不得不小心谨慎。他们先用大炮对着尧王台高处轰击，想要摧毁中国军队的炮兵阵地。可是，中国军队的炮兵按照作战守则，打退日军第一波攻击后，已经转移了阵地。

炮击过后，日军又一次发起了冲锋，这次呈散兵阵形，弯着腰身，不再昂头挺胸，不可一世。日军走近后，张志甲大喊一声："打鬼子！"埋伏在战壕里的士兵们长枪短枪又一齐鸣响。

激战中，张志甲身负重伤，无法站立。炮兵营长赵益元电话请示孔从洲旅长，孔从洲让赵益元全面指挥炮兵和步兵，将张志甲抬下阵地。

张志甲对通讯兵说："把咱们那几个连长叫来。"

几名连长冒着硝烟跑到了张志甲面前，张志甲说："咱们是步兵，他们是炮兵，但是打的是同一个敌人，你们一定要听从赵营长的指挥。"

几名连长含着眼泪，点点头。张志甲被一名战士背了下去。

午后，坚守尧王台的炮兵营和步兵营，与敌连番激战，在两排战士伤亡殆尽后，终于丢失了阵地，被迫撤离。

日军3000重兵占领了尧王台后，将大炮架上尧王台，对着中国阵地狂轰滥炸。同时，日军又出动了六架飞机，轰炸中国守军阵地。

形势万分危急。

孔从洲命令，不惜一切代价，夺回尧王台。

一〇二团少校团附王经纶率队逆袭，终于将尧王台夺占。日军当时已经冲击到了远离尧王台的西姚温村，得知尧王台制高点被抢回，立即派遣一支部队，又夺回了尧王台。当天，尧王台几次易手，尸体枕藉，从台下一直铺到了台上。后来，双方的军队都是踩着尸体向上冲锋。

黄昏时分，王经纶所率一营战士几乎伤亡殆尽，孔从洲被迫从战事已经极为紧急的西姚温阵地，派出三营七连战士前去增援尧王台。

这一连战士飞奔到尧王台时，尧王台已经被日军重新夺占。战士们顾不上休息，就参加了反击作战。一名连长、三名排长全部壮烈牺牲。一名绰号"小老虎"的班长代理连长指挥，继续攻击。不久，班长又全部阵亡。一〇二团三营副官赵书文向孔从洲请缨出战，愿意代理连长夺回尧王台。尔后，中国军队从两面夹击，终于重新攻占尧王台。而先期攻打尧王台的三营七连战士，全部牺牲。后期攻打尧王台的二营五连，全连120人仅剩17人，而且17人全部负伤。

第四节 夜雨中的西姚温村

尧王台反复争夺，多达十余次。后来，日军依靠着优势兵力和优良装备，在付出了 500 人的代价后，终于占据了尧王台。

日军占领了尧王台后，将西姚温村、万固寺、解家坟连成一线，这条线就一直绕到了永济城的后方。

为了阻击日军进攻风陵渡，切断三十一军团的后路，孙蔚如派出了装备最好的教导团增援前线。风陵渡是黄河边的一处著名渡口，日军如果占据风陵渡，就会源源不断地将军队运往黄河岸边，进而西渡黄河，进入陕西。而从陕西进入四川和当年国民政府所在的陪都重庆，易如反掌。

胥继武说，教导团其实就是司令部的警卫团，每人配置一把大刀，一支短枪，一支长枪，保卫司令部的安全。教导团的士兵都有文化知识，所有军官都从军校毕业，以前是杨虎城的警卫营，后来扩充为教导团。

孙蔚如要将警卫团派往第一线作战，可见当时的战况有多么危急。

教导团有三个营，按照常规，第三营一般是做预备队。但是在团部分配任务的时候，三营营长张希文说什么也不愿意留下来，他对团长李振西说："现在三营的弟兄们都很不服气，他们让我过来领任务，而我就领到一个预备任务，回去给弟兄们没法交代。我们营一定要打先锋。"李振西拗不过张希文，只好答应了，将第一营作为预备队。

李振西是孙蔚如手下四大虎将之一，另外三个是赵寿山、李兴中、孔从洲。四大虎将，个个都身手不凡，智勇双全，威风八面。李振西是黄埔军校第六期，而张希文是黄埔军校第九期，陕西渭南人。

三营在前，二营在后，教导团如霹雳雷霆，猛打猛冲，一举收复了已被日军占领的万固寺、解家坟，缴获了被日军抢去的我军两门山炮。万固寺边竹林密布，日军遁入竹林后，仓皇逃窜。张希文带领三营一鼓作气，追击日军，来到西姚温村外的杨侍郎坟。

时已黄昏，苦雨凄风，四顾茫茫，不辨东西。张希文在杨侍郎坟等到李振西和第二营后，决定连夜进击西姚温村。

杨侍郎坟占地几十亩，古柏森森。当时，有一股日军埋伏在柏树上，几挺机枪的枪口对准了树下的中国军队。可是，因为天气阴暗，漆黑一团，阴雨蒙蒙，中国军队无法看清周遭形势。

当时，有情报说，西姚温村已经被陕西军警二旅的一个营占领，事实上，日军此时已经在西姚温村埋下重兵，等待中国军队进入。

西姚温村里是敌是友？张希文派人侦察，感觉疑点重重。李振西与警二旅联系，警二旅证明说，当天下午，确实有一个营击退日军，占领了西姚温村。然后，警二旅不知道的是，这个营在击退了日军后，并没有派兵防守这个村庄，而是继续追杀日军，致使西姚温村再次被日军占领。

当天的战场形势错综复杂，敌我双方犬牙交错，日军的编制被打乱了，我们的编制也被打乱了，敌我双方都只能各自为战。

西姚温到底是敌是友？张希文不愿再等，他需要趁着夜色穿过西姚温村，然后攻占尧王台。收复了尧王台，日军就必退无疑。

夜晚十时左右，张希文带着第三营600人依次走进了西姚温村。西姚温村一片寂静，静得让人感到心悸，耳边只有沙沙的落雨声。没有月光，眼前漆黑一片，路边的房屋和树木都变得影影绰绰，像浮出海面的巨大的礁石。

张希文带着600人走进了西姚温村，走进了浓浓的黑暗中，直到最后一个士兵走进来。村庄的上空突然升起了一颗信号弹，埋伏在黑暗中的日军一齐冲出来。

然而，教导团第三营毕竟是陕西军中最强悍的部队，也是训练有素的，他们临惊不乱，立即依托着树木和房屋就地还击。

那场战斗一直进行到天亮，敌我双方谁也没有占到胜算。张希文第三营尽管被日军包围，仍旧大呼酣斗，死战不退，他们依托着抢占到的几座大宅院，与日军对射。好几次，日军冲到近前，都被第三营的大刀片砍了回去。

张希文离开了杨侍郎坟后，团长李振西也离开了杨侍郎坟，回到教导团的临时指挥所解家坟。张希文在西姚温村与日军殊死拼杀时，解家坟也是枪声大作，杨侍郎坟也响起了密集的枪声。

在杨侍郎坟，日军躲藏在密密的柏树上，打得第二营抬不起头来。在解家坟，日军包围了教导团团部。李振西能够指挥的仅有一支童子军，这支童子军尽管只有上百人，年龄都是12岁左右的娃娃，但毅然拼死抵抗，浴血奋战。

天亮后，第二营将埋伏在柏树上的日军全部歼灭，立即驰援解家坟，又在解家坟击退了日军。此时，第一营也从几十里外的驻防地赶到。第一营和第二营厉兵秣马，准备返身西姚温村，解救第三营的时候，李振西接到了命令，要求教导团掩护全线撤往韩阳镇，继续组织抵抗，确保风陵渡不失。

此时，第一线阵地多处丢失，与日军缠斗已无意义，只有退守黄河岸边的韩阳镇，继续抗击。韩阳镇不失，风陵渡就不会丢失。风陵渡不丢失，陕西就不会丢失。

李振西万般无奈，只能含泪带着第一营和第二营撤退。

张希文带领着第三营与占有优势兵力的日军厮杀，子弹打光了，战士们就用手榴弹，手榴弹打光了，就用大刀。日军始终无法攻进第三营占据的几座大宅院。

天亮后，日军近千人从东姚温村增兵。当时，日军旅团部就驻扎在东姚温村。第三营愈战愈少，日军愈打愈多。如果坚守下去，就会有全军覆灭的危险。张希文组织突围。

集合队伍，600人的队伍仅剩不到百人。张希文断后，且战且走，刚刚冲出村口，又与一股赶来增援的日军遭遇。张希文大呼："杀出血路，冲出去！"举起大刀，与蜂拥而上的日军血战，突然身体多处中弹，倒地不起。卫士要背起张希文，张希文拔出手枪，指着卫士喊："快走，我掩护。你要不走，我先打死你！"卫士无奈，抹了一把脸上的血迹和泪水，离开了。张希文从地上捡起一挺机枪，抱在怀里，向日军扫射。几颗子弹飞过来，张希文倒了下去，再没有站起来。

时年，张希文27岁。

当年，第三营冲出日军包围圈的，仅有两人，其中包括张希文的卫士。

后来，孙蔚如在《第四集团军在中条山抗战经过》中写道："敌旅将我西姚温阵地突破，我张希文营向该处逆袭，肉搏一整夜，该营全部殉国，我主力及炮兵得以安全转移，厥功甚伟。"

张希文是共产党员，当年是教导团共产党的负责人。

第四节 夜雨中的西姚温村

早在1928年,张希文17岁的时候,就加入了中国共产党,并参加了刘志丹领导的渭华起义。渭华起义失败后,他考入了黄埔军校第九期,毕业分配至杨虎城十七路军教导营,先后任教育副官、排长、连长等职。教导营扩充为教导团后,他担任教导团团附兼第三营营长。

全面抗战爆发后,1937年9月3日,张希文就跟随教导团长李振西东渡黄河,一路北上,在滹沱河防线阻击日军。在10月10日的一场激战中,李振西负伤,张希文代理团长指挥,在侧翼友军先行撤退,日军集中兵力围攻的极端不利的情况下,率领全团战士与敌激战竟日,歼灭上百日军,并趁夜晚退回山西境内。

日军占领石家庄后,沿正太路直下井陉、旧关、雪花山,中国军队在娘子关阻敌。张希文率领教导团于10月16日赶到娘子关的时候,娘子关上激战正酣。教导团尚未来得及埋锅造饭,第二战区司令长官黄绍竑就命令教导团连夜上山,接替孙连仲的三十师八十九旅的防线,当年八十九旅旅长为侯镜如。张希文带着全团,空着肚子登上阵地,与敌激战。

教导团一走入阵地,就展开了血战。重机枪连连长黄宗佑刚把枪栓拉开,准备射击,一枚炮弹就落在近旁,机枪被气浪掀到山沟里,二营营长阎维良被弹片炸伤右眼,血流满面,但他全然不顾,和黄宗佑下沟将机枪抬上阵地,继续射击。

激战两日,日军始终无法突破教导团的防线。在激战中,张希文发现日军的作战规律:先是炮兵轰,再是步兵冲。为了弥补武器上的差距,减少伤亡,张希文让战士们挖掘窑洞,藏身其中,只把少量哨兵放在前哨,观察敌情。每逢日军炮火攻击,教导团岿然不动;而等到炮火过后,日军步兵冲锋,教导团才呐喊杀出。此法果然奏效。两日激战,教导团击毙日军七十七联队联队长竹田进一郎,击毙日军千人,而教导团出征时的2700人,此时仅剩700人。

这场战斗中,教导团三名营长皆负伤,代理团长的张希文也被石头砸伤。被石头砸伤,说明当时中日双方交战的激烈,连最原始的武器石头都用上了。

夜晚,日军派兵来到阵地前偷运鬼子尸体,张希文命神枪手埋伏在壕沟后,专门用点射杀敌,就这样,一晚上杀敌不下十个。

中国军队与日军相持时,有个别胆大的百姓跑到了教导团阵地,他们说,日军每天晚上都在焚烧尸体,数量不下一百个。

10月23日,黄绍竑看到教导团伤亡惨重,便命令川军邓锡侯部曾生元旅接替。

黄绍竑非常喜爱教导团,他曾赞扬说:"杨虎城部队训练有素,虽武器低劣,但战斗力强,士气旺盛,为保卫战略要地娘子关起了很大作用。"又说,"教导团不能全部牺牲在这里，要做以后补充时的骨干。"

为了表彰教导团在娘子关战场的功绩，黄绍竑派第二战区参谋长续范亭给教导团幸存战士每人颁发五枚银元，以资鼓励。

黄绍竑还将教导团仅剩的700人缩编为一个营，下辖三个连，在他的指挥部担任警戒任务。

黄绍竑，桂系三巨头之一，另外两个是李宗仁、白崇禧。

教导团从娘子关撤离后，经第二战区批准，回到陕西休整扩军。

1938年3月，日军进入晋南，关中震动。三十一军团军团长孙蔚如率队东征，补充齐整的教导团跟随开赴中条山战场，在东征第一仗中的永济战役中，团附和第三营就全部壮烈殉国。

上世纪90年代初，有两个头发斑白的夫妇走进了西姚温村，他们找到了当时的村支书李社教，询问村中是否有上年纪的老人。

李社教将这对夫妇带到了村中年龄最大的李生福老人家中。这对夫妇中的那位先生问："老人家，你记得那一年村子里发生的打鬼子的事情吗？"

李生福老人说："记得记得，咱们的人一个营在村子里和日本人打，最后全部牺牲了。"

那位先生眼泪夺眶而出，他说："我就是那位营长的儿子。"

张希文牺牲的时候，儿子张振基仅仅三岁。张希文牺牲后，妻子刘桂英和儿子相依为命，常常食不果腹。后来，张振基到了上学的年龄，刘桂英又举债供他上学。在那个特殊的年代里，张振基一直不知道自己的父亲是谁，一直不知道父亲为什么不在身边。

1978年，刘桂英去世前，才告诉了儿子张振基，他的父亲牺牲在山西抗日战场，并说，希望儿子能够找到父亲的遗骨，带回陕西安葬。

张振基此后开始寻找父亲的遗骨，可是山西那么大，相隔这么久，又怎么才能找到呢？

张振基开始翻阅资料，走访幸存老兵。可是那些年里，这些资料都属于绝密，是不能让外人翻看的，而且还有大量的抗战资料被焚毁。老兵们在历次运动中都受到冲击，有什么话也不敢说。后来，历尽艰辛，张振基终于打听到了，父亲张希文牺牲在西姚温村。

张振基和妻子来到西姚温村后，李生福老人说，当年，张希文带着一营人战死在西姚温村，但是，张希文埋在了哪里，没有人知道。

1996年，张振基又一次来到了西姚温村，这里是父亲战斗和牺牲过的地方，张振基来到这里，就像见到了父亲一样。

这次，张振基终于找到了父亲的遗骨。

当年，一条高速公路正在修建，工程队从西姚温村外挖掘出了很多骨骸，仅仅用装苹果的纸箱收殓，就装了300个纸箱。村中老人李黑羊说，这些尸骨就是当初在西姚温村与日军激战的陕西军教导团第三营全体壮士的遗骨。

李黑羊说，西姚温战斗结束后的第三天，全村人才从躲避的山中回到村中，看到村庄道路上、房顶上、房屋里、树坑边，全是尸体，那些尸体都是中国人的。因为日本人将他们的尸体集中在村外的壕坑里，点上一把火焚化了，将骨灰带回了日本。而中国军人的尸体则被扔在村子里。

西姚温村的人感念中国军人的英勇，他们自发组织起来，将这些尸骨掩埋在村外，当时也不知道这些中国军人的姓名和官职，也没有立碑留下标记。

尽管不知道哪一具尸骨是父亲张希文的，但是，这些尸骨中肯定就有张希文的。张振基面对着尸骨，叩头，再叩头，三叩头，给父亲和他的600位战友送来迟到的祭奠。

1998年8月，在西姚温村村西，600具烈士遗骨重新下葬，并修建了烈士墓和抗日阵亡烈士纪念碑。此后的人们，每次来到西姚温村，都会铭记那场惊天地泣鬼神的战斗。

第五节 血染永济

日军占领了尧王台、万固寺、西姚温村、解家坟后,绕到了永济与黄河中间,永济已经成为一座孤城。而日军与黄河中间,还有一座韩阳镇。

留在永济城里坚守,并牵制日军的是警备第一旅第一团。说是一个团,其实只有第一营和第二营,三营留在黄河岸边的陕西朝邑,堵击日军。如果日军渡过黄河,三营就在黄河滩头阵地上固守阻击,将日军赶下黄河。

本来,孙蔚如和孔从洲安排两个营的兵力固守永济,然而,因为前几日战事紧急,二营六连驰援尧王台,撤下阵地时,仅20余人,全部带伤,无法再作战,又连夜乘船退往黄河西岸的朝邑县休整。

所以,此刻坚守永济城的仅有五个连,人数600多。而进攻的日军则高达2000人。

这是一场不对等的战争,一方有飞机大炮,一方仅有步枪大刀。

日军的进攻方向是从东向西,东门就是日军的进攻重点。在战前,分配任务的时候,二营营长邓祥云自告奋勇,带领两个连守卫东门。

8月17日中午,日军从东门外出现了,密密麻麻,前面是坦克和大炮,后面是蜂拥而来的步兵。日军来到了守军视线里的峨眉原后,停了下来,将大炮推到了原上,炮口对准了永济城。

大约在午后二时,天空中出现了六架飞机,飞临永济上空,对着城墙上的守军狂轰滥炸,炸弹落在城墙上,激起一柱柱的烟尘。轰炸过后,日军出动了侦察骑兵,骑兵一直冲到了城壕边,遭到城墙上的机枪扫射,仓皇逃回。

接着,部署在峨眉原上的日军大炮开始了轰击,将城墙上的掩体全部摧毁了。据当年参加战斗的老兵回忆,日军在峨眉原上参与攻击的大炮就有23门。

炮声过后,日军开始了冲锋,中国军队顽强阻击。战斗从一开始,就进入了白热化。

当年的警备第一旅第一团文书陈洁生以后写道:"十五、十六日,连续两天,战斗较为激烈,日军不断突破防线,用汽车拉运沙土麻包,填塞城壕,入夜,偷剪铁丝网,靠近城墙,在炮火掩护下,督令当地汉奸和蒙古伪军为先锋,攻打县城。"

城墙的东北角是守军迫击炮阵地,这里也成为日军炮火攻打的主要目标。在大炮火力的攻击下,射程和威力都不及的迫击炮,只能采取防御。

日军的大炮将城墙轰开了一个缺口后,城内的枪声突然停止了,此后偃旗息鼓,寂然无声。日军满心以为中国守军弃城逃跑了,就派了一个中队的兵力,排成四路纵队,向永济城进发。然而,他们万万没有想到的是,这个中队的日军刚刚走到东门外,从两个倒塌的碉堡废墟后,突然伸出了几挺机枪,机枪手早就在碉堡后严阵以待。一个中队的日军在中国守军机枪喷吐的火舌中,手乱舞,足乱蹈,纷纷倒了下去。

日军没有想到城墙里的中国守军还在坚守,便不得不再次改变部署。陈洁生写道:"日军把大炮排列起来,集中火力轰击城墙一段,迫把城墙轰开缺口,又把装好棉花包的汽车,载运伏兵,采取退向城墙缺口的办法,把棉花包掀入城壕,越壕强攻。我守城官兵,在群众配合下,乘敌接近缺口,敌炮暂停瞬息之间,用装好土的沙包、布袋,迅速堵住缺口,同时释放迫击炮弹和扔手榴弹与敌人拼搏,阻敌前进。"

日军依靠人数优势,向城墙缺口发起集团冲锋,九连二排四班把守一处缺口,在子弹打光后,与蜂拥而上的日军拼刺刀,全部壮烈牺牲。最后一名战士将所能找到的十几颗手榴弹缠满腰间,站在城墙上,跳向城下日军最密集的地方,与日军同归于尽。

日军越来越多,形势异常危急。守卫东门的邓祥云营长向团长张剑平打电话求援,团长张剑平说:"援兵马上就到。"

邓祥云一边与日军激战,一边等待援军。十几分钟后,援军到了,却只有一个班的战士,这是当时团部所能派出的唯一的援兵。援兵后跟着一名老伙夫,已经四十多岁,还系着白大褂。老伙夫的胸前吊着一条子弹袋,绑着四颗手榴弹,然后左右两手各提着三颗手榴弹。老伙夫冲到城墙上,拉响了手榴弹,然后纵身跳入城下敌群中。

这一情景，后来幸存的战士都看到了，可惜没有人知道他的姓名。

这一个班的战士，是由团部的勤务兵、伙夫和卫兵组成的。

邓祥云的二营坚守着东城墙一线。哪里情况吃紧，他就挥枪冲向哪里。在一处阵地上，邓祥云双手投掷手榴弹，突然看到担架兵王振邦从身边跑过，他问道："你干什么？"王振邦说："我来抢运伤员。"邓祥云说："现在哪还顾得上伤员？赶紧找杆枪，打！"城墙上到处都是死尸，有中国军人的，也有冲上城墙又被打死的日军的，担架兵王振邦抽出一支三八大盖，向城墙下射击。

不久，城墙东北角被日军攻破，日军潮水般涌了进来，身边有战士劝邓祥云赶快撤退。邓祥云大喝道："城在我在，城亡我亡。"然后，带着勤务兵和仅有的几名战士，旋风般地冲向城墙东北角。突然，日军一串机枪扫过来，冲在最前面的邓祥云倒了下去。

邓祥云牺牲前穿着一件白色衬衣，衬衣上遍布弹孔，被血染红。

与此同时，北门也被日军攻破。坚守在北门的少校团附刘天照和一连战士也壮烈殉国。据幸存者回忆，刘天照牺牲前赤裸上身，挥舞大刀，全身血流如注，目眦尽裂，仍旧大呼杀敌。

陈洁云写道："战斗持续到黄昏，因我迫击炮弹用完，炮兵战士，大都耳膜震聋，有的战死，有的负伤，而城内又发现隐藏在天主教堂的敌兵，架机枪于钟楼之上，四面扫射……在此城破危急情况下，我方官兵，弹尽援绝，有的与敌肉搏，与城池共存亡；有的誓死不当俘虏，跳进黄河。"

战士们跳入黄河后，日军用炮火和重机枪向河面扫射，黄河水被染成了红色，能够漂流到黄河西岸的，仅有极少数。

西北大学教授张恒研究中条山保卫战多年，他说："这是陕西军第一次跳黄河。而此后的屡次血战中，陕西军还多次跳入了黄河，宁死不当俘虏。"

很多当地的百姓也见证了这场战斗。

担架兵王振邦浑身是伤，跟着团长张剑平撤出了永济城。当天夜晚，王振邦被渡船送过黄河，送到了朝邑县救治。王振邦时而昏迷，时而苏醒。醒来的时候，他挥舞手臂，大呼杀敌。两天后，王振邦牺牲了。

第二章 永济保卫战

第五节 血染永济

抗战胜利后，原坚守永济城的警备第一旅第一团幸存将士，在陕西省朝邑县大寨子村外修建了一座"永济抗日纪念碑"，可惜"文革"中遭受毁灭，至今无存。目前能够找到的，仅有拓片。渭南师范学院教授王忙有曾找到一张，上面记载的牺牲在永济保卫战中有名有姓的烈士就有308人。

日军占领了永济城后，开始进攻风伯峪。风伯峪是两座山对峙的一道山口，从这里可以直达三十一军团一七七师师部，而且可以进占解县，进入中条山。

风伯峪地理位置极为重要。

防守风伯峪的是一七七师辎重营。这个营前身是杨虎城将军的十七路军宪兵教育连，后来经过扩编，成为杨虎城的卫士营。西安事变后，又改编为一七七师辎重营。

一七七师辎重营的战士大多是学生，还有红四方面军100多名战士。在西北作战中，红四方面军100多名战士战败被俘，而当年辎重营中的共产党员有30多名，分别担任军官和营部工作，就连营长李锦峰、副营长王如昭都是共产党员。所以，这100多名红军战俘就与辎重营一起开往抗日前线。

一七七师辎重营的战斗力非常强，自从跟随一七七师渡过黄河以来，还从无败绩。

日军来到风伯峪后，看到风伯峪两边的山体台原上已经建立了密密的工事。这些工事依山而筑，呈阶梯状，工事上均有掩盖，防止日军炮弹轰击。而且，这些阵地高于山下的民居，防止日军依靠民房进行俯射。阵地之间遍布交通壕，像蜘蛛网一样，将每座工事连接起来。

8月18日，一股穿着老百姓衣服的人来到了风伯峪，东张西望。哨兵喝令这股人回去，他们突然掏出枪来，战斗便由此开始。

日军便衣依托山势，向山下的日军炮兵报告方位，日军炮兵向最前方的一连阵地发射炮弹，然后步兵冲锋。激战良久，无法攻占一连阵地，便转而向西，攻击二连阵地，同样遭受迎头痛击。

这场战斗没有留下更多的资料记载，今天我们能够知道的，只是二连连长高庆云和两名排长阵亡，共产党在辎重营的负责人张赓良也牺牲，战士牺牲多达上百人。营长李锦峰和另一名连长负伤，全营伤亡多达80%。

但是，日军企图通过风伯峪进攻一七七师师部，进而占据中条山的计划，彻底破产了。

日军在进攻风伯峪的同时，集中主力部队进攻韩阳镇。

可是，韩阳镇已是一座空城。

韩阳镇，距离黄河渡口只有咫尺之遥。

坚守韩阳镇的是教导团，此时教导团仅剩两个营，三营张希文率部在西姚温村激战，伤亡殆尽。如果用两营人坚守韩阳镇，日军大兵压境，肯定无法冲出日军的包围圈，最后人城两失。这是最笨的打法。

教导团团长李振西智勇双全，他不会选择这种愚蠢的打法。他将两个营的士兵集中在韩阳镇以南的辛店村，在这里构筑工事。辛店东边是中条山，西面是黄河，背后是风陵渡。日军如果要大举渡河进入陕西，必从风陵渡过黄河；如果要开往风陵渡，必须经过韩阳镇和韩阳镇南面相隔几里远的辛庄。一面是高山，一面是河水，辛庄是日军通往风陵渡的必经之路。

李振西将两个营摆在辛庄，构筑工事，严阵以待。而将另一支部队派往辛庄以北的韩阳镇，他们穿着老百姓的衣服，三三两两，逶迤而行，来到了韩阳镇后，就躲藏进了一户户农家，或者潜伏进韩阳镇旁边的树林里竹林里。这是教导团的便衣大队。

便衣大队都是精兵强将，每个人除了能够熟练地使用长枪短枪外，还是武术好手，拳脚刀棒都有一套。除了身手敏捷外，头脑反应也特别灵敏。便衣大队就是那时候抗日战场上的特种兵。

便衣大队大队长叫魏鸿纪，陕西省富平县人，共产党员，在教导团任班长、排长、连长、第三营营长，在张希文担任第三营营长后，他改任教导团团附兼便衣大队大队长。

8月18日，在一七七师辎重营与日军在风伯峪激战的同时，日军穿过韩阳镇，向辛庄的教导团进攻。

日军的进攻方式非常古板，我都不稀罕再写了，再写下去就有些啰唆了，"炮兵轰完步兵冲，步兵冲完炮兵轰"。一次又一次，日军的教科书中就是这样写的，所以日军严格地按照教科书中的条文执行。然而，中国军队因为装备落后，在这样的机械战术面前，毫无办法。

日军的炮兵轰击的时候，李振西带着两营战士藏身在暗堡里，而一等到炮声停歇,步兵开始冲锋,战士们就沿着壕沟飞快地奔到了各自的阵地上。中国军队在向阵地前奔跑,日军也在向阵地前奔跑,谁先赶到阵地,谁就占据了主动权。所以,战士们刚刚来到阵地,日军就扑了上来,战斗一开始就进入了胶着状态。

阵地前,激战正酣,五连连长田振江带着全连战士,突然从潜藏的地堡里杀出,逆袭日军,他们抡起大刀片,投掷手榴弹,很快就将正在仰攻辛庄的日军拦腰斩断。而在阵地前坚守的中国军队,马上齐声呐喊,发起反冲锋。

日军像退潮一样,退回了韩阳镇。

韩阳镇里只剩下老汉老婆,他们拄着拐杖,老态龙钟。日军完全就没有把这些垂暮之年的老人放在眼里,这些老人也没有把自己的生死放在心里。日军通过汉奸翻译询问他们镇子是否有中国军人,他们摇头说中国军人早就逃到了辛庄。

日军放心了。

他们把枪支架在了一起,生火做饭,吃完饭后,就睡着了。

午夜时分,月色朗润,四野一片静谧,只有蛐蛐声间或响起。便衣队突然从家家户户的地窖里、粮仓里、阁楼上悄悄走了出来,他们在村道的树荫下集合,然后端着机枪冲进了日军的兵营。

韩阳镇的老人们回忆说,那天晚上的厮杀一直到天明,爆炸声不绝于耳,日军居住的那十几间作为兵营的房子里,火光冲天,火光映着日军,日军光着屁股,像一群光猪一样乱蹦乱窜。这不是一场战斗,这是对猪群的屠宰。

天亮后,侥幸逃脱的十几个日军,向北面的永济城方向逃去,没想到在一片浓密的竹林里,伸出了两挺机关枪,这十几个日军也很快报销了。

我问:"那晚打死了多少个鬼子?"

老人们回忆说:"至少有百十个。"

据记载,当年进攻辛庄的是日军的前锋部队,是一个中队。日军一个中队180人,在辛庄阵地上伤亡几十个,又在韩阳镇全部死亡,可见老人们所言不虚。

后来,日军从永济城派兵继续攻打辛庄,双方激战20天,辛庄阵地仍旧在中国军队手中。

辛庄至今还流传着这样一个故事:

在坚守辛庄的一天,李振西正在巡视工事,突然看到了一个士兵和一名红衣女子在一起,他声色俱厉地喝住了那名士兵,士兵满脸惊恐。当时,三十一军团有禁令：禁烟、禁赌、禁嫖，而将女人带到阵地上，更是犯了军纪。

李振西训斥那名士兵的时候，红衣女子走前一步，落落大方地说："我是他没有过门的媳妇，我大叫我来阵地上看看，如果他还活着，我们就回去结婚。结完婚，他还是你的兵，误不了你们打仗。"在陕西方言中，"我大"就是"我爸"。

李振西大为惊讶，他为这名红衣女子的勇气感到惊讶，问："你就不怕他今天拜了堂，明天就打仗？战场上的枪子，可不认谁是新郎官。"

红衣女子说："不怕，正因为他上战场打鬼子，我才急着嫁给他；不打鬼子的人，我才不稀罕哩。"

李振西深为感动，说："请假回去结婚是不行的。我在这里给你们借一间房子，你们结婚，我给你们主持婚礼，你们今天晚上就拜堂成亲，咋个向？"

红衣女子高兴地说："能成。"

当天下午，李振西让军需官在辛庄村借了一间房屋。房东听说团长要给士兵主持婚礼，把一床新棉被送给了这对新人。这床新棉被本来是给自己的儿子结婚准备的，可是儿子被日军害死了。

夜晚，一场特殊的婚礼在硝烟弥漫的村庄举行，远处，是映红了半个天空的战火，和时不时响起的炮声。近处，是布置得花花绿绿的洞房和欢快的笑声。这也许是世界上最奇特，最美丽，最让人感动的婚礼。

辛庄的老年人每次说起这件事情的时候，都说："陕西女娃不简单。"

第六节 挺进中条山

那晚，婚礼在辛庄举行，便衣队队长魏鸿纪没有参加，他带着30多个便衣队员，悄悄地坐上了几条羊皮筏子，划向黄河西岸。

就在黄昏时分，魏鸿纪听韩阳镇一位老汉说，日本鬼子从永济运来了几卡车弹药，堆放在一个叫做马庄的村子里，准备用来进攻辛庄的教导团。便衣队队长魏鸿纪和教导团团长李振西一合计，就准备摧毁这批弹药。

羊皮筏子在浓浓的黑暗和绵绵的涛声中划到了黄河西岸，魏鸿纪带着便衣队员来到了一座村庄里。这座村庄叫做富民村，属于朝邑县，也就是今天的陕西省大荔县。

教导团在东渡黄河前，在富民团驻扎过，所以对村民都很熟悉，而村民对教导团便衣队也很熟悉。村民王有善带着便衣队员沿着黄河西岸一直向北走了十多里，然后指着黄河东岸一个灯火稀疏的村庄说："那就是马庄。"

王有善，是那时候的保长，相当于今天的村长，抗战时候叫堡垒户，就是坚决抗日的农民。

魏鸿纪、王有善和便衣队员们又划着羊皮筏子驶向黄河东岸。星光如烛，涛声如雷，没有人知道，在这个漆黑的夜晚，会有一支中国小分队，像一支利箭，穿过浓浓的夜色，射向日军。

他们来到马庄村外的时候，看到有几个哨兵握着三八大盖在游荡，而马庄村一堵高墙上，点着几盏灯火。王有善摸进了马庄村，找到了一户熟悉的人家，那家男人跟着王有善摸出了村庄，告诉魏鸿纪弹药堆放的具体位置。他叫赵瑞祥，是山西省永济县马庄村的堡垒户。

魏鸿纪让便衣队员两个人一组，解决日军的岗哨，其余的人埋伏在村外的城壕里。

岗哨解决得很顺利，日军没有发出一声，就被从身后扑上来的便衣队员抹了脖子。魏鸿纪一招手，其余的便衣队员就跟着赵瑞祥摸向了打麦场。走了不远，赵瑞祥指着黑暗中一个垒得像谷堆的地方说："弹药都在这里。"

便衣队员们从腰间抽出手榴弹，扔向谷堆，惊天动地的爆炸声突然响起，连地面都在抖动。突然而起的火光，照得村庄一片煞白，又一片黑暗。魏鸿纪带着队员们兴高采烈地坐上羊皮筏子，轻快地划向黄河西岸。

他们登上西岸后，还能够听见马庄的爆炸声接踵响起，还能够看到爆炸的火光映红了半边天。火光中，是鬼子忙碌而气急败坏的身影。他们做梦也没有想到，他们严密把守着向南的路口，而便衣队员们没有从南面经过，他们居然两渡黄河，迂回包抄，一刀捅在了他们的屁股上。

8月22日，日军又向辛庄防线进犯。

当时，日军的炮兵阵地设在祁家村，团长李振西命令魏鸿纪带着便衣队夜袭祁家村，端掉日军的炮兵指挥部。

黄昏时分，魏鸿纪出发了，他们悄悄摸到了祁家村附近，通过竹影摇曳的暮色，他们看到果然有几十门大炮整整齐齐地摆放在祁家村的村道上，一队日军端着三八大盖来回穿梭巡逻。魏鸿纪命令机枪手瞄准那队鬼子，然后一阵扫射，鬼子全部倒在了地上。

就在这时候，架在一座高高的房屋上的日军机枪突然伸出来，子弹落在魏鸿纪的身边，打得地面噗噗直响。魏鸿纪喊："手榴弹。"然后将一颗手榴弹扔在了大炮边，便衣队员们手中的手榴弹都甩了出去，有几尊大炮在硝烟中委屈地歪斜着身子。

然而，房屋上的日军机枪压制着他们，他们抬不起头来，就在魏鸿纪指挥队员撤退的时候，一颗子弹击中了他，他倒了下去。

便衣队员拼死抢回魏鸿纪，背起他向后撤退。到了村外后，魏鸿纪苏醒过来，对队员们说："你们快走，不要管我。"然后又昏死过去，此后，他的眼睛再也没有睁开。

此役，便衣队牺牲20多人，是成立以来牺牲最大的一次。

这一年，魏鸿纪只有26岁。

魏鸿纪牺牲后，他的妻子渡过黄河，将他的遗体运回到家乡陕西省富平县庄里镇，安葬在祖坟里。魏鸿纪出生在大户人家，家境殷实，文武双全，仪表堂堂，

第二章 永济保卫战

第六节 挺进中条山

如果生在今天,就是很多女孩心中的白马王子。

魏鸿纪的事迹登载在1938年8月27日的《西京日报》上,后来,李振西团长等人的回忆录中,均写到了他的事迹。

魏鸿纪牺牲后的第二天,日军又集中兵力向辛庄进攻。日军飞机飞到辛庄上空,看到如蛛网一样纵横交错的壕沟里和壕沟边,满是坚守的中国士兵,大喜过望。

飞机飞回去后,过了不久,日军就集中所有的炮火进攻辛庄阵地,炮弹带着尖厉的呼啸声,飞向壕沟,炸起漫天的尘土,壕沟边严阵以待的士兵被尘土挟裹着,飞起来,又落下去,日军指挥官在望远镜里看到中国士兵断裂的躯体铺满了壕沟前的地面,立即命令日军发起冲击。

日军像一群野猪一样端着长长的三八大盖,迈动着两条粗短的腿脚,一齐号叫着冲到了壕沟前,却一齐停下了脚步,一齐傻眼了,一齐静默了。他们没有想到,被日军铺天盖地以单方面的压倒性炮火覆盖击中的,竟然是无数的稻草人。这些穿着破烂衣服的稻草人躺在阵地前沿,粉身碎骨浑不怕,要留顽强在人间。

就在日军还没有回过神来时,阵地后的迫击炮和重机枪突然一齐发射,日军像喝醉了酒一样东倒西歪,血像红酒一样满地流淌。然后,手榴弹像雨点一样从高高的阵地后,像冰雹一样落在了鬼子群中,鬼子像乌龟一样,四脚乱爬,滚出了阵地。

那些天里,据不完全统计,日军先后发起了几十次冲锋,都被中国军队击退。

日军黔驴技穷,他们拼尽全力,也无法攻占辛庄阵地。整个中条山是一盘棋,在其余的战场,三十一军团另外的军队也在与日军激战,牵制日军,日军无法派出更多的部队来攻打弹丸之地辛庄,而中国军队也不能派出援兵来增援教导团。

日军像没娘的孩子一样,没有了指望和念想。

教导团像一颗钉子,钉在了日军通往黄河渡口的路上。日军再强悍,也不敢用它的橡胶轱辘碾压这颗钉子。

韩阳镇的老人说,日本人没有办法,就有两天停止了进攻。第三天,日本人突然拉着大炮,零零散散地离开了辛庄阵地,阵地前丢下了一些破鞋烂帽子,大家都感到摸不着头脑。有人给教导团李团长建议追击敌人,李团长说:"我才不追呢,他们爱滚多远就滚多远。"

李团长为什么不愿意追击,因为他看穿了日军的阴谋。这股日军离开辛庄阵地后，退后了十几里，在一座山峰下的树林里布下埋伏，等着教导团走近伏击圈。可是左等右等，都没有等到。教导团没有上钩。

李振西团长为什么能够识破日军的阴谋，因为他从日军撤退的阵容中观察到了形势异常。《曹刿论战》中说："夫大国，难测也，惧有伏焉。吾视其辙乱，望其旗靡，故逐之。"而李振西从日军占据着优势兵力，却突然撤退，判断出了日军的图谋，终使日军诡计落空。

辛庄是天堑，一边是浊浪翻滚的黄河，一边是险峻异常的中条山，教导团据险坚守，就能够立于不败之地。然而，如果教导团贸然追击，离开了辛庄，就会进入日军伏击圈，遭受覆灭。

日军看到教导团没有上钩，无计可施，又开始进攻，又开始了炮击，不但用炮弹，而且用烧夷弹。日军飞机也换上了重型炸弹，辛庄在燃烧，房屋树木都在燃烧，辛庄变成了人间炼狱，能够燃烧的都在燃烧。可是，大火和浓烟过后，教导团从窑洞里钻出来，虽然一个个脸色被烟雾熏得乌黑，却依旧精神抖擞，毫发无损。

日本鬼子彻底没辙了。

教导团仅仅用两营兵力，据险坚守，抗击数倍日军。日军尽管占据了永济城，占据了韩阳镇，他们站在房顶上，就能够看到黄河渡口风陵渡，就能够听到卷地而来的涛声。风陵渡和他们只有几步之遥，但是这几步实在迈不出去，因为教导团坚守的辛庄，像一块坚硬的磐石一样，阻挡了他们前行的脚步，使他们无法逾越。

不能占领风陵渡，战略目的就不能达到，就不能渡过黄河进入陕西。不能进入陕西，那发动这场战役还有什么意义？上千日军的死亡又有什么意义？

日军二十师团三十九旅团旅团长高木义人走在韩阳镇青石板铺就的道路上，愁肠百结，无论他使用什么办法，都无法打开通向风陵渡的通道。他无可奈何。

后来的资料中记载，一个日军参谋向高木义人建议说：侧击。而一个汉奸说，他认识一条山间小路，可以翻越中条山，直达辛庄的侧面。

高木义人大喜过望。

日军要侧击，只能从教导团的东面或者西面侧击。西面是波涛汹涌的黄河，黄河对岸是中国军队的炮兵，他们手中有"三十二倍十五榴"，这种大炮的每发炮弹都重达100斤，一炮就可以打碎一艘渡船，日军不敢把他们有限的兵力投放在"三十二倍十五榴"的视线里。那么,就只能选择从东面偷袭了。

东面是中条山,要侧击教导团,只能选择这条途径。于是,一天夜晚,一个步兵大队的日军悄悄撤出了辛庄前沿阵地,先向北行,再向东走,然后穿过永济东面的虞乡,通过王官峪,爬上中条山。

坚守王官峪的是三十一军团九十六军一七七师的一个营。九十六军军长李兴中自从渡过黄河以来,就与日军连日激战,收复晋南县城13座,伤亡巨大,战线过长,却还要派兵防守。王官峪尽管地势险要,是日军进入中条山的门户,然而李兴中能够派出防守王官峪的,仅有一个营。

九十六军,名为一个军,而下辖仅有一个师,这就是李兴中任军长又兼师长的一七七师。

日军很快就突破了九十六军一个营的防守,占领王官峪,然后翻越中条山,进入芮城县境内。

芮城与永济相邻,不消一日,这一个大队的日军,就能够从芮城窜入永济,从东面向教导团进攻。

教导团,现在陷入了极为不利的境地。

黄河从内蒙古向南流,分开了山西和陕西,而流到了风陵渡后,又改为从西向东流,分开了山西和河南。风陵渡,在黄河的大拐角上。

教导团坚守风陵渡旁边的辛庄,两面邻黄河。现在,日军从北面和东面进攻,教导团等于处在四面合围中。此为死地。

要生存,最好的途径是退过黄河回陕西。这里,黄河的西面就是陕西省朝邑县,每天夜晚,朝邑县的民众都摇着木船,划着羊皮筏子给教导团送来饮食。在坚守辛庄的这些天里,教导团从来没有生火做饭,所有的熟食都是朝邑的民众划船送过来的。民众们冒着生命危险送饭过来,是因为教导团保卫家乡;而现在教导团渡河逃跑,又有什么颜面见到陕西父老?

往南到河南?也是不行的。南面是河南,教导团人生地不熟,形势不明,很可能遭遇不测。

往北?那是日军占据的韩阳镇和永济城,如果向北,刚好掉进了日军的伏击圈中。

唯一的选择,就是往东,进入中条山和日军打游击。

然而,这时候,上级指挥部却意见分歧,给教导团带来了惨重损失。

那一个大队的日军窜到芮城县六官村附近的时候,三十一军团军团长孙蔚如命令李振西带领教导团赶快撤退。当时,孙蔚如的三十一军团就驻扎在六官村。然而,军团部没有可派之兵,也没有堵击之兵,三十一军团的各支部队都在广阔的千沟万壑的中条山中阻击敌人,战线拉得很长,行动极为不便,即使派出三十一军团的警卫部队堵击这股日军,然后集合各支部队聚歼,也需要好几天的时间。而在这几天里,这股日军早就窜到了风陵渡。

孙蔚如无奈地向教导团团长李振西下达了退入中条山的命令,然后自己也开始撤退。

可是,命令发出后,教导团的士兵们趁着夜色,已经走在通往中条山的路上。午夜时分,战区司令统帅部突然打来了电话,要教导团坚守辛庄,保卫风陵渡。

面对两份截然相反的命令,该怎么办?

无奈的李振西只能选择听从战区司令统帅部的命令,他和孙蔚如情同手足,他可以在事后给孙蔚如解释。然而战区统帅部不认识他,也完全不会听从他的解释,他们杀一个团长的时候连眼睛也不会眨一下,取消教导团的番号也眼睛不会眨一下,何况是参加过西安事变的团长和武装。

李振西让前锋部队停下脚步,然后全团转头向西,重新走回阵地坚守,然而,已经晚了。

在北面,攻打了辛庄阵地20天的日军,早就恼羞成怒,他们一侦察到教导团撤退了,马上趁着夜色大举进攻,占领了辛庄。

此时,教导团已经走到了中条山山脚下,如果趁势上山,日军就追赶不及。可是,因为听从了战区统帅部的命令,他们停住了脚步,他们要折返向西,这一下,就与日军迎头碰上。

在无险可守的黄河冲积平原上,占据有优势兵力的日军,很快就将疲惫之师教导团包围分割,而李振西的团部,也被200多个鬼子包围。

教导团只能各自为战,寻隙突围,奔向中条山。

李振西率领的教导团团部还不到100人,而包围他们的敌人多达二倍。

教导团团部里,李振西命令甩掉所有包袱,烧掉文件,所有人拿起枪支,向东突围。从午夜激战到正午,团部仍然无法突破日军的包围圈。

此时,一营在营长殷义盛的率领下,已经冲到了中条山半山腰,然后迅速构筑工事，抵挡增援的日军。

二营在营长李成德的率领下，也冲到了中条山山脚下。李成德回头一看，不见了李振西和团部，立即组织力量，杀回去营救团部，而当时，能够冲杀回去的，仅有一排兵力。

教导团团部越战越少，最后只剩下了30多人，面对步步逼近的日军，团部的子弹已经打光，决定白刃战。就在这个时候，日军的后方突然想起了密集的枪声，二营营长带领的一个排的战士出现了。李振西带着团部战士返身追杀，终于将这股日军击退，撤上了中条山。

登上了中条山，摆脱了日军追击后，团部、一营、二营汇合，清点人数，发现自从参加永济血战后，教导团牺牲940人，失踪80人，伤亡惨重，而电话也被日军炸坏了。他们成为了一支孤军。

而军团部和孙蔚如此时是否摆脱了危急？

李振西带着教导团翻山越岭来到六官村后，却发现六官村烈焰熊熊，空无一人，这里显然刚刚发生了一场战事。

李振西举目四望，只看到茫茫的群山；侧耳聆听，只有呼呼的风声。军团司令孙蔚如去了哪里？

那年，当我采访辛庄保卫战的时候，聆听当地人的讲述，我不由得想起了古希腊的温泉关战役。那场震烁古今的战役，和辛庄保卫战惊人得相似。

据说，至今在温泉关的故址上，还有一座狮子状的纪念碑，它已经在这里矗立了2500年。上面的铭文是这样写的：

> 异乡的过客啊，
> 请带话给斯巴达人，
> 说我们踏实地履行了诺言，
> 长眠在这里。

这段铭文记载了一场惊天地泣鬼神的战役。公元前480年，波斯帝国的国王薛西斯率领50万众进攻古希腊，在温泉关被斯巴达300名战士挡住了，斯巴达人依靠温泉关天堑，阻击波斯大军三天。温泉关，和教导团坚守的辛庄惊人地相似，也是一面临山，一面是波涛汹涌的大海。不同的是，辛庄的另一面不是大海，而是波浪更为翻卷的黄河。

斯巴达人坚守温泉关三天后,当地一名农民禁不住金钱诱惑,带着薛西斯大军抄小路迂回到了温泉关背后,300名战士面临绝境,至死不降,全部战死。

前几年有一部电影叫做《斯巴达300死士》,画面惊人的唯美和悲壮,就是反映这一历史故事。

而辛庄同样是这样,碉堡被从内部攻破,汉奸带着日军抄小路翻越中条山,打乱了三十一军团的整个部署,也让教导团的辛庄阵地不攻自破。斯巴达300勇士被后世的人们不断咏唱,被写进了书籍中,被拍成了电影,而教导团坚守辛庄阵地,却被人们遗忘了。

什么时候,辛庄保卫战也能被拍成电影啊。

当教导团来到六官村的时候,军团司令孙蔚如已经安全转移了。

据《河东文史》记载,当日军围攻三十一军团司令部的时候,孙蔚如给三十八军军长赵寿山发报。然而,赵寿山在中条山一座山沟里,信号不好,联系不上。无奈之下,孙蔚如又给第二战区副司令长官卫立煌发报,准备乘船撤往黄河南部。正发报之际,突然和赵寿山联系上了,马上命令给卫立煌的电报停发,与赵寿山通话,命他派兵驰援。

赵寿山闻听军团司令部危难,立即抽调最近的两个团的兵力,亲自率领杀向芮城县陌南镇的六官村。经过一夜急行军,第二天拂晓,赵寿山与日军接战,击败日军,救出了军团部。

至此,三十一军团东渡黄河第一战——永济战役画上句号。

永济战役后,日军尽管占领了风陵渡,却无法渡过黄河。因为三十一军团的全力阻击,为第二战区副司令长官卫立煌赢得了宝贵的20天时间,卫立煌得以将各处的军队向中条山集结,保证了黄河天堑的防务。

占领了风陵渡的日军,因为没有后续增援部队,只能仓皇北撤。后续增援部队怯于进攻,因为部署在中条山的各支部队严阵以待,日军如果贸然进攻,只会遭受歼灭。

黄河防线暂保无虞。

此后,孙蔚如带着三十一军团在中条山开始了长期抗战。

第三章

共产党帮助整军

毛泽东又问,靖国军都投降了,杨虎城怎么没有投降?孔从洲说,杨虎城高举靖国军的旗帜不倒,主要是受党的影响,他的部队里有很多共产党员,在榆林时就认识魏野畴,他是陕西兴平人。

毛泽东说:"哦,陕西出人才,李自成是陕西人,司马迁是陕西人,魏野畴是陕西党的创始人之一,他还有著作呢,他对西北军的影响不小。以后呢?"

① _____
② _____
③ _____
④ _____

①高桂滋，1939年在垣曲柴家古村
②日军贴在墙上的宣传单
③日军在地面上铺设信号旗，让飞机看到投放补给品
④围攻八路军的日军

第一节　孙蔚如保护地下党员

永济战役结束后，三十八军赵寿山部重归孙蔚如三十一军团。

赵寿山和孙蔚如是孩提之交，中学的时候又义结金兰，后来又一同在杨虎城将军麾下并肩作战，可谓同窗诤友。杨虎城的部队中，战斗力最为强悍的是教导团，孙蔚如和赵寿山都先后担任过教导团团长，赵寿山是孙蔚如的继任者。杨虎城的部队中，三十八军是绝对的主力，孙蔚如和赵寿山又先后担任过军长，赵寿山还是孙蔚如的继任者。

全面抗战开始，孙蔚如渡过黄河的时候，司令部驻扎在芮城县陌南镇六官村，赵寿山就提出过异议。赵寿山结合中条山地形认为，司令部选择在六官村风险极大，没有回旋余地，此为败招。

中条山是一条东西走向的山脉，东头大，西头小，形同一个唢呐。而六官村就位于这个唢呐的吹口，南北纵深很短，日军只用半天时间就能够翻越中条山，从山北走到山南。后来的事实证明，在日军攻占了永济城和韩阳镇，却无法攻占教导团坚守的辛庄时，就从山北翻越中条山，一下子就冲到了三十一军团司令部所在的六官村。

司令部放在六官村是一招臭棋。

然而，总部设立在唢呐的吹口位置，是西安行营主任蒋鼎文的主意，他的意见是为了便于联系，孙蔚如不便反驳。结果，三十一军团司令部差点被日军剿灭。

我怀疑当年蒋鼎文坐在西安，吃着老马家的羊肉泡馍和老孙家的葫芦头，连中条山都没有去过，就纸上谈兵把三十一军团司令部设置在六官村，差点让孙蔚如蹈入死地。

庸将误人，更误国！

永济战役让中日两国的军队都见识到了陕西军的威武和陕西冷娃的凶悍，日

十万男儿血
中条山保卫战（1938~1941）

军的战报中曾经这样写道："杨虎城的这支军队作战顽强，不输于日本军队。"

蒋介石和卫立煌也极为看重这支军队，他们派遣这支军队守卫中条山的西段，也就是从平陆到永济一线，也就是唢呐从吹口到中间的这一段。这一线是中条山纵深最短的地方，而且也是日军西渡黄河进入西安和南渡黄河进入洛阳的战略要地，是中日双方都极为看重，而且势在必争的地方。稍微有点军事常识的人，来到中条山，都会知道日军要进攻中条山渡过黄河，肯定会选在这条线上，因为日军只消半天就能够越过中条山。而如果选择在中条山的东段，那么不仅山路崎岖难行，重武器无法搬运，耗费时日，而且还会陷入中国军队的围追堵截中，难以脱身。

所以，从1938年到1941年，日军共对中条山进行了13次大型进攻，而每次都选在中条山的西段。所以，驻守中条山的中国军队虽然很多，而与日军作战最激烈的，是防守中条山西段的孙蔚如的陕西军。长达三年的中条山保卫战，从某种意义上说，其实就是陕西军与日军的作战。

《条西武装斗争简史》中这样写道："在1938年到1940年，驻守中条山的国军有第三、九、十四、十五、十七、二十九、三十八、八十、九十三、九十六、九十八等军，以及阎锡山第八集团军、新二师、八师、独立旅等部队，但是，除了赵寿山的三十八军、李兴中的九十六军和武士敏的九十八军等部队外，大多数部队都消极抗日，没有认真进行训练和防范。"

在长达三年的中条山保卫战中，东线的中国军队很少有作战的机会，而西线的赵寿山三十八军和李兴中的九十六军几乎每隔几个月就有一场大战，而小战更是无日不与。所以，当1941年陕西军被调离后，日军趁机大举进攻，疏于防范和没有多少抵抗能力的东线部队一败涂地，防守了三年的中条山终于被日军占领，国民党军队在黄河以北的最后一块根据地就这样丢失了。

陕西军被调离，缘于被"赤化"。当时有传言，陕西军中有很多共产党员，而且各级军官的一半都是共产党员。

为了防止继续"赤化"，陕西军被调走，没想到刚刚调走了陕西军，中条山就丢失了。

陕西军"赤化"，不是空穴来风。当年共产党在黄河以北的军队叫八路军，而孙蔚如的这支陕西军被称为"七路半"，距离八路只有半步。

我在采访孙蔚如的儿子孙存京的时候，他告诉了我这样一件事情。有一天，蒋介石给孙蔚如打电话训斥道:"你说赵寿山不是共产党员,孔从洲不是共产党员,你还给他们担保,现在,赵寿山投了共产党,孔从洲也投了共产党,你的军队中还有多少共产党?"这是孙蔚如生前告诉儿子孙存京的一段话。

陕西军和共产党军队有着很深的渊源。

孙蔚如手下的四大虎将之一孔从洲曾经写过一篇《我随杨虎城将军到皖北》的文章,这篇文章写到了孙蔚如给共产党员巧妙地通风报信的故事。

孔从洲在17岁就参加了杨虎城的部队,当年杨虎城兵败,蛰伏陕北,孔从洲参加了杨虎城的陕北培训班的学习,很快就成为了陕西军中的一员大将。

"二虎守长安"后,杨虎城带着陕西军誓师北伐,当年陕西军是唱着这样的歌曲离开陕西的:

　　三秦健儿出潼关,
　　不灭吴寇誓不还。
　　北伐胜利再凯旋,
　　长安古城更壮观。

吴寇,就是吴佩孚,当年军阀混战,杨虎城将军率领的陕西军,向军阀吴佩孚开战。可是,在商丘和砀山一带,陕西军陷入直鲁联军的重重包围,作战失利,撤到皖北。这时候,孔从洲在炮兵连当连长。

孔从洲在商丘城里遇到了魏野畴,魏野畴是陕西最早的共产党员之一,在榆林中学当老师,也是陕西著名的教育家。杨虎城在陕北养精蓄锐的时候,与魏野畴相识,聘为军师。将士们都亲热地称呼他"魏先生"。

当时,商丘城里大水漫漫,身穿长袍布鞋的魏野畴无法走过,炮兵连的小战士余福生就将魏先生架在炮车上,让马拉着走。余福生是个孤儿,"二虎守长安"的时候,加入了杨虎城的部队。

魏野畴坐在炮车上,和炮兵战士们谈笑风生,没有一点架子,而且还随口吟出一首诗歌:

　　六马拉一炮,
　　随处都可到。
　　谁要敢胡闹,
　　轰他几大炮。

他的风趣幽默带来一路的笑声,让大家忘记了失败的悲伤。

陕西军撤退到皖北后,炮兵连驻扎在太和城的文庙里。魏野畴一有时间,就来到炮兵连,和大家谈笑风生。他布衣长衫,留着胡须,学识渊博,谈锋很健,满口浓重的陕西方言,给炮兵连留下了极为深刻的印象。他还教炮兵连里的战士学文化,给他们讲故事。但是,皖北人都吃米饭,而陕北出生的魏野畴喜欢吃饺子和面条,所以,他每次来,战士们都想方设法给他弄到饺子或者面条。

陕西军来到皖北不久,冯玉祥就派一个名叫杨政洲的人过来,劝杨虎城去开封驻扎。这时候,杨虎城名义上归属冯玉祥指挥。杨政洲是前清的举人,他和杨虎城交谈不久,就因为话不投机而离去。又过了几天,冯玉祥再派南汉宸过来,力图拉杨虎城北上。南汉宸和杨虎城相识多年,私交甚好。可是,南汉宸不但没有拉杨虎城去开封,而且自己也留了下来。为什么?因为南汉宸发现杨虎城部队里有很多共产党员,而他自己也是一名共产党员,他在杨虎城的部队里,有一种回到家中的感觉。

南汉宸留下来后,杨虎城就举办了一所干部培训学校,由南汉宸任校长,魏野畴是政治处长,而陕西军中的共产党员骨干都做了教师。南汉宸和魏野畴也亲自授课,一时间,干部培训学校成为了共产党的军校。

四一二事变后,蒋介石实行清党,一时风声鹤唳,气氛极为紧张。而这时候,杨虎城又要去日本,干部培训学校面临危机。临行前,杨虎城将陕西军中的各项工作交给了孙蔚如,并叮咛说:干部培训班的这些人是我们请来的,在不得已的时候,要礼送他们出去,保证他们的安全,留个以后见面的机会。

杨虎城离开后不久,皖北的气氛突然变得非常紧张。一天,孔从洲遇到了同在陕北培训班上课的同学吴岱峰,吴岱峰行色匆匆,他问:"你干什么?"吴岱峰说:"孙师长让我送一封急信到郑州,要当面交给段象武。"孙师长,就是孙蔚如。

段象武当年是杨虎城军队的高级幕僚,当杨虎城带着陕西军转战皖北的时候,段象武留在郑州负责陕西军的后勤供应和兵员补充。而吴岱峰,名义上是杨虎城陕西军中的军官,实际上是共产党在皖北的负责人之一。此时,吴岱峰的身份已经暴露,孙蔚如赶紧将他送到郑州加以保护。

吴岱峰离开了这支陕西军后,来到郑州段象武处,郑州照样形势危急,段象武又送他离开了。后来,吴岱峰成为陕甘红军创始人之一,担任过红二十九军军长。新中国成立后,在中央组织部工作。

吴岱峰走后不久，有一天，孙蔚如突然找到孔从洲，让他带一排人，护送干部培训学校的师生离开皖北。孔从洲判断可能出事了。

确实是出事了。当时，魏野畴成立了皖北特委，决定发动武装暴动，不料事不周密，被侦知，陕西军中所有共产党员骨干的名单落到了孙蔚如手中，要求逮捕。孙蔚如将这些党员集合起来，每个人发给路费，让他们赶快上路。孙蔚如本来打算派遣一个排的战士护送他们出境，可是又担心泄密，选来选去，选中了五名可靠的士兵，由孔从洲带着，趁夜离开皖北。

这批党员一共有 110 人。

孔从洲将他们送到了安徽界首，交给了驻守在界首的西北军将领萧之楚。萧之楚和孙蔚如私交非常好，他将这 110 名党员又安全地交给了郑州的段象武。

萧之楚，就是著名武侠小说家萧逸的父亲。萧逸，与金庸齐名。

孔从洲在这篇文章中写道："这些同志一个也没有受到伤害，1930 年，我们还见到了其中的一些人。"

孔从洲以后和毛泽东成为了儿女亲家。毛泽东的女儿李敏，嫁给了孔从洲的儿子孔令华，他们在 1959 年结婚。

孔从洲在这篇文章中写道，1962 年，炮兵出身的他担任炮兵工程学院院长，毛泽东和他深谈，问他民国时候为什么会有两个西北军？冯玉祥、杨虎城都叫西北军，如何划分？孔从洲说，冯玉祥叫西北军是指行军路线而言，他被张作霖打败，从包头跑到五原，到苏联见到斯大林，苏联给了他枪炮，他组织起来，经宁夏入陕西，得到于右任的支持，解了西安之围。而杨虎城叫西北军，是就地域而言，因为部下大都是陕甘人。

毛泽东又问，靖国军都投降了，杨虎城怎么没有投降？孔从洲说，杨虎城高举靖国军的旗帜不倒，主要是受党的影响，他的部队里有很多共产党员，在榆林时就认识魏野畴，他是陕西兴平人。

毛泽东说："哦，陕西出人才，李自成是陕西人，司马迁是陕西人，魏野畴是陕西党的创始人之一，他还有著作呢，他对西北军的影响不小。以后呢？"

孔从洲说，魏野畴以后去了皖北，颍州有次暴动是他领导的，牺牲了。

毛泽东深情地说，这次暴动虽然失败了，但它点燃了皖北革命的烈火，胜利真是来之不易。中国革命牺牲了多少好同志啊，我们家就牺牲了好几口！

吴岱峰也写有回忆文章，他在《忆太和军校中党的工作》中详细写到了孙蔚如保护他脱险的经历。

四一二事变后，吴岱峰从西安动身来到郑州，找到段象武。此年冬季，吴岱峰又来到了皖北太和，见到了魏野畴，魏野畴当年在杨虎城部担任政治部主任。想想看，一支部队的政治部主任都是共产党员，这支部队的共产党员还能少吗？

魏野畴让吴岱峰去军官培训学校去学习。

吴岱峰以前就跟随杨虎城，他的才华深受杨虎城器重。吴岱峰直接找到杨虎城，杨虎城让参谋写了一封信，吴岱峰拿着这封推荐信来到了军官培训学校，被任命为第三大队中队长。

不久，有40多名共产党员离开了军事培训学校，吴岱峰所在的大队里还有30多名。一天，一名党内同志告诉吴岱峰说，军委要党员名单。当时军委的负责人就是魏野畴。吴岱峰将剩下的30多名党员名单交给了来人。随后，就听说，魏野畴要这些名单，是准备举行武装暴动。吴岱峰听说了这个消息后，他们就在军校里积极准备着，随时开赴战场。

过了几天，孙蔚如派警卫把吴岱峰叫到了办公室，问他是不是共产党员？吴岱峰矢口否认。孙蔚如问："你当队长不是共产党员？"吴岱峰说，他只负责上操，不是共产党员。

过了一天，孙蔚如又派警卫把吴岱峰叫到办公室，劈头就问："你到底是不是共产党员？"吴岱峰依然说不是。孙蔚如发了脾气，他把一份名单放在了桌子上，让吴岱峰看。吴岱峰依然说自己不是共产党员。孙蔚如转换语气说："将来的天下是共产党的，现在不行，在皖北这个平原站不住脚，南方江西红军是在山地，你们这些娃娃胡闹！"

吴岱峰还不承认自己是共产党员，孙蔚如从抽兜里拿出一封信，声色俱厉地对吴岱峰说："给郑州办事处送信去，快走！"

吴岱峰匆匆走出了军部大门，看到大街上三步一岗，五步一哨，上面来人已经开始捉拿共产党。吴岱峰走到无人处，拆开书信，看到上面写着："吴振东从军多年，念其旧好，发给路费，着回原籍。"他明白出事了。

吴岱峰，名振东，字岱峰。

吴岱峰回到军校，见到司务长，司务长说："军部叫你快点走。"一名青年参谋拿了一张通行证递给吴岱峰，催促他赶快上路。

时天已黄昏，吴岱峰跑到大街上，雇了一辆洋车，出了太和城，一路不敢停

第三章 共产党帮助整军

第一节 孙蔚如保护地下党员

歇。第二天到了漯河，然后换乘火车来到郑州。段象武一见到他，就训斥道："你们这些娃娃干的啥事，你不能在这里待了，快走，你回家去吧。"吴岱峰又拿着段象武开具的护照，离开了郑州。

离开郑州，无处可去，吴岱峰又来到了河南省南部的驻马店，当时驻扎在驻马店的是国民革命军第二军，政治部主任名叫杨实初，以前也在杨虎城的部队当教官，还是共产党员，陕西渭南人。吴岱峰投奔了杨实初。

杨实初说，他离开了皖北太和后，魏野畴就去了阜阳，决定发动暴动，军委书记由一个姓宋的担任。没想到姓宋的叛变了，把全军所有共产党员的名单都交给了孙蔚如。孙蔚如看到自己军中居然有100多名共产党员，立即命令把这些共产党员集合起来，每个人都发了路费和通行证，由炮兵连长孔从洲护送出境。

杨实初说，目前，他已经和党组织联系上了，劝吴岱峰留下来从事农运工作。吴岱峰与一名小学教师建立联系，他是驻马店党的负责人，安排了吴岱峰的工作。

孙蔚如明白自己的军队中有很多共产党员，他总是在竭力保护。孙蔚如的儿子孙存京说，父亲孙蔚如曾经告诉他，陕西军中大家都是兄弟朋友，尽管信仰不同，但是情同手足，那种出卖朋友兄弟的事情，陕西人干不出来！

靖仁秋也写过一篇文章，题目为《谈孙蔚如先生与共产党的一段联系》。1932年，靖仁秋在孙蔚如的部队中任中校参谋，是中共地下党员。有一天，孙蔚如的秘书张退庵悄悄来到他家，一直走进了卧室，拿出一封密电说："蔚帅让你看看，让你赶快离开西安。"这封密电是从鄂豫皖剿共剿出了一份共产党文件，文件中有靖仁秋的名字，要孙蔚如立即逮捕靖仁秋，并限制十日内就地处决，还要呈复。

因为有孙蔚如的保护，靖仁秋躲过了追杀。

后来，靖仁秋在宝鸡又见到了孙蔚如，再次加入孙蔚如的军队。

当蒋介石派遣孙蔚如的军队进攻驻扎通江、南江、巴中的红四方面军时，孙蔚如找到靖仁秋，让他去打通与红四方面军的联系，双方互不侵犯。靖仁秋派遣武志平完成了这一任务。

孙蔚如这边是武志平，而红四方面军那边进行联系的则是徐以新。

1933年5月，武志平从汉中出发，来到了川北，和红四方面军高级将领傅钟、曾中生建立了联系，其间还见到了张国焘。

武志平的公开身份是十七路军三十八师的少校参谋，实际上是中共地下党员。武志平这次带来了四川的军用地图，这对偏居一隅的红军来说，相当珍贵和重要。

武志平离开川北时，徐以新陪同他来到了三十八军驻守的汉中，见到了孙蔚如。徐以新写道："总的来看，孙蔚如的态度还是比较积极的，他主要是希望我们不要向陕西方向发展，同时能把胡宗南赶出西北地区。在这个原则下，他同意双方建立一条可以经常来往的交通线，并愿对我们提供物资。他们还把胡宗南的一些调动情况告诉了我，给了我一部分军用地图。"

当年6月下旬，徐以新第二次来到了孙蔚如驻守的汉中，这次，双方商定：互不侵犯，配合打胡宗南，建立交通线，给红军提供物资。

徐以新还与孙蔚如中的地下党员见面开会，他们一致反映，这支部队广大官兵很同情红军，反对蒋介石的反共政策。

徐以新写道："从战略意义上来讲，由于有了一个互不侵犯协定，使川陕根据地不会受到腹背攻击，巴山后方减少了后顾之忧，我们便可集中力量对付四川军阀的进攻。"

当时，孙蔚如担任三十八军军长。

三十八军给当年的红四方面军提供了很大的帮助，而共产党也没有忘记这支倾向于红军的部队。

1984年11月17日，中共中央组织部、中国人民解放军总政治部颁发了1984年第31号文件，文件名为《关于确定原杨虎城三十八军指战员参加革命工作时间的通知》，《通知》中说：原杨虎城部三十八军是我党统一战线工作的一个典范，虽然形式上是国民党的编制，但实际上三十八军地下党组织是按照我党的路线、方针、政策改造、建设部队的，广大指战员同日、蒋进行了艰苦的斗争。

这份文件对三十八军指战员参加工作的时间做了具体的规定，时间在1936年到1938年之间。而杨虎城部的另一支军队九十六军，也参照这份文件的规定。

这就等于是，"七路半"的十七路军，终于在晚年享受到了和八路军同等的待遇。

第二节 以八路军为榜样

和孙蔚如一样,赵寿山同样和共产党军队渊源很深,他的军队很早就与共产党有联系。

1938年8月,经历了永济血战的三十一军团伤亡惨重,而补充兵员,也多是从黄河西岸的陕西补充。这一点,和桂军很相似。我在采访桂军老兵的时候,他们说,那时候,不论部队伤亡有多大,都要从广西补充兵员,打虎亲兄弟,上阵父子兵,往往一个连排里,都是同一个村庄的战士,所以打仗的时候众志成城,作风强悍。陕西军也是这样。

补充的新兵需要培训,需要进行政治思想教育。有人就给孙蔚如建议,让八路军进入三十一军团当老师,八路军纪律严明,作风顽强,连战连捷,战术得法,如果三十一军团能够学到八路军的战法,得到政治思想工作的真传,部队的战斗力将会大大提高。

孙蔚如欣然同意。

孙蔚如同意的原因是,早在一年前,八路军就帮助赵寿山的十七师整军,让十七师的面貌焕然一新。孙蔚如相信,八路军也会把三十一军团锤炼成一支钢铁之师。

全面抗战刚刚开始,赵寿山就带着十七师奔赴了抗日前线,在河北战场和山西战场与日军艰苦鏖战,他们连续作战数月,兵员大为减少,又得不到补充,最后一战中,因为没有弹药,部队用石头与冲上阵地的日军拼杀。十七师刚刚开赴战场时,是满员的万人,而经过多月激战,仅剩2700人。

即使这样,十七师仍然没有乱,交替掩护向后撤退。在从保定到太原的撤退中,国民党军队22个师都是一败涂地,唯有赵寿山的第十七师成建制撤离。1940

年，在重庆召开的一次军事会议上，总参谋长何应钦听说了当年山西战场的情景，就问赵寿山为什么十七师败而不乱，赵寿山回答说："进攻的时候，我冲在最前面；撤退的时候，我走在最后面。"何应钦大为感动，对身边人说："我军所有师长都能这样做，何愁日军不能歼灭！"

山西战场上的战事告一段落后，十七师补充新兵，战斗力大打折扣，赵寿山秘密派参谋来到太原城，见到了周恩来。周恩来指示十七师留在敌后打游击，壮大力量。于是，赵寿山带着十七师来到了八路军防区的离石县碛口镇进行整训。

当时的十七师装备极差，缺衣少食，八路军战士从自己身上脱下了500套棉衣，送给十七师，当地群众带上布鞋、食品慰问十七师官兵，党中央还先后派遣南汉宸、程子华、续范亭前来看望，让十七师深受感动。

十七师的地下党组织，结合八路军的"三大纪律八项注意"，提出了"三大禁令四大口号"。三大禁令是：禁吸大烟、禁止赌博、禁止嫖娼；四大口号是：自觉纪律、自我教育、经济公开、人事公开。

民国时代，抽大烟是一些部队的必修课，比如黔军，当年对黔军的称呼是双枪将，是说他们上阵的时候，一定会带着两杆枪，一杆是步枪，另一杆是烟枪。抽着大烟的部队，能有多大的战斗力？桂军禁烟，禁出了中国数一数二的钢军；黔军不禁烟，战斗力就处于全军末流。当时有顺口溜这样说："黔军滇军两只羊，湘军就是一头狼；广西猴子是桂军，猛如老虎恶如狼。"

旧军阀的军队里，除了抽大烟，赌博和玩女人也是主要内容。在很多历史资料中，都有这方面的记载。

当时，国民党军队的纪律，是依靠高压和棍棒来维系的。孙蔚如东渡黄河的前夕，在陕西省朝邑县的黄河渡口就看到下级军官在用皮带打两个逃兵。孙蔚如厉声制止，让他们拿起枪支，走上了抗日战场。结果，他们英勇杀敌，壮烈殉国。中共中央党校教授杨圣清也曾经说过，他小时候，在他的家乡，山西省中条山夏县的一个村庄里，他亲眼看到国民党军队长官用棍棒殴打两个逃兵，把棍棒都打断了，两个逃兵被打死，埋在了村外的土坑里。第二天，杨圣清再经过土坑的时候，看到两个逃兵的尸体已经被野狗刨出来吃掉了。

在那时候的国民党军队里，惩罚士兵的方式很多，主要有关禁闭、殴打、羞辱，甚至杀头。下级必须绝对服从上级，上级为所欲为，下级噤若寒蝉，上级是奴隶主，下级就是奴隶，上级对下级具有生杀予夺的大权，而下级在上级面前毫无人格可言。十七师提出了"自我教育"，废除打骂制度，就调动了所有人遵守纪律的自觉性，提高了士兵的地位，官兵平等，如果违反纪律，则一视同仁。

"自我教育"，则更是一个突破，让将士们认识到了为什么打仗，为谁打仗的问题。官兵们有了民族荣誉感和保家卫国的观念，部队的战斗力自然也就提高了。

在旧军队里，吃空饷和克扣粮饷是家常便饭，士兵们饿得前胸贴着后背，而当官的在银行存着巨款，为什么会这样？因为经济不公开。在旧军队里，拉帮结派非常严重，任人唯亲，排除异己，钩心斗角，尔虞我诈，一人得道，鸡犬升天，为什么会这样？因为人事不公开。十七师要求"经济公开，人事公开"，成立了"士兵经济委员会"，监督伙食粮饷，当日公布，当月结算，超支下月弥补，结余大家平分。而在选拔人事方面，大家评选，论功奖赏。正因为十七师参照八路军的经验，进行了这一系列改革，所以纪律严明，情绪高涨，精神振奋，团结一致，成为了像八路军那样的一支极富战斗力的部队。

后来"三大纪律四大口号"又改成了"不嫖、不吸、不赌"和"不扣饷、不压级、不扰民、不遭民"，增加了如何和老百姓相处。

十七师隶属于三十八军，三十八军的前身是十七路军。十七路军的创始人杨虎城，出身于农民家庭，对老百姓有着深厚的感情。杨虎城做了西安行营主任后，将家从陕西蒲城搬到了陕西三原。我在三原东里堡采访的时候，听到很多老人说，当年杨虎城回家中，距离很远就下车，步行进村，见到村中所有长辈都笑脸问候，返回西安的时候，也是步行出村，在距离村庄很远的地方才上车。这说明了什么？说明杨虎城将军对老百姓的尊重。

中条山中的百姓则说，十七路军驻守中条山的时候，他们经常利用战斗间歇给老百姓干农活，播种收割，挑水扫院，而且救济扶困，举办识字夜校，兴办学堂，教唱抗战歌曲。那时候，十七路军的防区里能够做到"路不拾遗，夜不闭户"。新中国成立后，当地人看到电影中放映的八路军帮助百姓劳动的时候，他们说："十七路军也是这样。"

中条山中的老百姓，至今还把陕西军叫做十七路军。其实，十七路军在西安事变后，番号就被取消，先后改为了三十八军、三十一军团、第四集团军。

那时候，中条山中老百姓的生活非常贫穷，尤其是到了三四月份，更是青黄不接。每年这时候，赵寿山让每位士兵从自己的口粮中，每天省下一两粮，周济百姓。我在中条山采访的时候，很多老人流着眼泪说："这样好的军队，打着灯笼都难找。"

还有一些老人，至今还把十七路军当成了八路军。

其实，赵寿山的十七师，很早就与八路军建立了密切的联系。

1937年1月，赵寿山担任了十七师师长，就派人到上海找到党组织，要求派干部到十七师协助工作。1938年春，赵寿山在山西前线，秘密来到延安，见到了毛泽东，也当面要求毛泽东派干部来十七师改造部队。

与此同时，共产党选派了一批得力干将到十七师，帮助赵寿山锤炼这支队伍。这些人分别是：山西省委潘自力介绍的申敬之，北方局安子文介绍的杨晓初和孔祥祯，北方局南汉宸介绍的崔仲远和庞志杰、杨明轩等，他们都分别在十七师担任要职。

有这样一批重要的共产党员在赵寿山身边工作，形成了一个浓厚的联共抗日的氛围，这些人向十七师官兵宣传共产党的抗日政策，讲解游击战术，有的甚至直接指挥作战，他们是赵寿山可靠得力的军事骨干和高级幕僚，保证了十七师严明的纪律性和坚强的战斗力。

1938年冬季，永济战役结束后，赵寿山接受了这批地下党员的建议，在平陆县圣人涧镇的茅津渡举办了干部培训班。茅津渡是一处黄河渡口，它和黄河的另一处渡口风陵渡同样有名。风陵渡是山西通往陕西的渡口，黄河对岸就是陕西潼关；茅津渡是山西通往河南的渡口，黄河对岸就是河南三门峡。

这时候，赵寿山是三十八军军长，他亲自兼任干部培训班主任，而孔从洲担任副主任，共产党员孔祥祯担任教育主任。

永济战役后，孔从洲的警备第二旅改编为独立四十六旅，划归赵寿山指挥。

干部培训班，设有军官班，轮流培训三十八军现任军官；学生队又叫教导队，培训新干部；军士班轮训班长。另外，还有军需队、军医队、通信队，专门培养各种技术人才。每期两个月。

干训班的课程内容，除了军事知识外，还有《抗日民族统一战线》《日军侵华史》《国际国内形势》《三大禁令四大口号》等，而教官则包括上面所写到的共产党员。

后来，据统计，在抗战中，赵寿山的干部培训班培养出了1500名高素质的干部，其中有共产党员500名，这些人成为了三十八军的中坚力量和军事骨干。

一些当事人的回忆录这样记述赵寿山：他自从茅津渡训练班开学后，即由军部搬到了茅津渡干训班，几乎所有的政治学习和军事课程，他都亲自参加，还对每个学员进行个别谈话,了解他们的家庭、身世和思想状况。对 300 名教导队的新生,他都能随口叫出姓名,更何况军官班的学生。

当年的《扫荡报》也对赵寿山的生活作风进行了详尽的报道:

> 赵军长提出了三大禁令、四大口号,他自己首先极为严格地执行着。他在生活中严格与士兵同甘苦,吃一样的糠菜馒头,穿一样的灰布军装。

而那时候,能够位居军长的,都是呢子将军服,饮食也有特殊供应。但是,贵为军长的赵寿山,和士兵同甘共苦,而且每逢冲锋,都冲在前面,每逢撤退,都走在后面,跟着这样的军长干,士兵们能不卖命吗?

《平陆文史资料》中写道:

> 上中条山后,赵寿山不但要求士兵严守纪律,秋毫无犯,而且要部队关心群众生活,为百姓解决困难。有时候,日军把山口封锁了,他就组织部队去山外购回粮食,帮助群众渡过难关。他还让部队帮助群众恢复了因为战火而停办的 72 所学校,让孩子们能够上学……

毛泽东说:"军民团结如一人,试看天下谁能敌。"正因为赵寿山的部队能够在中条山中,和百姓打成一片,团结一致,才使得日军一次次进攻和扫荡都以失败而告终。

茅津渡培训班中,有一门课程是关于游击战的,而这门功课的老师,则是邀请的八路军。八路军指战员用他的切身经历,讲述了如何开展游击战,如何能够在处于劣势的情况下,有效地打击和消灭敌人。

在第二次世界大战中,运用游击战的国家,遍及亚洲和欧洲 30 多个国家,但是,运用最成功的是中国的八路军。那些国家只是把游击战当成了小的战术在战场上使用,比如斯大林格勒保卫战中的阻击队,南斯拉夫丛林中的游击队员,然而,只有中国才把游击战上升到了战略的高度,让敌后战场变成了汪洋大海,让日军陷入广泛的游击战中难以自拔。这在第二次世界大战,甚至人类战争历史上,是绝无仅有的。

正是因为敌后战场广泛的游击战和正面战场的阵地战相结合,才取得了中国战场的胜利。

《孔从洲回忆录》也详细写到了当年和八路军合作的事情。

十七师自从进入晋东南以后,就在第二战区东路军朱德、彭德怀的直接指挥下,开展游击战争,整训部队。那时候,朱德是第二战区东路军总指挥。

时任独立第四十六旅旅长的孔从洲写道:在独立四十六旅常唱的革命歌曲中,除了《义勇军进行曲》《大刀歌》《游击队歌》《黄河谣》等之外,我还让我的秘书共产党员何寓础编写了两首歌曲:《爱老百姓歌》和《独立第四十六旅旅歌》。

《爱老百姓歌》开头是这样的:

> 我们爱百姓,不能去打骂。
> 他们的东西,丝毫不许拿。
> 只有那爱惜,没有糟蹋。
> 要借先交涉,用毕就还,坏了赔偿。
> 哎,爱百姓就是爱自己。

《独立第四十六旅旅歌》中有这样的歌词:

> 生为中华,死为中华,
> 拿起革命的武器,
> 誓与日寇战斗到底。
> 我们不杀侵略强盗,
> 就会死在强盗手里。
> 杀敌!杀敌!
> 血战永济八昼夜,
> 杀得敌人心胆寒。
> 中条山上烽烟飘,
> 抗日军人逞英豪。

时至今日,我们阅读这些言简意赅而意蕴深远的歌词,还有一种温暖和激昂并存的感觉。

孔从洲写道:"通过以八路军为榜样进行的新式训军,让部队的战斗力得到显著提高,全旅官兵的面貌焕然一新,很多官兵思想进步,茁壮成长,连队里朝气蓬勃,斗志昂扬,到处可以听到抗战的歌声,军民关系也有了进一步的改善。"

我在中条山采访的时候,还听到一位老人唱《三十八军军歌》,它的歌词是这样的：

> 三十八军，三十八军，
> 我们是铁的三十八军。
> 我们在雪花山上，
> 血花染红了我们的刀枪；
> 我们在乏驴岭上，
> 日军的尸体塞满了战场。
> 井陉车站夺火炮，
> 高平关外截车辆；
> 碛口整军振旗鼓，
> 茅津干训威名扬。
> 这是神圣的战争，光荣的战争，
> 最后定把日寇彻底埋葬。

老人们说，这首歌曲那时候经常能够听到，士兵们出操、吃饭、行军的时候，总会唱起，时间长了，小孩子们也学会了唱。后来，三十八军调到了河南，他们有事没事还会在一起唱这首歌。

这首歌，写尽了三十八军的光荣和辉煌，每次唱起来，都让人感到热血沸腾。

这段时间，日军没有大的行动，防守中条山的中国军队都在加紧练兵，严阵以待。谁都知道，这是大战前的寂静。

1938年11月，孙蔚如的三十一军团又改编为第四集团军，所辖部队，除了以前赵寿山的三十八军和李兴中的九十六军外，还增加了李家钰的四十七军。总司令为孙蔚如，副司令为李家钰。

李家钰，川军名将，是从班排长一步步升为军长的农家子弟。全面抗战爆发，川军开赴前线，临出川时，李家钰作诗一首明志：

> 男儿仗剑出四川，
> 不灭倭寇誓不还。
> 埋骨何须桑梓地，
> 人间都处是青山。

之后，李家钰率四十七军18000人，草鞋单衣，步枪大刀，步行4000公里，抵达晋东南抗日前线，与日寇殊死拼杀。当时，因为四十七军与八路军防线交叉，李家钰也曾邀请刘伯承给四十七军讲述游击战战术，还派遣多人去八路军中学习游击战。

李家钰在第四集团军中担任副司令仅有一年左右，便升为三十六集团军总司令。1944年，面对日军进攻，李家钰主动殿后，掩护友军撤退，不幸牺牲。

二战时期，中国有两个集团军司令牺牲在抗日战场上，一个是张自忠，一个是李家钰。

第三节　看看这些二鬼子

这段时期里，陕西军不但和日本鬼子打过仗，还和二鬼子打过仗。

二鬼子，就是指不是日本国籍，但是替日本人打仗卖命、充当炮灰的人。

当时的二鬼子，除了朝鲜人，还有蒙古人。

1853年，美国海军准将佩里率领一支舰队进入了日本，把一封美国总统写的书信交给了德川幕府，要求日本开放口岸，进行贸易，这就是历史上著名的"黑船事件"。这一事件，打开了闭关锁国的日本大门，也惊醒了日本千年来的混沌迷梦，很多人意识到，要改变当时日本落后世界很多的境况，必须富国强兵。于是日本人开始努力学习西方，很快就国力强势。

强盛了的日本开始扩张侵略，将被侵略的痛苦转嫁在了别的国家和民族身上。

1875年，日本用武力打开了朝鲜的大门；1876年2月，在朝鲜西海岸的江华岛签订了《江华条约》，朝鲜逐步沦为了日本的殖民地。

1894年，日本发动了侵略中国的甲午战争，北洋舰队全军覆灭，软弱的清政府与日本签订《马关条约》，其中有一条就是割让台湾和澎湖列岛给日本。

1931年9月18日，日本在沈阳蓄意制造九一八事变，并很快占领东北三省；1932年3月1日，日本一手策划了"满洲国"；1933年3月，日本又占领热河省全境，那时候的热河省包括现在的辽宁、内蒙古、河北各一部分。

全面侵华战争开始后，日本国内的兵力严重不足，就从沦陷区里和占领区里大量征兵，给他们的侵略战争充当炮灰。这些人，就被我们称为"二鬼子"。

听一些老人回忆说，二鬼子中有相当一部分是朝鲜鬼子，他们和日本鬼子一样坏。

但是，二鬼子的战斗力和日本鬼子是不在一个档次上的。

永济战役结束后，袁启亚升为了十七师的上尉连长。

一次战斗结束后，战士们伏击了日军一辆卡车，这次战斗也是采用八路军教给的伏击战，集中优势兵力，一战就奏效，全歼日军。

战士们攀爬上日军的汽车车厢后，突然全都傻眼了，接着就齐声高呼。那一卡车的车厢里，居然装的全是羊肉。

当时大家等候日本汽车经过，等了好几天，风吹雨淋，早就饿得饥肠辘辘，日本鬼子突然送上来这么多的羊肉，怎么能不欢欣鼓舞！

战士们一人扛着一扇羊肉，来到一个叫做沟口的村子。汽车没有人会开，就把能拆下来的零件全部拆下来，拆不下来的就用两颗手榴弹炸了，不能留给日本人。沟口村里没有人。因为日军经常骚扰，村子里的百姓都躲在了山里。战士们找到一口大铁锅，倒上水，放进去两扇羊肉，加上火，流着口水等待吃羊肉。

水"咕咕"地冒着气泡，香味开始散发出来，可是没有盐巴，没有调料，怎么办？有人看到一户人家的院子里有一颗花椒树，就连枝带叶地折下几根，丢在铁锅里。

羊肉才有八成熟，大伙就忍耐不住了，捞出来，你一块我一块撕扯着狼吞虎咽。一锅羊肉不够吃，又煮第二锅，最后，把那颗花椒树折光了。

吃完羊肉，打着饱嗝，战士们扛着剩下的羊肉，兴高采烈地回到营部。很多人说："还是八路军的办法好，守着鬼子的交通线，吃的穿的用的，什么都有，连羊肉都给送上门来了。"

第二天中午，全营开会，朱营长站在村外草坪边的一块断墙上，给袁启亚这个连训话。营长说：你们连这几天饿着肚子伏击日军，取得胜利，我很高兴，团长也很高兴。但是，你们在沟口村的时候，折老乡家的花椒树，违反了纪律，就差没有点火烧房了！这些天来，你们天天说学习八路军，学习八路军，学成了这个茄子样？这次将功补过，以后谁再敢违反纪律，该杀头就杀头。

袁启亚带领连队的这次伏击战，彻底改善了全营的生活。团长听说缴获了日军一车羊肉，没有盐巴煮，就派人送来了盐巴。

八路军的纪律很严厉，陕西军跟着八路军学习，纪律也相当严格。至今，在永济县韩阳镇六官村，还流传着这样一个故事：

当年，孙蔚如的司令部驻扎在六官村，村民姚之田家那时候是财东家，房子多，孙蔚如就住在姚之田家，他的卧室对面是机要室和马房。那时候姚之田很小，孙蔚如很喜欢他，就认他做干儿子。给孙蔚如喂马的马夫叫李茂绪，对战马非常喜爱。

有一天下午，李茂绪在村道上遛马，突然迎面跑来了一头公驴，公驴对着母马咆哮起来，不愿离去。李茂绪情急之下，顺手拿起铁锨，想赶走公驴，没想到下手太重，公驴受伤了，当天晚上，血流不止，公驴死了。

孙蔚如听说了这件事情后，就要按照军法处置李茂绪。那时候，一头毛驴就是一户农家最主要的财产，按律当斩。全村人都向孙蔚如求情，包括毛驴的主人，然而，孙蔚如还是下了命令。

六官村的人说："一头毛驴比一个士兵的命还值钱，这是老百姓的部队啊。"

那时候，吃盐是一件很困难的事情。

晋南有一座盐池，东西长四十里，南北宽五六里，在夏县境内，安邑东南，张店正西。这座盐池日产食盐上万斤，历朝历代都供应华北各省。日军没有占领夏县前，盐池边有两座盐山，积年累月，盐山上的尘土足有一尺厚，旁边的树木有一搂粗；日军占领了同蒲路后，也知道此处盐池对华北各地，尤其是中条山民众的重要性，派遣重兵把守，将树木伐尽，担心会隐藏中国军队。

盐池落入了日本人手中，中国军队和当地民众吃盐成了大问题。这时候，升为第一战区司令长官的卫立煌就命令赵寿山的三十八师，不惜一切代价，尽快将盐池抢回。

赵寿山把侦察的任务交给了袁启亚。袁启亚带着便衣队化装成老百姓，混进了村庄里。侦察后得知，先前看守盐池的日军一个中队刚刚调走，驻防盐池的是一群二鬼子，他们偷偷地收钱卖盐，价格奇高。

二鬼子，那是些什么人？一群死狗烂猫，二流子加狗腿子，他们就是陕西军案板上的鱼，想怎么切就怎么切。

当天晚上，袁启亚那个营就奉命攻打盐池。一阵乱枪响过，二鬼子们就仓皇逃走，走的时候为了逃跑方便，连枪支都丢了。周围村庄的村民看到中国军队顺利占领了盐池，立即奔走相告，抢运食盐，所有能用上的牲畜都用上了，所有能用上的搬运工具也都用上了，马、骡、驴、牛、大车、小车、推车、背包，通往盐池的道路上，昼夜奔走着兴高采烈而又脚步匆匆的人群。不但村民们搬运，战士们也在搬运，没有工具，就把裤子脱下来，两个裤腿装满了盐，然后一前一后放在肩膀上。

袁启亚担任警戒任务，他看到有人从盐洞里拖出了死尸，全身乌黑，皮肤却没有一点腐烂。村民们解释说，人埋在盐中，就如同腌肉一样，肉体不会腐烂变质。

他还看到一块石碑，上面写着明嘉靖年号，说明这个盐池早在明代就被开发。

三天后，日军集中重兵，想要占领盐池，他们没有想到二鬼子太不中用了，一击即溃，连给他们集结的时间也没有留下。盐池丢失后，日军只能翻山越岭，长途奔袭，就这样耽搁了三天时间。

然而，已经晚了，盐池不但被当地百姓和中国士兵抢运一空，而且劳师远征的日军还中了埋伏，损兵折将，丢下几十具尸体后，灰溜溜地回去了。

一位前清秀才看着山谷中来不及运走的日军尸体，文绉绉地吟诵道："可怜华夏土上骨，尤为瀛妇梦里人。"

此后，日军再不敢打盐池的主意。

时隔不久，袁启亚又与二鬼子打了一仗。

这年4月，麦收在望，袁启亚带着连队保护百姓收割麦子。而日军也在抢夺麦子。去年的这个时候，呼营长就是因为保护老乡收割麦子，而在日军的炮弹下牺牲的。

还是和去年一样，全连以班为单位，分成九个小组，分别保护九处的老乡。

袁启亚本来想着会有一场大战，没想到遇到的又是二鬼子。

那时候，收割庄稼都是在夜晚，因为白天视线好，目标大，日军的飞机和大炮会来轰炸。而到了夜晚，老乡手挥镰刀，脚不沾地地向前收割，战士们埋伏在田埂边事先挖好的战壕里，等着冤家上门报到。战斗，肯定是会有的，只是迟早的问题。

那天快要黎明的时候，雾霭散尽，袁启亚的视线里出现了一群肤色黝黑的二鬼子，身材高大，嘴里还在骂骂咧咧地说着什么。战士们惊问袁启亚，这是些什么人？袁启亚也不知道，他只能让战士们沉住气。那些身材高大的家伙似乎还没有学会怎么作战，他们端着枪，直挺挺地走过来，丝毫也没有戒备。

二鬼子们走到距离战壕仅有三四十米的时候，袁启亚才喊打，一阵排枪过后，他们就倒下了一片，手榴弹扔出去，又倒下了一片。二鬼子们突遭袭击，连还击都没有，就仓皇逃走，地上丢下了一大堆尸体。

整个战斗只有几分钟。

二鬼子逃走后，袁启亚带着战士们查看情况，看到这些二鬼子都是彪形大汉，满脸都是胡茬子，像狗熊一样笨重。

战场还没有打扫结束，天空中突然出现了一架日本飞机。袁启亚命令所有人半跪在地，一起举起步枪，当飞机飞到头顶上的时候，战士们手中的步枪一起响起，飞机吓了一跳，左右摇晃着，飞到了山峰背后。

战士们都没有想到，这群二鬼子居然这么好打，他们连怎么冲锋都没有学会，就被日本鬼子赶上了战场。这样又笨又蠢的家伙冲上来，战士们举起步枪，几乎不需要瞄准，一枪就可以撂倒一个。

袁启亚说，按照惯例，日军的飞机侦察后，肯定很快就有一场战斗。那架飞机没有投弹，没有扫射，在他们上空转了一圈后，就仓皇逃遁，肯定是侦察机。

当时，已到午后，想向几十里外的营部申请援兵和弹药补充，已不可能。所以，战士们只能依靠手中不多的弹药，展开一场无法预测结果的阻击战。

袁启亚将全连集中在了一处最险要的地方，阻敌来犯。

太阳落山了，天色昏暗，倦鸟归巢，中条山中显得异常静谧。暮色中，鬼子果然又出现了。由于距离很远，无法断定是日本鬼子，还是二鬼子。

和早晨的进攻不一样，这次他们改变了进攻方案。当鬼子走到距离阵地还有二三百米的时候，突然止步不走了，他们抬来了十几架迫击炮，对着中国军队的阵地轰击。袁启亚让战士们藏身在战壕中，一动不动，等到迫击炮声停止，才站起身来，准备出击。

暮色愈来愈浓，脚步声愈来愈近，袁启亚看到眼前是一个个巨大的黑影，他们嘴里还在不干不净地骂骂咧咧，果然又是二鬼子。袁启亚喊声"打"，身边的两挺机枪就一起喷吐火舌。那些傻大个们啊呀呀叫着，像一群受惊的耕牛，扭头向后跑去。跑得慢的，就被子弹追上了，咬住了屁股，一头摔在地上，再也爬不起来。

战士们哈哈大笑。打这样的二鬼子太轻松了，只用抽一袋烟的功夫，就能打退一次攻击。

此后，一直到半夜时分，二鬼子们都没有再进攻。

就在战士们以为二鬼子们早就逃跑了的时候，夜风中突然送来了浓郁的煤油味，接着，就看到了冲天的火光。二鬼子们抢不到成熟的庄稼，就把煤油泼在还没有成熟的庄稼上，点燃了，不让百姓收割。可是，愚蠢的二鬼子们忘记了，夜晚放火，火焰照耀如同白昼，他们原形毕露，他们的一举一动都暴露在了中国军队的视线里。袁启亚身边的两挺机枪欢叫着,这些二鬼子像醉汉一样东倒西歪,瘫在了地上。

二鬼子的愚蠢,超出了阻击军队的想象空间。

直到天亮,二鬼子都没有再敢发动进攻。

太阳升起来了,千沟万壑沐浴在一道灿烂的霞光中,停歇了一夜的鸟雀又唧唧咋咋飞出来了,飞翔在中条山明净的天空中,鸟雀们不知道这里正在发生激战。

随着太阳在战士们视线里升起的,还有一队鬼子骑兵。骑兵看起来训练有素,他们吆吆喝喝地叫喊着,呈着一条直线冲过来,冲到了距离阵地百米的距离,突然一齐散开,像一片乌云一样席卷而来。他们俯身在马的脖子下,从前面望去,只能看到奔跑的马匹,看不到马上的人。袁启亚高喊:"打马前胸,快打。"一阵排枪过后,冲在前面的马倒了下去,有几匹马依靠惯性一直冲进了战壕里,轰隆隆地倒了下去。

前面的马倒下去了,后面的害怕了,他们拨转马头,继续吆吆喝喝地叫喊着,一溜烟地逃跑了。

倒进战壕里的"骑士"站起身来,一个个络腮胡须,肤色黝黑,果然是二鬼子。他们张牙舞爪,伸出蒲扇大的手掌,想抓住战士们摔跤。战士们才不会像他们那么傻,面对着摇晃着膀子冲过来的二鬼子,一刺刀就将他们捅了一个透心凉。

骑术高超的二鬼子的骑兵部队被打垮后,朱营长率领的两个连赶到了,半夜时分的枪声惊扰了驻扎在几十里外的另外两个连队,他们知道这里有战事,而且战事发生在夜晚,就一定是成规模的战斗,他们连夜赶来增援。

援兵一到,二鬼子就竞相逃命,将一场战斗变成了长跑比赛。

一夜战斗过后,清理战场,发现缴获二鬼子战马七匹,步枪百余支,子弹无数,打死近百人,而我方仅有23人受伤,且还是被鬼子迫击炮弹炸伤。

麦收季节,天气异常炎热,鬼子暴尸荒野,很快就臭不可闻。那种浓烈的尸臭钻进了战士们的鼻孔中,挥散不去。无奈之下,战士们只好挖个大坑,把这些鬼子的尸体掩埋了。

可是,尸臭的气味异常顽强,那种臭味钻入鼻孔,沁入骨髓,让人无法忍受,无论是在吃饭睡觉,还是在行军打仗,那种强烈的气味都会让人心烦意乱,痛不欲生。

鬼子们的尸臭,让战士们无法忍受。

后来，有人说，多闻大便的气味，就能够抵抗尸臭，这叫以毒攻毒。

袁启亚说，这个办法果然疗效显著，闻几次大便，就忘记了尸臭。每次吃饭前，战士们先争着抢着闻大便，自己没有大便的，就排着长队闻别人的大便。那段时间里，大便是最受欢迎的。

大约过了一个礼拜，再没有人说尸臭了。

在永济血战到后来的六六血战这一年里，袁启亚所在的部队一直在中条山中的芮城县陌南镇附近打游击，陌南镇距离黄河仅有几千米，黄河那边，就是河南省灵宝市的函谷关镇和崤山。函谷关和崤山在历史上非常有名，《过秦论》这样说："秦孝公据崤函之固，拥雍州之地，君臣固守以窥周室，有席卷天下，包举宇内，囊括四海之意，并吞八荒之心……"崤函之固，就是说的崤山和函谷关。崤山是秦岭东段余脉，隔河与中条山对峙。函谷关是古代最有名的关口之一，"一夫当关，万夫莫开"，历史上的老子过关、鸡鸣狗盗典故，都与函谷关有关。

日军如果占领了中条山，进而渡过黄河，就能够占领崤山和函谷关，然后向西，直抵陕西。函谷关以西，是关中平原，是八百里秦川，无险可守，日军如果进入关中，西安就会很快丢失。西安如果丢失，日军向北进入陕北，那里有毛泽东领导的陕甘宁边区；向南进入汉中，然后顺着秦蜀古道南进，重庆指日可下，重庆有蒋介石领导的国民政府。

陌南镇，地理位置极为重要。

在这一年里，袁启亚走遍了陌南镇及其周边的所有村庄，也走遍了每一道沟壑每一条山岭，他们常常牵着鬼子的鼻子行走，然后在将鬼子拖垮拖累后，突然神兵天降，予以歼灭。他们已经变成了一名穿着国民党军队衣服的"八路军"。

袁启亚他们不但学到了八路军的游击战，还学到了八路军"放手发动群众"、"团结一切可以团结的力量"的精髓。他们一方面向群众宣讲战争形势，调动群众的抗日积极性，一方面争取汉奸伪军，将他们发展成为暗探，让他们提供情报。

此前，我在采访八路军老兵的时候，他们都说起过当年打鬼子的一些很有趣的事情。

老兵们说，那时候，一到夜晚，八路军就带着大喇叭出发了，趁着夜色摸到了日军炮楼下面，对着炮楼喊话，给炮楼里的人上课。有时候上政治课，讲讲国际国内形势，小鬼子日子长不了，赶快弃暗投明；有时候上教育课，指名道姓说炮楼里的谁最近表现不好，武工队准备收拾你。炮楼里的伪军吓坏了，噤若寒蝉，不敢不听。炮楼里的鬼子也在听,但是他们听不懂。个别顽固分子从炮楼露出头来，想向声音传来的方向射击，八路军的神枪手在黑暗中早就一枪飞过去，结果了他。所以这样的课程，你想听也得听，不想听也得听。听得多了，伪军汉奸就不敢胡作非为，就将鬼子的一举一动提前报告给八路军，八路军一伏击一个准。

针对汉奸，八路军也有的是办法，找到汉奸的家人，让给汉奸做工作，如果铁定心做汉奸，结果肯定很不妙。自己的家人都被八路军找到了，汉奸能没有后顾之忧？能踏实做汉奸吗？就这样，经历了一番思想斗争的汉奸，都做了八路军的暗探。鬼子一有风吹草动，就赶紧通知八路军。

八路军就是孙悟空，日军就是铁扇公主。铁扇公主法力再大，但是对钻进自己肚子里的孙悟空无可奈何。

在敌后战场作战，来无影、去无踪的八路军的战法是最管用的；八路军的思想教育工作也是最管用的。

第四节 武士敏和高桂滋

那时候，学习八路军战法的，不仅仅是当地民众口中的杨虎城十七路军，也就是孙蔚如的第四集团军，还有坚守中条山敌后战场的其他军队，比如武士敏的九十八军和高桂滋的十七军。

武士敏和高桂滋都是抗日名将，他们同杨虎城都有极深的渊源。

武士敏是河北省怀安人，出生于富商之家，很早就考上了天津北洋法政学院，成为了那时候极为罕见的大学生。

当时，中国大地上进步势力和保守势力激战正酣，武士敏和晋陕两地的革命党人续范亭、弓富魁、南汉宸结为患难之交，同赴国难，扫除帝制。武士敏的三个拜把子兄弟中，续范亭和弓富魁都曾经在华山之巅与杨虎城结拜为兄弟，而南汉宸又是杨虎城聘为高级军师的早期共产党员。

孙中山号召北伐时，武士敏变卖祖产，支持北伐。而袁世凯死后，他又看淡名利，拒绝了河南省警察厅长的职务。

武士敏文武双全，精通骑术。当年，有一支塞外骑兵，以骑术精湛而自负，不愿归顺，武士敏苦练数月，终于练出一身好骑术，马上射击，弹无虚发。塞外骑兵心悦诚服，同意归顺。

1927年，杨虎城在军阀混战中，兵败退入皖北，养精蓄锐，以图东山再起。同时，广泛邀请各方豪杰，听闻高级军师南汉宸谈起武士敏，立即延请武士敏任所部第一师第二旅旅长。

当年皖北有两股大的土匪势力，欺压良善，无恶不作，百姓恨之入骨。杨虎城派遣武士敏和赵寿山各率一部，很快剿灭了这两股土匪。

之后，武士敏一直在杨虎城帐下任职，参与杨虎城部大小战役上百次，每战必胜，深得杨虎城器重。

1936年秋，武士敏考入陆军大学特别班。随后，西安事变爆发，因为武士敏是杨虎城所部高级军官，遭逮捕，后经于右任先生极力说情，才被释放。

西安事变后，武士敏和赵寿山、孔从洲一样，参加了庐山干部培训班的学习。正在这时候，七七事变爆发了。武士敏和赵寿山一样，立即开赴华北前线。

西安事变前，杨虎城手下有两大干将，一个是孙蔚如，一个是冯钦哉，他们是杨虎城的左臂右膀。西安事变时，冯钦哉离开了杨虎城，跟随南京政府，被任命为二十七路军总指挥。二十七路军也是冯钦哉以前的部下，此后这支部队不再属于杨虎城的十七路军，不再属于人们口头所说的陕西军。而留下的部队，被改编为十七路军，孙蔚如任总指挥。

二十七路军和十七路军一样，说是"路军"，其实只有一个军，二十七路军只有一个第七军，十七路军只有一个三十八军。冯钦哉任二十七路军总指挥兼第九十八军军长，孙蔚如任十七路军总指挥兼三十八军军长。

二十七路军，也就是第九十八军，下辖三个师，武士敏任第一六九师师长。

武士敏和赵寿山、孔从洲一样，在庐山军官培训班尚未结业，就返回部队。当年，一六九师驻守在陕西省大荔县，武士敏刚刚回到大荔，就连夜带领部队步行穿过洛河与渭河，行走一天一夜，来到潼关，在潼关才有火车可以坐。

就这样，武士敏带领一六九师开赴华北前线，来到了河北省平山县。

在平山县，武士敏初战告捷，然而很快就遭到日军优势兵力攻击。武士敏与日军血战三天，掩护友邻部队撤退，等到娘子关友军布防完毕后，才交替撤退到了井陉关。

此时，日军骑兵部队已经穿插到了一六九师的前面，而一六九师全靠双脚在崎岖的山间行走。

在井陉关附近，一六九师特务连意外发现一处河滩上有上百匹日军战马，全部红色，身躯高大，正在饮水。那时候，日军的战马都是用军舰从日本运到中国的，所以对每匹战马都极为珍视。

当时，一个日军正在山坡上插太阳旗，特务连士兵看到后，扔过一颗手榴弹，将这个日军炸死。然后，全连所有的机枪扫向日军战马，一百匹战马和看守的日军大半被打死，人血、马血染红了河面。

手榴弹的爆炸声和激烈的枪声惊醒了宿营的日军，他们立即组织力量反扑。

可是，于事无补。特务连是什么？是一个师师部的警卫部队，是全师战斗力最强的部队，也是装备最好的部队，每一个战士都是身经百战，骁勇异常。日军的骑兵，当然会是骑术高超，在马上挥刀弄棒可能有两下子，但是没有了马，就像没有了腿一样，又怎么会是占据险要地段的一六九师特务连的对手？

一个特务连，已让上百个日军苦不堪言。而听闻枪声后，师部机枪连也赶来增援，前后夹击，枪弹如雨，这群骄横无比的日军先锋骑兵部队，很快就报销了。

那时候的日军骑兵，都是所谓的精英。武士敏一战，就歼灭了日军上百个骑兵。如果按照编制人数来算，这应该是一支骑兵大队。

进入 1938 年，武士敏的一六九师划归第十八集团军，当时的赵寿山十七师也划归第十八集团军。十八集团军总指挥是朱德，副总指挥是彭德怀，当然还包括林彪的一一五师、贺龙的一二〇师、刘伯承的一二九师，另外还有李家钰的四十七军、曾万钟的第三军、高桂滋的十七军、朱怀冰的九十七军等部队。十八集团军的防守阵地是晋东南。

1938 年 3 月 24 日，十八集团军在山西沁县小东岭召开会议，这就是著名的小东岭会议。朱德在会上说，抗战初期失败的原因在于没有发动群众，单纯依靠军队抵抗，要取得抗战胜利，必须坚持敌后抗日游击战争的战略战术，必须依靠人民群众建立稳固的抗日根据地。朱德的讲话，让武士敏感触很深。

这次会议结束后，与会的各位将官直接来到前线阵地，观摩八路军的响堂铺伏击战。

八路军怎么说打就打？八路军怎么能够知道在响堂铺就有仗打？就算有仗打，要是打不赢，这不是在所有国共两党的高级将官面前丢脸吗？

八路军神机妙算，早就算准了响堂铺有仗打，而且算准了能够打赢。

响堂铺是从河北邯郸到山西长治的公路上的一个小村镇，是翻越太行山的咽喉要道，响堂铺两边都是高山，只有一条小道从山的夹缝中穿过。稍微有点军事常识的人，都知道这是伏击的好地方。

这条长途小道运输繁忙，日军为了保证晋南的战争机器运转，每天都派遣大量汽车把战争物资从邯郸运到长治。日军为了避免被中国军队伏击，每次车辆出行，都集中在百辆以上，每辆车上都架有机枪，沿途每隔一段距离，就修筑有据点，如果情况紧急，附近据点的日军就会立即出动增援。

所以，要在响堂铺找日军打仗，肯定有仗打。如果方法得当，也一定能够打赢。

此前，一直蛰伏在陕北黄土高原的八路军，很少见过汽车，也很少打过汽车。响堂铺伏击战前，参战的八路军部队向战士们讲解汽车的性能和特点，讲解如何伏击，如何破坏。

参加这次伏击战的，是八路军一二九师三个主力团，由副师长徐向前指挥。

1938年3月30日午夜，参战的八路军部队秘密进入了伏击圈，做好战斗准备。上午八时，日军汽车队如期来到，共有180辆汽车。九时左右，日军完全进入了伏击圈，八路军一齐开火，先将最前面和最后面的汽车打坏，这样，日军所有的车队就会被困在山沟中。然后，所有的枪弹都向包围圈中的日军倾泻。

日军到了响堂铺，就是王八掉进锅里头——跳也跳不出，爬也爬不出。

响堂铺的枪声惊动了驻扎在附近碉堡的日军，他们立即纠集了300个步兵和100个骑兵，向响堂铺冲来，没想到遭到另一路八路军的迎头痛击。

枪声也引来了日军的飞机，飞机从太原飞来增援的时候，飞行员看到漫山遍野都是日军的尸体和冒烟起火的汽车，枪支弹药和一切有用的东西，都被八路军拿走了。八路军在哪里？在日军飞行员看不到的地方，在山洞里，在掩体里。

响堂铺伏击战异常漂亮，此战毙伤日军森木少佐以下400余人，击毁汽车180辆，缴获迫击炮四门，步枪130支，其余战利品无数。

直到新中国成立后，人们还能在山谷间看到当年伏击战中日军汽车的残骸。

响堂铺伏击战让所有观战的国民党将军心服口服，钦佩不已。

当时，武士敏和彭德怀彻夜长谈，相见恨晚。以后，两人经常来往。

在响堂铺伏击战前，八路军又接连打了长生口伏击战和神头岭伏击战。这样，八路军三战三捷，每战都取得完胜，不但让坚守中条山的国民党军队佩服，而且让日军胆寒。

此年4月，日军开始进行报复性的九路围攻，妄图全歼第十八集团军。进攻的日军多达四万。

武士敏带领一六九师也参加了这次战役，阻击敌人。

八路军太行山纪念馆馆长魏国英的文章《论朱德在晋东南反"九路围攻"战役中的战略决策和指挥艺术》中，有这样一段文字：

日军一〇九师团和酒井兵团步兵联队，从西北方太谷、祁县出发，经子洪口向南进犯，10日到东西团城铺时，被一六九师武士敏部包围迎击，尽管日军火力异常凶猛，但一六九师打得异常顽强，始终没有退却……后，收复子洪口，毙敌联队长和中队长各一名，歼敌近千名。

子洪口也是一处战略要地，山西境内山脉众多，沟壑纵横，太行八径险要无比，吕梁山脉四通八达，中条山脉横贯东西，类似响堂铺和子洪口这样的战略要地很多。然而，如此险境，也被武士敏部夺占，可见武士敏部队的战斗力有多强悍。

著名的长乐村伏击战，也发生在这次反九路围困战中，这是决定此次战役的关键所在。刘伯承率领一二九师取得长乐村大捷后，日军像多米诺骨牌一样，退出了晋东南。

响堂铺伏击战和长乐村伏击战，都给武士敏留下了极为深刻的印象。伏击战，是以弱胜强的法宝，也是武器装备远远不如日军的中国军队战胜日军的法宝。

八路军的学生武士敏，很快就在战场上熟练使用伏击战战法。

1939年6月，日军为了报复，集结一〇九师团和独立第九旅团主力，从东、西、南三面包围了一六九师，武士敏留下一部吸引日军，其余部队跳出包围圈，秘密埋伏在沁源县天神山上。

关于这场战斗，薄一波在《缅怀先烈武士敏将军》中是这样写的：

> 1939年7月，敌人再次集结一〇九师团独立第九旅团主力，向驻防太岳区的武士敏一六九师合击。武士敏将军机动灵活，于沁源天神山设伏，当日军进入伏击圈时，突然给敌人以迎头痛击，与敌血战数日，终将敌人击溃。战斗结束后，武士敏将军遂由一六九师师长晋升为第九十八军军长。以后，武部驻防于中条山沁水县端氏、东峪、西峪一带。

沁水县，位于中条山的东段。武士敏在这里一直坚守到1941年5月的中条山战役。

武士敏在中条山沁水县布防的时候，另一名深受八路军战术影响的抗日名将高桂滋率部布防在绛县和闻喜县交界处的横岭关。

高桂滋，我在很早以前就听到过他的名字，也听到了关于他的很多事迹。因为高桂滋公馆坐落在陕西省作协大院里，而那时候我是文学青年，是作协大院的常客，作协大院于我，就像圣殿一样。高桂滋公馆很古朴，苍青色的瓦楞间落满了岁月的尘埃和沧桑。

高桂滋是陕北定边人，读过四年私塾，便因家贫而辍学，在挂面坊做学徒，后加入同盟会，参加辛亥革命，考入陕西讲武堂，毕业后在定边县任保安队队长，又因为与上司井岳秀闹翻而远走甘肃避难。

军阀会战时期，高桂滋从甘肃进入中原，历任营长、团长、旅长等职。

随后，北伐失败，高桂滋率残部来到皖北，与在此休整的杨虎城部联手，恢复元气。

九一八事变后，日军进犯热河，长城抗战开始，身为八十四师师长的高桂滋坚守冷口与喜峰口结合部，高桂滋率部打退日军多次进攻，时上下齐心，斗志高昂，自昼达夜，浴血杀敌。日军虽武器精良，但仍旧无法攻破阵地。

高桂滋也是一名陕西冷娃。

日军无法攻占高桂滋部阵地，转而攻向喜峰口赵登禹阵地，同样遭受重创。尔后，日军不断增兵，迂回包抄，冷口与喜峰口后方阵地失守，再坚守失去意义，并会有全军覆灭的危险，高桂滋和赵登禹开始撤退。毛泽东曾称赞高桂滋说："抗日之役，光荣历史国人同佩。"

这事实上已经是高桂滋与日军的第二次交手了，早在1928年的济南惨案中，高桂滋就与日军交手过，日军同样没有占到便宜。

高桂滋与日军第三次交手，到了全面抗战时期。

全面抗战前，高桂滋率军驻守陕北绥德。抗战开始后的第三天，1937年7月9日，高桂滋就主动请缨，并率部东渡黄河，开赴抗日前线。在山西大同，高桂滋被任命为十七军军长，赴南口一带阻击日军。不久，又移防察哈尔省张北一带。

在察哈尔和河北省，高桂滋都有上佳表现。

然后，高桂滋席不暇暖，衣不解带，又参加了平型关战役。

在平型关战役中，高桂滋孤军坚守团城口，战至弹尽粮绝，援兵无望，所有人都持枪上战场，甚至连骑兵也当成了步兵使用，最后因为伤亡太大，不得不撤离战场。一位当年受伤的营长，后来回忆说，战到最后，阵地上再没有能够站起来的人，全营战士非死即伤。

在接下来的忻口会战中，高桂滋又担任正面防守。在战争最危急的关头，高桂滋率众在战壕里高举手榴弹一齐掷出，才将日军击退。坚守平遥古城，又予敌重创。

后来，高桂滋改属第十八集团军指挥。

和赵寿山、武士敏一样，八路军的游击战让高桂滋大开眼界，他抽调了数十名优秀军官去八路军那里学习游击战。在抗战前夕，八路军的前身，也就是红军，打了十年游击战，积累了丰富的经验，这些经验让每一名参加学习的国民党军队将官都震撼不已。"敌进我退，敌驻我扰，敌疲我打，敌退我追。"这短短的十六个字写尽了游击战的精髓，然而，八路军精妙的游击战术又是这十六个字无法包括的。高桂滋也常常邀请八路军指战员来到十七军中讲课，这其中就包括八路军的副总参谋长左权，他是红军时代林彪的参谋长，八路军中有着黄埔军校和苏联伏龙芝军校两个文凭的著名将军，他精通阵地战，而游击战更为擅长。

高桂滋驻扎在霍县的时候，有一次侦察到日军矢野旅团长的哥哥要出城活动，那时候，城墙之内是日军占领区，而城墙之外的广阔地区是中国军队的天下。中国军队在城墙之外，如鱼入大海；日军在城墙之内，捉襟见肘。尽管当时日军占领了大半个中国，但那只是理论上占领，占领的是中国的城市，而中国是一个农业国家，广阔的农村在某种意义上说，才代表真正的中国，所以，兵力稀少的日军，并没有占领中国，他们所占领的大城市，反而成为了他们的包袱，甩掉吧，又不甘心；不甩掉吧，又背不动。"用农村包围城市，最后夺取城市"，这是中国战场的硬道理。

高桂滋得悉矢野旅团长的哥哥只带着四名警卫出城，立即设伏，将五个鬼子全部活捉。日酋矢野惊恐不已，派飞机拿着大喇叭在高桂滋驻地上空喊话，说他的哥哥不是参战人员，只是一名地质学家，请示释放，并答应付十万元酬谢。高桂滋置之不理，将俘虏押解到第一战区长官部。

精习游击战的高桂滋率众奔袭在晋南山区，游刃有余，长袖善舞，他们"两次烧敌营房，三打张兰镇，五次攻打马壁村，七次袭击霍县城"。与共产党领导的牺盟会相互配合，破坏同蒲铁路，使这条日军的运输线不能通车长达21天，并截击日寇火车20多辆，让日寇苦不堪言。霍县日酋来信说："贵军与皇军作战，应正大光明，约定时间、地点，以决雌雄，才是大国军队风度，而偷偷摸摸之袭击，虽然取胜，何以服人？以后贵军作战，应先期示之，我皇军决不爽约。"

日酋的来信实在可笑，这是20世纪的现代化战争，不是欧洲中世纪的决斗，这个日酋根本就不懂得什么叫做战争艺术，日军派来的军官都是这样的饭桶，难怪在敌后战场上，他们总是被中国军队捉弄得团团转。

由当年的十七军军官齐天然口述，苗滋庶整理的《回忆太岳山区抗日游击队》中，形象地描述了当年十七军游击战的情形。除了游击战外，高桂滋领导的十七军还敢硬碰硬与日军厮杀。这篇文章中写道：

> 1939年1月至3月底，我军除了多次出动小部队游击于敌人后方，牵制敌军外，还进行了两次较大规模的运动战。1月28日，霍县敌矢野旅团长指挥日军2000余人，附山炮四门，向东犯我沙窝里防地，经我502团艾捷三团长和501团岳英贤团长带兵合击，大战3日，最终溃败。
>
> 2月1日，敌谷口师团长亲来霍县坐镇，再次集兵2800多人。附山炮八门，野炮两门，分四路向我杨家庄根据地进攻……并有敌机助战，曾两次使用毒气。我军节节抵抗，并派出小部队和便衣队潜入敌后骚扰乱和迷惑敌人。经过7天激战，卒将强敌赶出我杨家庄根据地。两大战役共10天，毙敌铃木大队长，打死打伤敌500余人，击毁敌炮两门，俘获敌战马、驮骡20多匹。我有少数官兵中毒，伤亡10多人。

一年后，高桂滋驻守中条山。

武士敏和高桂滋，不愧为抗日名将，在中条山战役前，他们的表现都非常突出；在中条山战役时，在友军一击即溃的困境中，他们的表现照样可圈可点。

第五节 日酋的忏悔

八路军的游击战术,很快就在中条山各路守军中广泛使用。

1939年,日军已经来到了长江以南,在广阔的长江流域与中国军队作战。而黄河岸边的中条山,是中国国民党军队在黄河以北的最后一块根据地,也是在长江以北最大的一块根据地。

中条山战场,是敌后战场,而要在敌后作战,游击战是最有效的战术。

那时候,日军驻扎在中条山最大的城市运城,中国军队驻扎在山区。日军飞机经常从运城起飞,空袭陇海铁路沿线的火车站,而以陇海线一河之隔的平陆县百姓,也常常遭受日军飞机轰炸。当时的中国军队,防空能力极为薄弱,只能被动挨打。

当年驻扎在平陆县城的中国部队是陕西军孔从洲的独立四十六旅,也就是刚刚入晋作战的十七路军警备第二旅。孔从洲决定用低劣装备,教训日军飞机。

一天中午,日军又有三架飞机从运城方向飞往陇海线,路过平陆县,顺路丢几颗炸弹,孔从洲命令驻军一面赶快疏散百姓,一面组织人员对空射击。那时候陕西军机枪也极缺,抗战老兵宁必成曾经说过,一个连当时也难有一挺机枪。那怎么打飞机呢?组织步枪打飞机,几十个上百人单膝跪在地上,面朝天空,举起步枪,飞机飞近后,突然一齐射出。步枪的射程很有限,又考虑到地球引力,所以是不适宜打飞机的。然而,日军飞机那时候非常猖獗,动不动就贴着树梢飞,炫耀他们的技艺,这就给中国军队用步枪打飞机创造了机会,让不可能变成了可能,让不现实变成了现实。

抗战时期,中国军队就有过多次用步枪打下飞机的记载。其中,一个名叫宋岭春的八路军战士最为人所熟知。宋岭春是神枪手,多次用一发子弹就击中日军哨兵。有一天,日军四架飞机袭击,飞得极低,宋岭春藏身草丛中,看到其中一

中条山保卫战（1938~1941）

架飞机中的日军飞行员，举起缴获的三八大盖，一枪命中，飞行员死亡，飞机坠毁。宋岭春新中国成立后担任过南宁汽车总站副经理。

我在寻访抗战老兵时，听桂军四十六军一七〇师炮兵排长桂调元说过，他亲眼看到有人用枪支打下过飞机。有一次，日军来轰炸，四十六军军部警卫营一名副班长抄起一挺捷克式轻机枪，"哒哒哒"，连续三发子弹，日军飞机就摇摇晃晃坠落了。后来一看，是机枪子弹打到了飞行员头上。后来，这名副排长连升三级，并得到了3000元奖励。

用枪支打飞机，尽管有可能，但是概率极低。

日军轰炸平陆县的这天，很多百姓不但没有躲藏，反而站在城墙上土堆上观看中国军队打飞机。他们亲眼看到有一架飞机被步枪齐射击中了，摇摇晃晃地向县城东门外的令狐家滩坠落。另外两架飞机见状，惊惶万状，急忙飞向高处，逃回运城。

日本飞机被击落，大家欢呼雀跃，一齐涌向飞机坠落的方向。

就在快要到达飞机坠落地点时，空中又飞来了一架救援的飞机，在坠落地点徘徊，想救走日军飞行员。中国军队又步枪齐射，日军飞机看到援救无望，而自己还有可能被击中，只好无奈而匆忙地离开了。

人们赶到飞机坠落地点时，看到飞机已经着火，烈焰熊熊，飞行员不见了。大家立即分成两拨，一拨灭火，一拨搜寻日军飞行员。然而，遍寻不着，中条山山大沟深，随便往哪个黑窟窿一猫，半天也找不着。

平陆县警备队有一个人，叫王保安，胆子很大。这天，王保安看到日军飞机来了，就绰把枪支跑出去。后来，看到日军一架飞机坠毁，就赶到坠落地点。

王保安刚刚来到坠毁地点附近，日军的救援飞机就来了。为了躲避日军飞机扫射，王保安把枪背在身后，跑向一眼废弃的窑洞，没想到，在这里与跑出窑洞准备奔向救援飞机的两个鬼子撞个正着。

王保安看到鬼子，下意识的动作就是与鬼子厮打，把开枪都忘记了。日军两个飞行员也与王保安厮打，将夺枪忘记了。或者，当时的情形，完全就来不及把枪支从背上取下来。

两个鬼子飞行员将王保安的头打破后，就夺路而出，奔向飞机。王保安在后紧紧追赶，追出了几十米后，王保安才想到背上还有枪，他抽枪下肩，一枪就将跑在后面的大森青艾打倒在地，然后又举枪瞄准跑在前面的山田青。山田青听到枪响，不敢跑了，跪在地上举起双手。

接着，四面八方的人们奔来了，日军飞机看到救援无望，只好又垂头丧气地飞回运城。

大森青艾没有死，他腿部受伤了。两个日本战俘被押解到四十六旅旅部的时候，人们围得里三层外三层，挥拳振臂，要揍这两个鬼子飞行员。在天空中骄横地飞来飞去的日军飞行员，这会儿像落架的母鸡一样，浑身瑟缩成一团。我们以前的电影中描述日军战俘的时候，都是拒不投降，顽固不化。其实，这是美化了鬼子，鬼子也是肉体凡胎，在被俘后也会惶惶不可终日。很多抗战老兵都向我讲起过日军战俘的情况，求饶者有之，下跪者有之，满嘴"爸爸""爷爷"乱叫者也有之。多名参加缅甸战役的老兵都说，日军在中国远征军的包围圈中，失去了抵抗能力，就跪在地上举起双手，用含混不清的中国话叫喊："中国爸爸，中国爸爸。"

当天晚上，独立四十六旅与当地民众在县城城隍庙前的广场上召开大会，因为是夜晚，日军飞机也不敢来偷袭。会上，没有受伤的山田青痛哭流涕，而受伤的大森青艾则没有参加。

这两个日军飞行员后来被送到了军部，不知所终。

在孔从洲的回忆录中，这一天是1939年1月23日。

孔从洲的记述与我上面所引用的《平陆文史资料》中的记述略有出入。孔从洲的记述是，两个日军飞行员落地后，持枪顽抗，我战地服务员的同志用日语喊话，日军飞行员仍在顽抗，疯狂叫嚣。独立四十六旅副官程英杰是一名武术高手，带了几名身高力大的战士，徒手与持枪的日军对打，将两个日军活捉。

但无论哪种记述，活捉两个日军飞行员都是不争的事实。

三个月后，陕西军三十八军一〇二团三营和一〇一团三营七连联合起来，也打了一次漂亮的伏击战。

运城市上郭村是一个大的村庄，这里驻扎着一〇二团三营和一〇一团三营七连的几百名战士，他们在周围的万泉、闻喜、安邑一带出没无常，运用游击战消灭日军，让日军防不胜防，切齿痛恨。

1939年4月14日午夜，日军联队长藤田茂带着几百人的一支轻骑兵，突然

十万男儿血
中条山保卫战（1938～1941）

像贼一样出现在了上郭村北面，然后像撒开的渔网一样包围了上郭村。他们气势汹汹地冲进村庄，却听到月光下的村庄一片寂静，没有出现臆想中的鸡飞狗跳娃娃跑。

早在藤田茂奔袭在上郭村的路上时，八路军和村庄的百姓已经悄悄隐藏在了附近的山中，八路军完全可以在村庄进行阻击，日军的骑兵适宜在平原上作战，却不适宜在巷道上拼杀。然而，八路军不愿意把战火燃烧在朝夕相处的上郭村。

哪里才是消灭日军轻骑兵的战场？战士们选择在一座人烟稀少而地势险要的村庄南陈村。

日军在上郭村扑空后，听说中国军队逃向了西南方向的上段村，又向上段村奔袭。天亮后，日军追到了上段村，看到一群村民在田地里干活，日军派汉奸和颜悦色地询问这些农民，是否见到了中国军队。这些农民都说，黎明时分，有一支中国军队狼狈不堪地跑向了南陈村。

藤田茂立即命令日军全速追击，将中国军队消灭在南陈村或者通往南陈村的路上。

藤田茂不知道，那些在田地里干活的，不是农民，而是乔装打扮了的中国军人。

藤田茂带着骑兵部队一路直追，快要追到南陈村的时候，突然看到了中国军队，他们果真狼狈不堪，惊恐不安，他们奔跑的姿势也是歪歪斜斜，似乎随时就会摔倒。藤田茂一声令下，日军的骑兵部队像打了鸡血一样亢奋，他们一直将那些逃跑的中国军人追到了村口。

然而，接下来发生的一切，完全出乎了藤田茂和日军的预料。中国军人逃进了村庄后，村口的断墙后和屋顶上，突然出现了中国士兵的身影，他们一阵排枪，就结结实实打翻了冲在前面的骑兵，后面的日军慌忙组织抵抗，战斗一开始就异常激烈。

藤田茂一面交战，一面向运城的日军发报。运城的日军大部队气喘吁吁地跑来时，藤田茂的骑兵部队几乎被全歼。日军大部队向南陈村发起进攻，中国军队节节抵抗。最后，在南陈村最高处的"过风楼"上，仅有五名中国军人在防守，日军来得匆忙，没有携带重武器。结果，五名中国军人与日军鏖战到了中午时分，最后弹尽援绝，全部牺牲。

此战，中国军人被俘12人，伤亡数十人。而日军的伤亡更为惨重，据当地百姓讲述，日军用战马驮着死尸，有的战马上驮着两具，有的驮着好几具，都用白布包裹着，不能一一数清楚，但是死亡的日军肯定在百人以上。

日军搜查那12名中国战俘的衣袋，搜出了14张路条，上面盖着上段村的印戳。

日军伤亡惨重，便迁怒于上段村。他们从南陈村冲向上段村，兽性大发，不论男女老少，一见到便用刺刀捅死。后来，又将这些死尸全部扔进水井里，扔进几颗手榴弹轰炸。

村庄里有一个青年名叫贾小磨，身高力壮。日军来到他家准备抓他时，他一拳就将最前面一个鬼子打倒，后面两个鬼子拉着他向井边走，他奋力反抗，与日军厮打，日军打不过他，就用刺刀将他捅得浑身淌血。来到井沿，他抱紧一个鬼子的腿，要把鬼子拖下去。最后，他被鬼子捅死后，投进井中。

此次，日军在上段村杀害了12名中国士兵和119名村民。还将村中水井炸塌，房屋焚烧，让富裕的上段村变成了人间地狱。

藤田茂，是一个比较有名的老鬼子，也是中国人比较熟悉的鬼子首领。

藤田茂在1938年来到山西战场，任二十师团骑兵二十九联队联队长；1944年到河南，任第十二军骑兵第四旅团旅团长；1945年到山东，任五十九师团师团长。抗战胜利后，藤田茂遭受审判，被判18年；1963年被提前释放回国，后积极促进日中友好，1980年去世。

当年审判藤田茂的时候，审判书长达几十页。藤田茂在中国战场时，曾给部下下达命令：杀死俘虏，计入战果。而且为了训练新兵的胆量，藤田茂还指导新兵以活人作为靶子。

这些事实，藤田茂在他的自供状中也写到了。

当年的判决书中，对藤田茂犯下的"上段惨案"也有记述：

> 1939年4月，他以联队长身份指挥命令所属部队到山西省安邑县上段村进行"扫荡"，用刺刀刺死和推入井内淹死我和平居民贾养玉、段彩桂、贾登科、贾路娃等119人，其中陈满城、董冯庚等6户全家被杀绝，还杀害我被俘人员12人，烧毁民房100余间，造成了"上段村惨案"。

藤田茂在晚年曾深深忏悔自己在中国所犯下的罪行。他在认罪书中写道：

> 对中国人民，我在精神上和物质上都犯下了重大的罪行。我毫无

理由地杀害无辜的人民，破坏和平的家庭，放火烧毁几代人居住的房屋，掠夺农民用血汗换来的粮食，使良田变成荒地，使村庄变成废墟，还公然违反国际法，使用毒瓦斯，发射细菌弹……今后，我一定进一步提高认识，不仅自己彻底认罪，也要检举他人的罪行，总之是要向全世界人民暴露日本帝国主义的罪行。这样做，也是对反对战争、维护和平的人民运动的支持，也是对日本民族独立运动的支援。

第六节　游击战遍地开花

绛县位于中条山的北麓，在这里，共产党领导的牺盟会和国民党军队也运动游击战，给予了日军惨重打击。

1938年7月，日军占领了绛县后，在南乔野村修建了一座据点。南乔野村位于绛县城西北部，地势险要，居高临下，距离日军司令部驻扎的县城仅有两公里。南乔野村里驻扎有127个日军，分别住在12座院子里，村东头是深沟，深沟上架设铁丝网，另外三面布置有岗哨。

要攻打南乔野村，风险极大，一是进攻部队必须仰攻，处于不利地势；二是此处距离日军司令部极近，一有风吹草动，司令部就会增兵。

所以，只能智取。

自从日军进驻南乔野村后，村民们就遭殃了，日军把所有男人集合起来，一个一个检查，凡是右手食指处有老茧的，就认为是士兵，一律捅死。村中多名女性，也惨遭日军蹂躏。日军把全村的家畜集中起来，供他们食用。门窗房梁，也被日军拆除下来，当柴禾烧。除此之外，日军还给老百姓家中的锅里和面盆里拉大便……各种令人发指和令人恶心的行径，无所不用其极。

一天，村民李荣昌、李振海、李华英、李存信借助出村的机会，聚集在一起，偷偷找到当时的地下县委书记杨蔚屏，还有牺盟会成员陈伏生，报告了日军在南乔野村的情况。牺盟会决心消灭这股敌人，但是力量薄弱，便邀请当时驻扎在中条山中的国民党十五军一九三团攻打。一九三团团长张奇慨然允诺。

然而，攻打南乔野村，兵力太多了，也不行，只能派一支小分队进去。于是，张奇团长就派遣陈兴昌副营长先去侦察一番。

陈兴昌副营长打扮一新，布鞋礼帽，长袍短褂，看起来就是一副走亲戚的模样。那时候的人普遍很穷，只要走亲戚，一定会穿着平时舍不得穿的新衣裳和最好的衣裳。陈兴昌在南乔野村待了一天，在村民的陪同下，走遍了村庄的角角落落，摸清了日军的布置情况。

要进攻村庄，只能将村东作为突破口奇袭。

攻打南乔野村的战前会议在盖家沟一个叫做三盘磨的自然村召开，那时候的村庄，家家户户都有石磨，用来磨面。三盘磨，就说明这个村庄只有三户人家，在日军的控制范围之外。在会议上，张奇团长决定采用里应外合的方式，端掉日军。外面，用全团精选出的100名棒小伙子组成突击队攻打；里面，由村庄的红枪会成员制造混乱。红枪会是一个民间组织，当时主要是防备土匪的。

这次会议还决定，将两箱手榴弹调拨给村庄里的红枪会使用。突击队由陈兴昌副营长负责，分为15个小分队，每个小分队由两名村民带领，对付一处鬼子。突击队顺利进村，发起攻击，就打红色信号弹，攻击结束，打绿色信号弹；攻击受阻，打白色信号弹，外围的张奇团长就率队强攻，救援突击队。

为了利于辨认，突击队和参加作战的村民，每人脖子上系一条白围巾，当晚的袭击口令是三八七。之所以用三八七作为口令，是因为一九三团以前的番号是三八七团。突击队员都是身经百战的勇士，知道自己队伍以前的番号；南乔野村的百姓也知道这个番号，因为这个团刚刚来到绛县一带的时候，就是这个番号，这种情况，只有鬼子不知道。所以，今晚，突击队要大开杀戒，脖子上没有白毛巾的，见了齐杀；口令答不对的，见了齐杀。

这场战斗发生在1938年12月26日。午夜时分，大雪飞扬，寒风凛冽，滴水成冰，旷野风雪载途，杳无人迹。突击队先剪断了南乔野村通往外界的电话线，又踩云梯登上了村东头的悬崖，剪开了悬崖上的铁丝网，鱼贯而入，进入了村庄，兵分15路，潜藏在屋檐下，树丛中。而此时，村庄另外三面的岗哨上，日军的哨兵因为难耐寒冷，正坐在房间里，围着篝火取暖。

凌晨二时，一颗红色信号弹升空，15路战士在村民的带领下，分别扑向日军的三处岗哨和宿营地，岗哨里正在烤火的鬼子，还没有明白怎么回事，就看到从屋外扔进来几颗手榴弹，将篝火和他们都炸得四散纷飞。鬼子居住的地方都院墙高耸，院门紧闭，突击队员们隔着高墙丢进手榴弹，听到院子里鬼哭狼嚎，惨叫不已。没有炸死的日军，打开院门，勇敢地冲出来，却被守候在院门外的突击队员一阵排枪撂倒了。战士们冲进院子，看到日军几门小钢炮，整整齐齐摆放在一起，因为驮运不便，也被炸毁了。

战斗出乎异常地顺利，仅仅一个小时，南乔野村就听不到了枪声，大院里的土炕上、院子里、屋檐下，到处是鬼子横七竖八的尸体，突击队此役歼敌上百，而自己仅有两个牺牲，还有一名带路的村民也献出了生命。

黎明时分，绛县日军听闻南乔野村被袭，连忙派出援兵救援。可是来到南乔野村，看到的只是满地的日军尸体，突击队和村民早就转移了。日军为了泄愤，将全村的房屋烧毁了，然后拖着尸体回去了。

此战曾登载在当时的《晋中日报》上，国民政府还授予南乔野村"忠勇村"的称号。

当年，像南乔野村一样，运用游击战袭击日军的战例，实在太多了。我在中条山中寻访的时候，几乎每个村庄的老人都能讲上一段这样的往事。那时候，中条山中的日军，如同一头大犍牛，掉入了人民战争的汪洋大海里，再怎么扑腾也到不了岸边。

如果要问抗战时期，哪个地区的日军日子最不好过，那无疑是山西的日军。山西东有太行山，西有吕梁山，南有中条山，三座连绵的山脉中，都有八路军和国民党军队的游击队，他们不但无法剿灭，而且自己的生命还随时都受到威胁。他们名义上占领了山西，而事实上一出门就会遇到游击战的袭击。他们在山西生活，如履薄冰，如临深渊，惶惶如惊弓之鸟，不知道什么时候就会丢掉性命，他们的头上始终悬着一把达摩克利斯之剑，剑尖就对准着他们的天灵盖。他们有精良的武器，有飞机大炮和坦克，但是中国人不和他们真刀真枪地干，中国人依靠熟悉的地形和他们捉迷藏，在他们晕头转向的时候，就突然袭击，他们魂飞天外，殒命异乡。

如果要问中国军队是侵华日军的数倍，为什么还是无法迅速战胜日军？这是由于中国积弱积贫的国力和军力决定的。1937年抗战爆发的时候，中国的经济实力和日本是远远不能相比的。日本的钢铁年产量是中国的145倍，石油年产量是中国的128倍。日本这一年生产飞机1580架，生产大口径火炮748门，生产坦克330辆，生产汽车3万辆，生产舰艇52422吨，而中国，却没有生产能力。

1937年，中国海军舰艇的总吨位，还不及日本海军的4%。当日军已经有了多艘航空母舰的时候，而中国最好最大的舰艇都在超期服役，最陈旧的舰艇还是甲午海战中侥幸逃生的破烂货。而且，中国最大最好的四艘舰艇，总吨位还不及

十万男儿血

中条山保卫战（1938~1941）

日本一艘普通的巡洋舰。想要购买，没钱。当时的很多抗战士兵们，上战场的时候，每人配不上一杆最简陋的汉阳造，每杆汉阳造只能配四发子弹。我们这样贫穷的国家，又哪里有钱去购置舰艇。

日本很早就实行了兵役制，每个士兵都训练有素，身体强壮，很多老人都说，日本兵的单兵作战能力非常强，两个士兵背靠背，七八个中国军人也无可奈何。日军几乎每个人都是神枪手，房顶上的鸟雀，抬枪就打，不需要瞄准。而那时候的中国军人，三丁抽一，五丁抽二，部队伤亡太大，无法补充，就去抓壮丁。很多南方士兵来到北方，冬天作战还穿着草鞋单衣，没有被日军打死，而是被冻死。上战场的时候，没有枪支，还扛着大刀长矛。因为营养不良，很多士兵患上夜盲症，一到夜晚就看不清楚东西，又怎么能够作战。很多老兵都说，那时候国家非常贫穷，一天只能供应一斤粮食。一斤粮食，即使一名少年也吃不饱，更何况这些奔袭作战的军人。缺衣少食，武器低劣。所以，中国军队能够坚持抗日八年，而没有亡国，已经创造了奇迹。

如果要问中国军队中，伤亡最大的是哪些人？那无疑是下级军官。很多老兵都说，他们当兵的时候，连怎么打枪都不会，就被推上了战场。因为没有训练的时间，他们是边打仗边训练，两仗打下来，就成了老兵。为什么？老兵几乎都死光了，他们这些新兵就成了老兵。因为不会打枪，不会冲锋，不掌握军事要领，排长班长就要起示范带头作用。所以，每次发起攻击的时候，排长班长冲在最前面，身先士卒，士兵们跟在后面，所以排长班长死亡率非常高。

抗日战争，日本人打的是钢铁机器，我们中国人拼的是血肉之躯。

绛县南乔野村围歼日军的这一天，百里外的闻喜县上庄村也取得一场胜利。

这一天，中国军队的三十四军在闻喜县的围坑村打败了进犯的日军，有17个败退日军灰头土脸地来到了中条山下的上庄村。上庄村的保长一面将这些日军安排在小学校里，一面偷偷派人给附近的中国军队送信。

上庄村附近的瓦渣沟里，驻扎着一支几十人的小部队，他们一听说有17个日本溃兵来到了上庄村，立即赶来。

上庄村是一个南北走向的村庄，村庄只有一条村道。中国军队来到后，立即就将村庄包围起来。

当时，日军正准备吃饭，他们奔跑了大半天，饥肠辘辘，这时候刚刚拿起饭勺，端起饭碗，突然就听到村外传来的枪声。日军顾不得吃饭，就操起枪支跑向村南。

刚刚出了村口，就遭到机枪扫射，打死了两个，日军扭头向村北奔跑，可是刚刚出了村庄，又被机枪扫回，丢下了两具尸体。现在，日军只剩下了13个。

13个日军走投无路，就在村民家乱窜，其中有三个鬼子窜进了一户农民家的牛圈里，关上圈门，负隅顽抗。这三个鬼子实在是慌不择路，他们逃进了牛圈里，外面追击的人进不去，而他们自己也逃不出来，只要他们的头从圈门里探出来，就会成为活靶子。

山西和陕西都属于黄土高原，人们都凿窑洞居住，牛也住在窑洞里。有人建议从窑后挖一个洞，把手榴弹丢进去，炸死这三个鬼子。村民们立即响应，拿来了锄头铁锨，不大一会儿，就挖出了一个小洞，扔进去两颗手榴弹，炸死两个，第三个吓坏了，打开窑门突围，被活捉了。

另外10个日军被追兵撵到了村东头，也是一头钻进了土窑里，把机枪架在窗台上。追兵追到了院子里，日军机枪扫射，有几名战士倒在了地上。

双方陷入了僵持。中国军队无法冲进窑洞，日军也不敢贸然冲出来。

当时，中国军队如果有一门大炮，架起来平射，就会将日军全部活埋在窑洞里。可是没有。窑洞前是一片开阔地，视线很好，日军站在窗口一目了然，中国军队无法接近，也无法把手榴弹准确掷进去。

怎么办？

就在这时候，村中的地下党员扬联臣说："用烟火阵，堵住窑门熏。"

村中几十名青年欢呼雀跃，他们手持铁锨，站在窑顶上，把窑顶上的土一锨一锨丢在了窗口前，很快就堵住了窗口和窑门。鬼子站在窑洞里向上方打枪，枪子钻进土层一尺远，就再也拱不动了。

现在，十个鬼子彻底被封锁在了窑洞里。

然而，如果置之不理，日军用刺刀很快就会刨开窗口的积土，逃出去。

窑洞门窗被封堵后，村民们又在窑洞上挖了一个窟窿，然后把点燃的柴草和棉絮丢进去。后来，又把辣椒面撒进去，窟窿处浓烟滚滚，气味辛辣，让人难以忍受。站在窑洞上的村民，先是听见声嘶力竭的咳嗽声，接着是长声哀号，声音极为凄厉。大约一个小时后，窑洞里没有了动静，人们扒开窑门进去，看到十个日军全身赤裸，身上被抓得血肉模糊，面孔扭曲，涂满了鼻涕眼泪。其中有两个鬼子跪在地上，脸埋在土里，围绕头颅的周围是一圈土。可以想到，这些鬼子临死前忍受了多大的痛苦。

夜晚，人们把这17具日军的尸体扔进枯井里，而那个俘虏，则被中国军队带走。

中条山保卫战（1938～1941）

在中条山中，每一场战斗都充满了民间智慧，都回肠荡气，都让人浮想联翩，心驰神往。

绛县南乔野村和闻喜县上庄村的战斗结束后不久，中条山中最为悲壮最为激烈的"六六血战"就开始了。

接下来，我又要写到陕西军了。我之所以一再写到陕西军，并不是我特别偏爱陕西军，而是因为在长达三年的中条山保卫战中，日军一共对中条山进行了13次进攻，而其中的11次都是针对陕西军的。中条山保卫战中，有三次重大战役：永济保卫战、六六血战、望原战役，都是陕西军与日军的战役。陕西军被称为"中条山的铁柱子"，是因为陕西军阻挡了日军进攻的脚步，擎起了晋南战场的天空。而英勇的陕西军的事迹之所以少为人知，是因为这是一支参加了西安事变的部队，是不被当时的正史所记载的部队。

日军第13次进攻中条山的时候，陕西军被调往了河南，失去了陕西军的中条山，很快就丢失了。

第四章

六六血战

6月6日午后,日军攻破了陌南镇,双方展开了巷战,一七七师的官兵死战不退,先是一条街道一条街道的拼杀,后是一间房屋一间房屋的争夺,喊杀声、爆炸声、怒骂声、喘息声,枪与枪相撞、刀与刀相击的声音,弥漫在陌南镇的上空。每一条巷道里,每一块地面上,每一堵围墙下,每一棵树木旁,都是死尸,死尸抱在一起,摞在一起,连在一起。鲜血顺着街巷向前流淌。双方的士兵踩着死尸交战。

①	②
③	
④	

①六六血战中，飞兵北上的独立四十六旅先锋昌志亚，照片拍摄于解放战争时期

②日军拍摄的中国战士，他满脸疲惫，装备简陋

③中国军人在战壕里

④焚烧完战死同伴尸体，日军把骨灰放进盒子里

第一节 奔袭敌后

那时候,中条山中小规模的战斗随时都有发生,有时候日军进攻,有时候中国军队进攻。

河津县阳村乡连伯村的老人,至今还能记得这样一场战斗。

1939年农历三月的一天,驻守在中条山南麓的警备旅一营和二营渡过黄河,来到陕西境内的朝邑县,然后在陕西境内,沿着黄河北上,来到了韩城市境内,又渡过黄河。黄河的东岸,就是山西省河津县。

那时候,河津县被日军占领。河津县位于中条山北部,算是日军的后方。

警备旅一营和二营每人一杆步枪,一柄大刀,一把绳索,部队里还有人抬着登城用的云梯。阴历三月十一日晚,他们来到了河津县外的一座土堡下。夜半时分,他们攀着云梯,顺着绳索,爬上了土墙,解决了日军的岗哨后,突然发起攻击,一举歼灭了守卫土堡的日军。

驻防在河津县城外土堡的日军很少,他们根本不会想到,警备旅会两番渡过黄河,在他们的屁股上捅一刀。这种打法和李振西的教导团便衣队摧毁日军后方军火库的打法如出一辙。

河津县土堡的日军被顺利歼灭后,两营中国军队向东挺进,准备直插日军老巢,将日军后方搅一个天翻地覆。可是,他们跳进汾河的时候,却发现河水暴溢,水深齐胸,行动困难。战士们把步枪和大刀背在肩膀后,手拉着手涉过了汾河。

上岸后,天色已经大亮,失去了向日军发起突然袭击的时机,何况,那时候日军的飞机经常会在天空盘旋,行踪会被暴露。两个营的指挥官商量后决定,一营潜伏在连伯村,二营隐蔽在苍头岭东南的沙地里,那里芦苇丛生,便于隐藏。等到天黑后,再向东前行,对日军驻地发起突然攻击。

这个计划本来具有可行性,而且在当时那种情形下,也只能这样做。连伯村里只能容纳一个营的兵力，而沙洼的芦苇荡中，也仅能隐藏一个营。

可是，因为考虑不周，泄密了。

一营来到连伯村的时候，是早晨八时多，村民们看到突然开来了一支中国军队，喜出望外，奔走相告。中国军队来到连伯村的消息，像风一样传开了，传到了乡亲们的耳中，也传到了日军便衣的耳朵。那时候，日军在村子里安插了几个便衣。

营长听说村子里有日军的便衣，立即决定围剿这股日军。当时乡亲们送来了热腾腾的饭菜，尽管一夜奔袭，战士们饥肠辘辘，但是顾不得吃饭，要先去消灭了日军的便衣队。村中几个青年听说了这个消息，立即自告奋勇带路前行。

消灭日军的便衣队没费吹灰之力，顷刻之间，几个日军便衣就横尸村外，清点后，发现少了一个。这个日军便衣在一营刚刚进驻连伯村的时候，就飞奔而出，向十余里外的日军驻地河津县报信。

一场大战不可避免地发生了。

营长知道自己的行踪被暴露了，偷袭已经不可能，日军很快就会找上门来，这里是敌后，敌众我寡，形势对中国军队极为不利。营长安排百姓撤离连伯村，在附近山中躲藏，而一营战士磨刀霍霍，厉兵秣马，准备与日军大战一场。

村中的青年听说要打仗了，说什么也不愿意撤往山中，要和战士们一起打鬼子。一营没有更多的枪支弹药给他们，他们也没有战斗经验，打起仗来只会帮倒忙，营长就安排他们藏在村后，到时候搬运伤员。

时间紧迫，营长带着几个连排长去村外观察地形，其余的战士留在村中赶快吃饭。

上午九时，距离一营进村仅仅过了一个小时，日军就出现了。营长一声令下，战士们放下碗筷，飞速跑往村北。村北是一片坟地，一块块坟包就是一个个掩体，坟地里柏树丛生，也便于隐藏兵力。

日军进入了一营的视线后，突然停了下来，他们推出了几门大炮，对着坟地和村庄轰击。

这场战斗的程序和以前日军的很多次战斗一样，先是大炮轰击，看到中国军队的阵地上墙倒屋塌，烟雾滚滚，然后步兵发起了冲击。一营在日军大炮轰击时，躲在坟包后和柏树后，暂不还击，而等到日军的步兵冲到了近前，才一齐甩出手

第四章 六六血战

第一节 奔袭敌后

榴弹,一下子就将日军赶了回去。

连伯村的老人说,这场战斗一直打了三个多小时,一营打退了日军多次进攻。后来,双方展开了白刃战,一营的战士人手一把大刀,寒光闪闪,冲入敌阵,横削竖砍,刀刃在阳光下亮光闪闪,如同雪花纷飞。日军抵挡不住,纷纷后撤,中国军队随后追赶。一个少年士兵追在最前面,他一连砍下了三个鬼子的头颅,三个鬼子的头颅在他的脚边蹦蹦跳跳,滚出了好远,突然飞来了一颗子弹,他倒在了地上,再没有爬起来。

日军身材矮小,而陕西军警备旅都是高大个子,所以没有追多久,他们就赶上了日军。日军无可奈何,只能回身拼死再战,两名战士相互配合,一左一右攻击日军,他们接连砍翻了七八个日军。老人们说,看得出来那两个战士都会武功,大刀舞起来,像风一样快。

日军打不过,只能再次拼命奔逃,逃到了数里外的永安村,被一营战士围裹在打麦场里,这时候,日军只剩下了几十个,他们围成了一个圆圈,刺刀向外,负隅顽抗,决定与中国军队拼死一搏。

本来,中国军队稳操胜券,可是,意外发生了。

这时候,中国军队已经和日军拼杀了五六个小时,又奔袭了数里,早已疲惫,而日军更是狼狈不堪,一个个像狗一样吐长舌头,摇摇欲坠。可是,中国军队的后面突然传来了急促的马蹄声和叫喊声,日军300多个骑兵赶来增援了。

一营战士突遇强敌,只能且战且走。最后断后的一排战士举起大刀,勇敢地砍向冲来的骑兵。可是,骑兵与步兵白刃战,占尽了优势,很多战士的大刀刚刚举起,就被急速追来的日军骑兵居高临下砍倒在地。

从永安村到连伯村的路上,到处都是血迹,到处都是战士的躯体。

营长带着剩下的战士跑进了连伯村后,立即用火力封锁了进村的道路。日军骑兵好几次冲上前,都被机枪打退了,鬼子的尸体和战马的死尸堆满了村口的道路。

后来,日军无计可施,恼羞成怒,他们向村庄发射烧夷弹。村庄的房屋着火了,树木着火了,柴垛着火了,能够燃烧的东西都在燃烧,火焰烧着了战士们的衣服。营长在烟火中奔走,指挥作战,他的全身都是火焰,顾不得拍打。

日军又一次向村庄攻击,又一次遭到失败。日军使用了毒气,毒气借助着风势,在村庄蔓延。

村庄已经无法坚守，那些抬伤员的村民带着已经负伤的营长和战士们沿着地道转移到了村外，然后又渡过了汾河。日军不知道一营已经撤离了，他们还在村外等候，向着村庄里打枪。等到火焰熄灭后，日军冲进村庄，没有见到一个人。

一营在血战，而二营没有增援。

可能因为路途遥远，听不到枪炮声。一直到当天下午，隐藏在沙洼芦苇丛中的二营才赶来，可是已经晚了，一营退回到汾河以西，日军占领了交通要道，二营与日军激战，伤亡几十个人后，不得不也退往西面。渡过黄河，回到陕西，然后南下到风陵渡，再次进入山西中条山中。

农历三月十三，日军退走了，村民们才回到连伯村。他们一具一具收殓一营战士的忠骨，有170多具，全部掩埋在村北的坟地里。村民牺牲的有20多个。而被打死的日军，多达250人。

村民们不知道这个营的番号，也不知道营长的姓名，只知道他姓杨。

我查阅《原十七路军序列沿革》，在此年陕西军的战斗序列中，只查找到两名姓杨的营长，分别是第一〇五九团第二营营长杨秀峰和警备第二旅第二营营长杨键。当年陕西军中有三个警备旅，警备第一旅划归西安行营主任蒋鼎文指挥，坚守西安，没有去过中条山。警备第二旅和警备第三旅中，只有杨键一名营长，但是杨键是二营营长，不是一营营长。这名率众与日军血战的营长，不是一〇五九团第二营营长杨秀峰，就是警备第二旅第二营营长杨键。

陕西军渡过黄河偷袭日军的时候，另外的中国军队也走下中条山，向日军发起了攻击。

1939年5月中旬，中国军队十五军六十五师一九三团一营白营长带着一营人马，袭击了中条山北麓绛县乔村的日军。

乔村位于绛县东面，距离县城仅有数里，这里寨墙高筑，坚固完好，仅有南面的一道门可以通行。这是一处易守难攻的地方，日军在这里修建了炮楼据点，作为拱卫县城的屏障。

日军进入了乔村后，就将原有的住民赶出去，霸占了他们世代生活的家园和田地。日军经常从乔村据点出来扫荡，烧杀抢掠一番后，又像乌龟一样躲在了乔村据点里。

不仅如此，日军还将附近村庄抓来的六名青年男子带进了乔村，逼迫他们每

第四章 六六血战

第一节 奔袭敌后

天站岗放哨,两人一组。日军在乔村戒备森严,除了这六名青年和他们,任何人不让出入。

乔村日军的恶劣行径传入了驻扎在中条山里册峪的十五军六十五师一九三团一营营长的耳中,他决心端掉乔村据点,给骄横的日军一点颜色看看。营长姓白,百姓们都叫他白营长,但是不知道他的名字。

白营长的部队里有一个绛县西荆村的人,名叫陈其道,白营长就派他去乔村侦察。陈其道侦察到了乔村周边的地形和日军部署情况,但是因为乔村防守严密,无法进入。

尽管如此,白营长还是决定端掉这个日军据点。

5月15日下午,白营长抽调了一个营的兵力,从驻地里册峪出发,黄昏时分到达东荆村。东荆村有一名少年名叫王士伟,是被日军从乔村赶出来的,他愿意带路去夜袭日军。

将近午夜,王士伟带着白营长他们悄悄来到了乔村村外,隐藏在城墙西南角外的土地庙里。看到没有日军巡逻后,他们又沿着梯子攀上城墙,翻入墙内。当时,不远处就有两个被日军抓来强迫放哨的中国人,其中一个是乔村的乔恩照,他装着没有看见。

寨墙外陆陆续续翻进来十多个人,包括白营长,乔恩照带着他们集中在一座院子里,待机出动。

就在这时候,城墙外突然传来了爆炸声。爆炸声像剑光一样,劈开了浓浓的夜色。一名战士爬梯子的时候,手指勾住了腰间手榴弹的拉环,手榴弹爆炸了。

手榴弹的爆炸声惊动了在南门站岗的日军,日军大呼小叫着鸣枪报警。睡梦中的日军紧急集合,封锁了村庄要道,并有一部分日军冲向城墙,要将战士们歼灭在城墙外。

在此紧要关头,白营长当机立断,他派几个人拼死阻击冲向城墙的日军,又派其余的人冲向南门,消灭守门的日军。

几名战士在王士伟的带领下,冲到了南门附近。战士们高声呐喊,与日军展开了白刃战,几经拼杀,终于消灭了守卫南门的日军,打开了城门。

城外的战士一拥而入,见到日军齐杀,不留活口。乔村的日军死亡大半,剩下的日军惊恐万状,悄悄藏身在北城墙下的关帝庙里,一声也不敢吭。

十万男儿血

中条山保卫战（1938～1941）

战士们冲进了日军居住的三间大院后，没有看到一个日军，断定日军躲藏了起来，他们一边焚烧了日军的粮仓和被物，一边分头在村子里寻找日军。尚未寻找到北城墙下的关帝庙，天已拂晓，战士们只好撤离，几个日军躲藏在关帝庙里，逃得性命。

很多抗战老兵说，日军每占一地，就屠杀人民，焚烧房屋，但是对关帝庙保存完好，没有毁坏，可能日军也敬重关公的忠义。

白营长夜晚攻打乔村的时候，为了防备绛县县城的日军增援，就在乔村的西面埋伏了一个排的兵力，进行阻击。没有想到的是，日军没有从西面的绛县方向进攻，而是从东面进击。

东面，有日军两个据点，郭家庄据点和路村据点。

乔村枪炮轰鸣的时候，这两个据点的日军就派兵增援，但是他们没有进入乔村，因为乔村易守难攻，中国军队一旦把守唯一的南门，依靠两个据点的几十个鬼子，是无法攻破的。于是，他们在中国军队的撤退必经之路三十里坪布下了埋伏，把轻重机枪架在了两边的山岭上。

白营长带着一连战士来到三十里坪后，日军的机枪突然响了。这时候，从绛县县城赶来增援的日军也对着三十里坪炮轰。白营长他们没有重武器，无法还击，只能寻找地形躲避，可是这里地势平坦，连一棵树木一块石头都没有。他们伤亡巨大。

后来，有一小部分战士向西突围，冲出了日军的包围圈，而大部分战士都牺牲了。白营长也牺牲了。

乔村逃出的百姓，将白营长的遗骨偷偷运到了驻地里册峪，将其余战士的遗骨，偷偷掩埋了。在里册峪，一九三团给白营长开了追悼会，与会的所有人都哭了，团长张奇悲痛欲绝。

这一年，白营长仅仅30岁，他是河南省嵩县人。不知道白营长是否有孩子，他的孩子以后是否在中条山的里册峪找到了父亲的骨骸，他们是否会来到父亲的坟头烧一把纸钱，告慰父亲的在天亡灵？

我在这里写到的，只是1939年春季两场极为悲壮的深入敌后的突击战。这种深入敌后的战斗，经常会有。三十八军警备旅的一个营攻打河津，十五军一九三团的一个营攻打绛县。河津在中条山北麓的西部，绛县在中条山北麓的东部。

第四章 六六血战

第一节 奔袭敌后

中国军队深入到日军背后偷袭,让日军感觉非常痛苦,特别是被称为"中条山的铁柱子"的陕西军,让日军每次进攻都没有占到便宜。日军的作战报告中说,杨虎城军队作风顽强,极能吃苦,给日军制造了很大障碍。日军决心向中条山发起一场大规模的攻击,一劳永逸地解决这个痛苦的问题。

一个月后,日军就开始筹划一场大的战役,针对让他们吃尽了苦头的陕西军。因为日军攻破陕西军大营的那一天是阳历的 6 月 6 日,很多人就把这场战役叫做"六六血战"。

第二节 看不懂的防御战

很多年后,在我来到中条山采访的时候,当地很多老人还会唱这样一首歌:

麦儿一片黄

农人收割忙

不料想日本鬼子打到咱家乡

鬼子兵三万

分九路进攻中条山

六月六七那两天

血战沙口滩

尸体堆成山

可怜我军民

无辜丧黄泉

割了头还要挖心肝

鬼子真野蛮

山沟都搜遍

拉去了妇女

拉去就强奸

……

这首歌曲唱的是当年发生在中条山中的一场血战,史称"六六血战"。当地一些资料记载,这场战役发生在1939年6月6日,所以有这样的称呼。

在六六血战之前,陕西军就一直在中条山西段与日军激战。日军用尽了各种办法,强攻偷袭,汉奸渗透,明修栈道,暗度陈仓,这些阴谋均没有得逞,均无法占领中条山，无法进入大西北。就在 1939 年 5 月，日寇终于老羞成怒，决定集中重兵，对中条山坚守的陕西军发起致命一击。

这次进攻的日军兵力是此前一年内投入兵力最多的一次，集中了牛岛实常二十师团全部兵力，分别为七十八、七十九、八十、八十一四个联队，另外还有三十七师团的一个联队，第二十八骑兵联队，独立山炮第一联队，山口集成飞行大队 38 架飞机，兵力共计有三万余人。日军一个师团的常规编制为三个联队，而加强师团则多达四个联队，第一次滇缅战役时，日军五十六师团就下辖四个联队，依靠快速穿插，切断了杜聿明率领的中国远征军的退路，逼迫中国远征军走入荒蛮的野人山中，留下了四万具尸骨。一个加强师团，会多达两万人。

再看看中国军队，当时防守日军攻击地点——二十里岭到运茅公路的只有陕西军 12 个团，总兵力两万人，不但人数不能占到优势，而且武器不能占到优势，士兵素质不能占到优势。由于经年作战，第四集团军伤亡惨重，这两万人中，其中一半是尚未来得及训练的新兵和青年学生。

尽管日军不时在扫荡，但是每次都被中国军队顺利击退。所以，当时的中条山可谓风平浪静，第四集团军下辖的三个军都在举办培训班，有的教员是地下党员，有的教员是从八路军那里邀请的。培训班讲解的内容有政治、历史、军事、哲学、战争史，还有经济内容，这是为部队培养连排一级的干部。部队还收养了很多因为战争而无家可归的孩子，组成了儿童连，给他们配备了教员，教授他们读书。他们中年龄最大的只有十二三岁，最小的仅有六七岁。

陕西人喜欢唱秦腔，喜欢听秦腔，第四集团军还成立了血花剧团，演员都是西安各大秦腔剧团的演员。血花剧团平时就在中条山中的村庄里巡回演出，深受人们的喜爱。

当时，中条山西线一片祥和，日军虽有进犯，但是很快就被中国军队击退。连绵山峰的褶皱里，男耕女织，书声琅琅，谁也不知道一场大规模的战争已经悄悄降临。

车国光完整地记录了当年的一些电文。

最早的一封电文是 1939 年 5 月 26 日，是三十八军十七师谍报参谋邹宝纻发来的，电文是这样的：

十万男儿血
中条山保卫战（1938~1941）

我军当面之敌，近日调动频繁，主力集中于运城、解县、夏县一带。敌首板垣、土肥原、中山武夫一郎连日在运城、临沂召开军事会议。同蒲南线近日南运军火甚多，根据以上敌情判断，敌似有向我防线进犯企图。

从这封电报中，可以看出来十七师准确判断出来了日军的进攻企图。电文中出现了三个日酋的名字，其中两个名声很响，一个是板垣征四郎，一个是土肥原贤二。当时板垣征四郎任中国派遣军总参谋长，土肥原贤二则是著名的特务头子和中国通。这两个日酋聚集在一起，肯定会有大事发生。

三十八军猜测到了日军要进犯，但是无法判断出日军的进攻方向，只能将这个情况报告给第四集团军和第一战区司令部，同时，把这个情况告诉了驻扎在夏县的李家钰四十七军、驻扎在垣曲的高桂滋十七军，并告诉所属各部做好布防，密切注意日军动向，做好迎战准备。

几天后，中国军队又截获了日军的作战命令，这份作战命令是这样记载的：

1. 大皇军在运城附近集结一个师团另一个旅团的兵力，附野炮50门，战车30辆，向平陆、芮城之线进攻，目的是将该处守军第四集团军所辖三十八军、九十六军一举歼灭，为今后扫荡中条山，进攻豫陕奠定有利基础。

2. 敌情判断：敌人系陕西军两个军，实际只有12团，不足两万人，武器较差。九十六军从陕西调来，原来参加过大战，战斗力待查。三十八军据报系杨虎城嫡系，战斗力较强，敌军之十七师于1937年7月间在平汉线被我军打击首创甚大，后在娘子关雪花山损失过半……元气未复。

基于以上情况，我军应先以主力歼灭芮城附近之九十六军，尔后再集中力量于平陆茅津渡间聚歼三十八军。

这封电文详细地披露了日军的作战计划和作战部署，日军一个师团加一个旅团，就是三万多人，而陕西军名为两个军，实际上还不到两万人。陕西军只有轻武器，而日军不但有大炮坦克，还有这封电文中没有写到的38架飞机组成的山口集成飞行大队。

电文中所说的茅津渡，位于平陆境内，自古以来都是黄河边的著名渡口。黄河有三大渡口，从下往上依次是茅津渡、风陵渡、禹门渡。民国时候，要从桥上过黄河出山西，只能从这三个渡口上渡过。走过茅津渡，就是河南的三门峡；走过风陵渡，就是陕西的潼关县；走过禹门渡，就是陕西的韩城县。

5月28日，第四集团军司令孙蔚如明确了日军的进攻意图，便严令所属各部"严密防范，不论敌从何处进攻，各军均应对当面之地采取攻势，牵制敌人，不得坐待观望，贻误战机"。此电文也报呈了第一战区司令长官卫立煌。

尽管无论是从兵力还是从装备上来说，陕西军都处于劣势，但是孙蔚如还是命令部队采取攻势。无论敌人多么强大，我都敢于向敌亮剑。陕西军之所以能够在三年时间里与日军大战十一次，小战上百次，不但没有被歼灭，反而越战越强，原因就是在这种亮剑精神。

5月29日，日军像恶心的章鱼一样，伸出触须，开始向陕西军三十八军十七师和九十六军一七七师阵地发起试探性攻击，稍有接触，便缩回触须，双方均伤亡不大。日军没有投入更多的兵力，目的在于探窥陕西军的火力，陕西军为了避免埋伏，也没有追击，日军一退缩就马上加固防线。

战前，三十八军军长赵寿山就提出了异议，他认为第四集团军作战区域北险南缓，深沟较多，回旋余地不大，若日军占据陡坡向下攻击，我必受其强大炮火压制而无法立足，容易被敌分割包围；应集中兵力，采取机动灵活的作战部署。

可是，赵寿山的建议没有被采纳。

第二天，第一战区司令部传来电文，电文是这样的：

> 晋南之敌已向我中条山南段进犯，三十八军应以平陆茅津渡为据点，九十六军应以芮城、陌南镇为据点。如敌主力集中于解县以南，三十八军主力应控制于平陆陌南镇张村、西侯、常乐一线，随时策应九十六军之作战；如敌主力集中于张店附近向南进犯，九十六军主力应推进于北留史、张村、杜马一线，随时策应三十八军之作战。已令第三军曾万钟、四十七军李家钰、十七军高桂滋、十四军李默庵、十五军刘茂恩、第九军裴昌会，均向当面之地开始攻击，以利于第四集团军之作战。

在当时敌强我弱的境况下，赵寿山的部署应该是上上策，不能与日军硬碰硬，应该穿插到日军的后方，与敌军在中条山中兜圈子，再相机歼灭敌人。这是八路军的游击战法。可惜的是，第一战区没有采纳，而是发出了与日军阵地战的命令。

第一战区司令部的命令，还有两点让人不解：

第一，已经从缴获的日军作战命令中，知道了日军的进攻方向和部署，为什么还要让三十八军和九十六军守住据点，而不是避实就虚，让开大道，占领两厢，从两边的制高点袭击敌人，为什么一定要让第四集团军硬碰硬，被动阻击？

第二，已经知道了日军要集中优势兵力进犯中条山西部的第四集团军，为什么不从中条山东部的六个军中抽掉一部分军队增援？中条山东部沟壑纵横，纵深路线长达几百公里，而西部狭窄，日军小半天就能够翻越过来。中条山是一个萝卜状，萝卜头在东部，萝卜尾在西部。从东部防线中抽调一部分军队来增援西部，东部完全没有危险。

日军从北向南压过来，第四集团军的形势极为不利，北面是日军重兵，南面是滔滔黄河，东面是崇山峻岭，西面还是黄河，这是兵家死地，为将帅布阵之大忌，为什么第一战区司令部还要让第四集团军背水结阵？

而且，当时蒋介石还有手令，黄河以北之我军，不论在任何情形下，不得一兵一卒南渡。已命第三十四集团军总司令胡宗南，令守河防之八十军孔令恂、七十六军李铁军、二十七军范汉杰、九十军严明、第一军董钊，切实遵照。

我在采访当年的很多当事人，包括中条山中的村民时，他们都说，这是要置这支参加过西安事变的军队于死地。

中条山中的村民都看出来，这种战法不行，为什么当时的高层一定要按照这个愚蠢的战法来打？

5月31日，日军开始在第四集团军正面阵地集结，并时不时用山炮轰击中国守军阵地。在平陆以西，芮城以东，日军集中飞机轰炸，中国守军用枪支还击，有一挺机枪打下了一架飞机，活捉了日军一个飞行员和一个报务员，两个鬼子被解到了成都航空学校，给这所学校当教员。

当年的中国不但缺战略物资，还缺军事人才和军事教官。

接下来的几天里，日军开始了分头进攻。但是，从前线各团和各师发给车国光的电报中得知，日军攻势均受挫。九十六军一七七师陈硕儒师长发来的电文是这样的：

敌于今日拂晓开始向我师阵地猛扑，经血战后敌未得逞。

一七七师九十七团李维民团长的电文是这样的：

> 敌于今日拂晓开始向我团阵地进犯，经迎头痛击，敌未得逞。但敌陆续增援，有沿张茅大刀南下，包围我军于平陆附近而聚歼之势，请速增援。

张茅公路，就是从张店镇到茅津渡的公路。张茅公路刚好把平陆县和芮城县隔开，也把三十八军和九十六军隔开。这条道路，直到今天还在使用。

日军果然是按照战前部署，先消灭九十六军，然后回头攻打三十八军。

九十六军名为一个军，实际上只有一个一七七师和一个独立四十七旅；三十八军也名为一个军，实际上只有一个十七师和一个独立四十六旅。

在九十六军正面的阵地上，日军的援兵越来越多，而九十六军没有援兵。6月1日，九十六军一七七师当面的日军已经聚集了一万多人，还有30多门山炮和20多辆坦克，而一七七师只有步枪和少量的轻重机枪。

一七七师五〇三团和五三一团与日军从拂晓激战到正午，伤亡惨重，不得不一路向南退缩，退到了芮城县陌南镇，而陌南镇，距离黄河只有几里之遥，黄河泛滥的时候，站在陌南镇就能听到黄河涛声。

而陌南镇再往南，则是黄河著名渡口茅津渡。

日军派出一支奇兵，偷袭茅津渡。

第三节 狭路相逢勇者胜

日军兴兵，目的在于占领茅津渡，强渡黄河，进而进占西北。第四集团军坚守，目的也在于力保茅津渡不失，让日军阴谋无法得逞。

打开地图，可以看到黄河南岸，与茅津渡隔河相望的，有一座城市叫做三门峡。其实这座城市是上世纪 50 年代，因为兴修黄河大坝而新建的一座城市。也是因为这座大坝，我的家乡 50 万人被迫走上了迁徙之途，开始了颠沛流离的生活。而在抗日战争时期，黄河南岸还没有这样一座城市。

然而，那时候黄河岸边的人也在说三门峡，他们口中的三门峡不是城市的名字，而是关口的名字，这个名字来自一个传说。

茅津渡古今都是战场，都是兵家纷争之地，都是战火弥漫之地。过了茅津渡，便为崤山。如控制崤山，则可东控河南，北制山西，西进陕西。茅津渡实为最重要的战略要地，一锁扣三省。

相传远古时候，水神河伯与共工在茅津渡大战，河伯发威，一声呼喝，黄河暴涨，洪水滔天，苍天之下，厚土之上，浊浪排空，百姓面临灭顶之灾。共工见状，手执板斧，从天而降，在茅津渡连砍三板斧，洪水沿着三道缝隙分流直下，百姓转危为安，这三道缝隙就是黄河中游著名的人门、鬼门、神门，这三门则被当地人称为三门峡。

三门峡水流湍急，飞瀑之下。黄河岸边的人都说："到了三门峡，人就没救了。"意思是说，如果人落入黄河，顺流漂到三门峡，那就只能是死。

我在后面还会写到三门峡。

当年，坚守茅津渡的是三十八军十七师九十七团，团长李维民，是黄埔四期生，英勇善战。日军曾在 6 月 2 日凌晨偷袭过茅津渡，阵地一度告急，李维民亲手拿过一挺机枪，向着日军扫射，终将日军击退。

此后，日军发动过十余次进攻，都被李维民团击退。

日军无法攻占茅津渡后，转而又去围攻九十六军，他们的计划是将九十六军吃掉后，再倾尽全力攻占茅津渡。那时候，大兵压境，陕西军的这一团人马就无法抵挡。

九十六军主力一七七师师长陈硕儒一贯老成持重，有长者风范，他作战的特点是稳扎稳打，没有十足把握，绝不贸然出兵。陈硕儒和孙蔚如、赵寿山都有八拜之交，在陕西军中，义结金兰后就情同亲兄弟，生死与共。而当年的很多中国旧军队，也是依靠金兰之交而维系部队的团结和稳定。

当时，陈硕儒看着漫山遍野的日军和漫天飞舞的炮弹，断定了日军是要在陌南镇聚歼九十六军。而九十六军和日军打这种阵地战和消耗战，实不足取。打阵地战的，只有在兵力相当的情况下才可以。如果兵力装备都极为悬殊，打阵地战只能是自蹈死地。陈硕儒师长向李兴中军长提出，让部队放弃陌南镇，向日军后方穿插，先保存实力，再消灭敌人。"地在人亡，人地两失，地亡人在，人地两存。"这是八路军的战法。可见，当年八路军来到第四集团军讲课，确实很有成效。

可是，军长李兴中的回电是：

坚守阵地，寸土不让，没有上方命令，不得妄动。

这是车国光的回忆。

毫无疑问，李兴中也是一名勇敢的战将，他将舍生取义、为国尽忠视为军人的最高荣誉。然而，受传统军队的影响，他只知道面临强敌，浴血奋战，至死不退，战死疆场，此为军人的最后归宿。何况，来自战区司令部的命令是：

九十六军应以芮城、陌南镇为据点。

李兴中只好不折不扣地执行上峰的命令。

一七七师与日军连日苦战，伤亡惨重，很多阵地上，都是整营整连的战士全部牺牲，日军对无法攻占的阵地，就施以毒气，阵地上的中国军人全部牺牲后，日军才得以占领。

第四集团军司令孙蔚如命令三十八军军长赵寿山疾速增援九十六军，九十六军军长李兴中也向三十八军军长赵寿山发出求援的急电。

当年在三十八军军部任译电员的车国光清楚地记得，孙蔚如和李兴中的电报发来时，是6月2日深夜，赵寿山正在和参谋下围棋。他看完电报后，不置可否，面容沉静，不知道心中在想什么。

三十八军的将士们都知道赵寿山爱好三种棋：围棋、象棋和跳棋。战前部署下围棋，战斗间歇下象棋，将临绝境下跳棋。而不打仗则不下棋。很多电影和小说中描述大将在战争中下棋的细节，其实也不是空穴来风，他们下棋，更多的时候应该是稳定情绪，参悟灵感，平静心绪，思虑谋略。

那天深夜，赵寿山与参谋在围棋棋盘上激战正酣，当看到对方趁着他左角空虚，放下一颗白子后，他霍然而起，将手中的棋子摔落在棋盘，乒然有声，然后高喊："命令九十八团、一〇一团、一〇二团连夜出发，赶往张店，拂晓攻击，午前必须拿下。"

日军沿着张茅公路，集结重兵围攻陌南镇的九十六军，它的后方张店镇必然空虚。三十八军采用围魏救赵战略，击其尾部，头部必然回应。头部回应，九十六军负担就会减轻。

九十八团、一〇一团、一〇二团，这是三十八军半数的兵力，而此前，孔从洲的独立四十六旅已经派出救援，这样，留在三十八军并保卫军部的，只剩下了直属队。

三十八军十七师的三个团在师长耿志介的带领下，趁着夜色向张店镇出击。耿志介也是一员猛将，他平时没有一点脾气，随便哪个战士开他的玩笑，他都不会生气，战士们也不害怕他。而一旦打起仗来，他就两眼充血，面目可怖，形同雄狮。十七师，当年被评为抗日前线的25个主力师之一。

天色未明，耿志介已经带着部队来到了张店镇，三个团从三面包围了日军，然后突然发起攻击。那时候，在战场相持阶段，中国军队一般都是依靠夜袭战胜日军，因为白天视线开阔，日军的大炮、坦克和飞机，会给中国军队造成极大的伤害。

那天凌晨的枪声没有响多久，立刻就变成了铁器相交的撞击声。日军自诩拼刺刀厉害，短兵相接的时候，他们以刺刀拼杀为荣。而三十八军十七师一直有大刀劈杀的传统，自从开往抗日前线，每逢战事不利，他们就抡起大刀冲上去，扭转战局。三十八军军中，还有大刀教官，可以说每个战士都是使用大刀的好手。

这一场白刃战空前激烈。

激战五个小时，日军终于抵挡不住，退出张店，阵地上只剩下顽强站立的中国军人。此战缴获甚多，计有步枪500余支，轻重机枪30余挺，击毙日军400余人，而且大多数都是被砍断了头颅。

被砍断头颅，这是日军认为最恐怖的死法。听抗战老兵说，日军最害怕的就是身首异处，因为没有了头颅，就无法走进靖国神社，走不进靖国神社，就永远是孤魂野鬼，像风一样四处飘零。

此役，十七师牺牲300余人。当天下午和第二天，附近的圣人涧镇百姓组织了200多人掩埋了战士的遗体。

第二天，日军又在增兵，而中国军队仍然没有援兵。九十六军和三十八军各战场都危如累卵。

是中国军队没有援兵吗？就在黄河西岸，胡宗南拥兵20万，装备精良，却只是隔河观看，没有派出一兵一卒。是黄河难以越渡吗？第四集团军的多支部队，迂回袭击日军，屡次夜渡黄河，不损一兵一卒。

胡宗南的中央军，眼睁睁地看着杂牌军的第四集团军在血战，而无动于衷。

他们不仅无动于衷，他们还向第四集团军的将士痛下毒手，我在后面会陆续写到。

六六血战，这是一场什么样的战役？先是统帅部命令以弱势兵力坚守，不准穿插突击，接着是中央军坐等覆灭，连一支援助的手臂也没有伸出。

这是为什么？难道就因为这支部队参加过西安事变吗？难道就要以一己私仇来让两万将士遭受毁灭，让中国自毁长城吗？

纵然这样，陕西军还是拼死阻击，奋勇杀敌，因为他们退无可退，身后就是自己的家乡陕西，就是父老乡亲们生活的地方，就是祖祖辈辈生活的地方，是祖先神灵供奉的地方，是妻子和孩子生活的地方。

保卫中条山，就是保卫家乡，就是保卫妻子和孩子。

九十六军一七七师阵地前一片火海，飞机呼啸着低空扫射，炮弹连珠一般爆炸。坚守阵地的战士们在弹坑里跳跃。

很多老兵告诉我说，当年，中国军队缺少大炮，只能被动挨打，为了减少伤亡，就总结出了一套行之有效的办法。日军的炮弹不会连续落在同一个位置，所以，每逢有新的炮坑出现，大家就跃进新炮坑，避免被炮弹轰炸。

这种办法让人听起来实在心酸。

十万男儿血
中条山保卫战（1938~1941）

我想起了南宋时候流传在老百姓中的一句话："你有狼牙棒，我有天灵盖。"来自北方的金国士兵普遍力气很大，以狼牙棒作为兵器，而南宋士兵一溃千里，百姓得不到保护，只好这样自我调侃。

炮弹过后，日军发起了冲锋，缺乏重武器的一七七师只能发起反冲锋，与日军胶着在一起，以班为单位，以人为单位，与日军贴身肉搏，这样就能够弥补武器不如人的窘况。

可是，日军的数量超过了一七七师士兵的数量。一七七师全师上下不得不以一当十，以十当百，每个人都在拼死杀敌，不到牺牲的那一刻，就绝不倒下。有的战士身上多处受伤，还在挥舞大刀；有的战士被日军刺中腹部，便一手抓住日军步枪，一手抡起大刀砍向日军；有的战士全身浴血，仅剩一条手臂，还屹立不倒。

这些细节都来自于当事人的讲述。

激战三小时，战场上仍然杀声震天，一七七师所有人都打疯了，他们像一群群恶狼，浑身滴着鲜血，仍旧向占据了优势兵力的日军扑去、咬去。日军指挥官从来没有见过这样不要命的打法，陕西冷娃的拼死打法终于击垮了日军的武士道，日军指挥官命令士兵后撤，脱离阵线，然后用坦克和大炮轰击陕西军。

日军一退却，师长陈硕儒马上就识破了日军的计谋，他立即命令这群陕西冷娃也后撤，撤回陌南镇，依托坚固的阵地继续阻击。

在陌南镇，正在抢救伤员的医护兵魏志鹏看到撤回阵地的战士，惊呆了，他看到他们浑身都是鲜血，有的互相搀扶着，有的拄着大刀枪支……很多年后，魏志鹏只要一想起这一幕，就忍不住痛哭失声。

魏志鹏出生于陕西省华县赤水镇，小时候因为家贫辍学了，全面抗战开始后，13岁的魏志鹏就去当兵，却被拒之门外，因为他年龄太小了。

拒绝魏志鹏的是守卫黄河的十七路军一七七师的部队，这是后来魏志鹏才知道。然而，第二年，一七七师在黄河东岸与日军作战，伤亡惨重，急需补充兵员。14岁的魏志鹏就得以进入军队，成为一名看护兵。所谓看护兵，就是护士。

魏志鹏跟着一七七师东渡黄河，参加了永济保卫战。

第一次上战场，让魏志鹏恐惧不已。日军的炮弹带着尖厉的呼啸声，接连不断地在身边爆炸，爆炸掀起的气浪，一次次冲倒了魏志鹏，他满身满脸都是尘土，下意识地跟着医生跑。

跑进了师部大院里,眼前的景象让魏志鹏大吃一惊,院子里躺满了伤兵,伤兵横七竖八躺在地上,鲜血染红了地面。有的伤兵脸色惨白,眼睛紧闭,不知生死;有的伤兵缺臂少腿,发出呻吟。魏志鹏从来没有见过这么多的伤兵,他呆呆地站立着,不知道该怎么办,该做什么。九十六军一七七师五二九旅一〇五七团医务主任何秦洲催促他:"甭站着,赶紧帮忙。"何秦洲是中共地下党员。

一七七师的医疗条件极为简陋,没有手术设备,没有急救药物,只有一些最简单的处理外伤的医药,包括红汞、绷带、止疼水等。

在那种情况下,重伤员几乎是无法救治的。

我曾经采访过一个名叫朱光迪的伤兵。他是在上高会战中负伤的。

两年后的中条山战役,参战的日军部队中,有一个第三十三师团,师团长樱井省三。中条山战役发生的时间是1941年5月。而在中条山战役前的两个月,也就是1941年3月,日军第三十三师团还在江西上高和中国第十九集团军打了一仗,结果被罗卓英的第十九集团军打得大败。这场战役就是上高会战。

日军在上高会战中失败的原因是,日军三十三师团和三十四师团,还有由参加昆仑关战役后被打残的日军第五师团败兵拼凑而成的独立二十旅团,相约共同攻打驻扎在江西上高的第十九集团军。罗卓英运用磁铁战法,外围节节防守,将日军放近到上高附近,突然向两面散开,坚守上高的中国军队第七十四军冲出,两边山上的中国军队再乘势冲下,将日军包围,然后予以歼灭。

当时,如果三十三师团和三十四师团、独立二十旅团齐头并进,即使闯入了第十九集团军的包围圈,而人数没有占据绝对优势,武器更是相差甚远的第十九集团军,可能会啃不动日军。可是,在战役的初级阶段,樱井省三的三十三师团一路"凯歌高奏",它错误地以为中国军队没有多少抵抗能力,就擅自脱离战场,退到后方休整。战前,第三十三师团已经接到了开拔到黄河以北,在敌后战场作战的命令,所以,此次上高战役,他们是得过且过。

三十三师团一走,第十九集团军就捉住三十四师团和独立二十旅团一顿胖揍,三十四师团几乎全军覆没,师团长大贺茂差点被活捉。

国民党军队四十九军排长朱光迪就是在上高会战中负伤的。

朱光迪负伤后,被两名村民用手推车推到了后方医院。朱光迪说,后方医院的伤员实在太多了,医院装不下,就堆在了医院附近的一座破庙里。整整一个晚上,没有人看望，也没有人送饮食，伤员在凄风苦雨中呻吟挣扎，天明后，大多数人都死亡了。那时候，中国军队的医疗条件太差了。

抗战末期的1944年，缅北战役开始，中国军队新一军一路势如破竹，痛歼日军。参加过缅北战役的新一军老兵们认为，我们之所以打胜仗，除了新一军"打回老家"的旺盛的斗志外，还有美式装备和给新一军配备的500名医生。因为这500名医生，新一军即使负伤，也能很快得到救治，伤愈后又会出现在战场。

中国军人缺少的不是顽强的斗志，缺少的是战略物资和医疗设施。

那天，魏志鹏正在师部医院里跟着医生救治伤员，突然听到密集的枪声越来越近，日军就要攻到师部医院了。魏志鹏只好搀扶着伤员沿着一条巷子向前跑。

巷子尽头有一棵树，魏志鹏刚刚跑到树下，一颗炮弹就在身边爆炸了，跑在魏志鹏前面的一名战士应声倒了下去。一块弹片削穿了他的头颅，鲜血飞溅而出，溅在了魏志鹏的脸上。

魏志鹏抹一把脸上的血迹，跟着人群继续跑，后来他躲在了山脚下的一个山洞里，炮弹才打不着了。

日军炮弹过后，立即组织冲锋，中国军队殊死反击，阻挡住了日军潮水一样的进攻。

永济保卫战结束后，魏志鹏又跟着一七七师来到了芮城县。师部驻扎在一个名叫车村的地方，野战医院也设在这里。

1939年的六六血战开始的时候，魏志鹏已经是医务处药方调剂员。六六血战给魏志鹏留下了噩梦一样的记忆，几十年后，他只要一闭上眼睛，还是能够看到当初那鲜血飞溅的一幕。

第四节 绝地反击

1939年6月6日是一个晴朗的日子，和风温煦，阳光明媚。然而，这一天在陕西军的心中却是一个异常悲惨和黑暗的日子。

陈硕儒带着一七七师回到陌南镇不久，日军又集结重兵展开围攻。这天早晨七时，日军有着三万兵力，他们可以源源不断地增援，而没有援兵的一七七师只会越战越少。

日军进攻的时候，陈硕儒又想效法昨日的战术，化整为零，和日军缠裹在一起，让日军的重武器失去效果。可是，今天日军学聪明了，他们不再像昨天那样用散兵线冲击，而是集结重兵，队形密集，稳扎稳打，步步为营，只从一个点突破。中国军队如果有炮弹就好了，一炮可杀数人，可惜没有。

日军的攻打只有一点，而中国军队的防守是一个扇面。这样，中国军队明显就吃亏了。

战至中午12时，阵地多处被突破，陈硕儒又向李兴中发报，请求突围。可是，李兴中的回电依旧是坚守。

九十六军一七七师与日军浴血奋战，九十六军另一支部队独立四十七旅也在与日军血战到底。

这天，从拂晓开始，日军就兵分九路，向陕西军分进合击，九十六军的前沿阵地全部被炮弹摧毁。但是，九十六军将士仍在大呼酣斗，拼死抵抗。一七七师一〇六团坚守的是朱家窑和李家坟阵地，阵地得而复失，失而复得达十余次。

之后，一七七师五二九旅一〇六〇团第二营营长李少棠率领全营战士，在阵地被攻破后，与日军展开白刃战，一次次击退日军。日军久攻不下，施放毒气，最后全营官兵大多壮烈牺牲，营长李少棠负伤，副营长和连长全部阵亡，撤下阵地的仅有60人。

李少棠是中共地下党员，此战后，他就牺牲了。营长由骆德卿接任。

日军占领了朱家窑和李家坟阵地后，向1581.7高地进攻。守卫这个高地的是九十六军一七七师五二九旅一〇五七团，全团将士与日军血肉拼搏，伤亡巨大。日军冲到阵地前时，剩余的将士们喊着号子，冲出阵地，挥舞大刀，将日军击退。而一〇五七团，也伤亡了1000余人。

战至下午六时，日军调来重炮，对着阵地疯狂轰炸，接着又释放窒息性毒气。毒气散后，千个日军发起了冲锋，阵地上仅剩30人，不得不转移到一个叫做核桃凹的阵地。日军寻踪追来，受到前来增援的陕西军一〇五九团三营的迎头痛击，不得不退缩回去。

然而，局部的胜利无法改变整个战局。

陌南镇是黄河边的一座小镇，没有高大的寨墙，没有坚固的工事，更没有便于机动的地势。占据着绝对优势兵力的日军，从三面合围陌南镇，集结重炮向镇内猛轰。南面不需要包围，因为南面就是黄河。

一七七师连日苦战，已经没有多少弹药了，又无法得到补充，他们便手持空枪和大刀，整连整排冲到镇外，寻找日军厮杀。

6月6日午后，日军攻破了陌南镇，双方展开了巷战，一七七师的官兵死战不退，先是一条街道一条街道的拼杀，后是一间房屋一间房屋的争夺，喊杀声、爆炸声、怒骂声、喘息声，枪与枪相撞、刀与刀相击的声音，弥漫在陌南镇的上空。每一条巷道里，每一块地面上，每一堵围墙下，每一棵树木旁，都是死尸，死尸抱在一起，摞在一起，连在一起。鲜血顺着街巷向前流淌。双方的士兵踩着死尸交战。

黄昏时分，日军还在增兵。

陈硕儒看到战局已经无法挽回，下达了撤退的命令。他和赵寿山共事多年，很长时间里都是赵寿山的副手，他们都非常赞同八路军长期抗战的观点，地亡人在，人地两存，不能和日军争一城一地的得失。

午后三时，满身淌血的一七七师，向西南方向的风陵渡突围，日军衔尾追赶。

很多年后，我来到陌南镇的村庄寻访，当地人说起当年的情景，还忍不住流泪。他们说，咱们的人都杀红了眼，没有一个怕死的。

第四章 六六血战

第四节 绝地反击

陌南镇上有一位老人对我说，有一天，他们家里走来了五六个中国士兵，一个个面黄肌瘦，身上带着伤，问他家有没有枪。他父亲说："没有枪，你们找枪干什么？"那些士兵说："杀鬼子。"他父亲说："你们身上带着伤，还是赤手空拳，怎么能杀鬼子？"他们一声不吭，就要走出去。他们在说话的时候，院子里来了好些村子里的人，围着这几个士兵，有人说："日本人就在村外，你们不要出去。"有人建议他们赶快躲起来，还有人伸手拦住了他们。这几个中国士兵"扑通"一声全都跪下了，他们说："全连就剩下我们几个人了，我们也不活了。"然后就走了出去。

我问："后来呢？"老人说："以后再没有见上，肯定是牺牲了。"

1939 年 6 月 6 日，陈硕儒率领一七七师刚刚撤走，赵寿山亲率三十八军主力就赶到了。他们没有听到陌南镇的枪声，看到陌南镇遍地都是死尸，以为一七七师伤亡殆尽，悲愤不已。

三十八军高喊报仇，像汹涌不息的波浪一样，一波一波向坚守在陌南镇的日军留守部队发起攻击。战斗很快就进入了巷战，听不到枪声，只听到铁器撞击的声音。三十八军志在复仇，同仇敌忾，杀声震天。日军在杀红了眼的三十八军面前，意志彻底崩溃了，一些日军倒下了，一些日军惊呆了，一些日军仓皇逃遁。三十八军将那些惊呆了的、来不及逃跑的日军全部劈死。

追击九十六军一七七师的日军，接到陌南镇日军请求救援的电报后，很是踌躇了一会。三十八军是抗战的钢铁之师，日军在这支军队面前没有占到过便宜，况且现在三十八军已经打疯了，全军上下众志成城，没有什么能够抵挡他们。如果追击一七七师的日军再回身救援陌南镇，长途奔袭，气喘吁吁，不但救不了陌南镇日军，而且还有被士气正旺的三十八军歼灭的危险。

日军指挥官决定，继续追击一七七师，不惜一切代价，先歼灭一七七师再说。

就这样，一七七师被逼到了黄河岸边的方家村、许八坡、老庄一带。

现在，一七七师已经无路可走了，前面就是汹涌的波浪翻卷的黄河，后面是挺着一片白晃晃刺刀的日军，而陈硕儒身边仅有不足三个团的兵力，而且从早晨到现在，将士们连一口饭也没有吃，弹药也所剩无几。形势千钧一发。

怎么办？

陈硕儒说："狭路相逢勇者胜，今天不是你死，就是我活。弟兄们，杀回去，把日本人剁了。"

战士们嗷嗷叫着，像一群被逼到绝境的野狼一样，回转身来，眼睛闪烁着慑人的凶光。

陈硕儒打仗一向是稳扎稳打，没有十足把握，绝对不会贸然出手。而今天，他被逼上了绝路，杀出了一记回马枪。

陈硕儒把全师所有的机枪集中在一起，机枪手每人一把，在前面开路，后面是挥舞大刀的敢死队，再后面，是一七七师大队人马。

日军完全就没有想到，已经穷途末路的一七七师突然杀了一个回马枪。40挺机枪一路狂飙突击，迎面的日军先头部队像麦捆子一样被撂倒了，侥幸逃脱的，又被随后的敢死队劈为两段。后面的大部队紧紧跟随。一七七师像一支响箭，带着尖厉的啸声，射向日军的心脏。

就这样，一七七师居然奇迹般地突围成功了，来到了日军的后方。日军将主要兵力都压在一线作战，后方空虚。一七七师一路向北，摆脱了日军的追击。

一七七师大部人马冲出去了，然而，距离师部较远的新兵团和五三一团的一部分官兵却被优势兵力堵截了。

这些新兵团大多数都是刚刚从陕西招来的少年，很多人都是第一次参加战斗，连枪都没有配发。然而，面临绝境，他们仍然斗志昂扬，与冲上来的优势日军拼杀，至死不降。

血战进行了一个小时后，少年兵抵挡不住日军的进攻，只能向黄河岸边退却。日军用机枪在后面扫射，他们被逼到了黄河岸边的断崖上，纵身跳入了黄河。

战后统计，在黄河岸边的许八坡、老庄、方家村、沙窝、大小沟南等地，宁死不降，跳入黄河的战士有1500多人。

我在后面将会详细写到这些跳入黄河的勇士们。

这天，一七七师医务处药方调剂员魏志鹏和大部队跑散了。

突围开始的时候，魏志鹏挑着两麻袋药材，跑在人群中。前方在激战，不断有伤亡的士兵被抬下来，即使形势万分危急，一七七师还是不丢弃受伤的战士。医生和医护兵来到魏志鹏身边，解开麻袋取药材和绷带，魏志鹏应接不暇。等到医生和医护兵离开了，魏志鹏将麻袋整理好，站起身来，却发现战场上只剩下了

第四节 绝地反击

他一个人,一七七师走远了,日军也追远了。

夜风吹来,吹得他不住地哆嗦,他环顾四周,只看到茫茫一片,天上是惨淡的星光,地上是无边的死尸,风中送来了鸱鸮的叫声。他突然感到极度恐怖。

后来,魏志鹏找到了一个黑窟窿,在黑窟窿中呆到天亮,他担心日本人会搜山,将自己的身体缩小到最小,黑暗中有什么昆虫爬上了他的身体,但是他感觉不到害怕。

天亮后,他意外找到了师部军医处处长邵佰番和他的警卫。一见到邵佰番,他的眼泪就流了下来。

魏志鹏跟着邵佰番和警卫爬上了一座山岗,刚刚坐下歇口气,突然看到半山腰一片亮晶晶的闪光,那是日军的钢盔,日军开始搜山了。

他们三个人赶紧向山的另一面跑去,跑到山脚下,日军开枪了,子弹在他们脚边飞舞。他们跑到了一片麦茬地后,一颗炮弹飞过来,魏志鹏被气浪掀倒在地,等到他站起来时,看到空荡荡的麦茬地里只剩下了他一个人。

我在《十七路军编制序列》中看到,1939年,第一七七师军医处处长先后为邵佰番、刘宏治、刘浪亭。一年内就换了两次人,军医处和别的作战序列不一样,不会换到别处任职。那么,很有可能是,在1939年这一年里,邵佰番和刘宏治都先后牺牲了,刘浪亭才做了医务处处长。

不是作战单位的军医处牺牲都如此巨大,可见当年的战争会有多么惨烈。

魏志鹏一个人继续前行,直到这时候,他都没有丢掉那些药物。在抗战时期,药物实在来之不易,魏志鹏舍不得丢掉。他把这些为数不多的药物分成两处,用一根绳子分开捆扎,掉在胸前,这样就行走方便些。在一个深沟里,他意外地碰到了一群中国士兵,他们弹尽粮绝,已经丧失了战斗力,而且大半负伤。

魏志鹏不知道他们的番号,也不知道他们为什么会来到这里。

深沟里有一汪脏水,他们爬在地上,围着脏水大口大口地喝。

突然,山头上出现了一群鬼子,他们架着机枪向山沟里扫射,脏水边喝水的战士再也没有爬起来。山沟里的战士无法还击,只能四散奔跑。跑到了后来,魏志鹏和大多数人失散了,他的身边只有两个人,其中一个是一七七师工兵营的战士。

工兵营在这次六六血战中,他们的表现同样异常悲壮。

十万男儿血
中条山保卫战（1938~1941）

芮城县陌南镇大沟南村老人吕庆延至今还记得那年工兵营驻扎在村中的事情。1929年麦收季节，村子里来了很多中国军人，每人一杆长枪，有的是一把大刀，有的是一把铁锹，每人腰间都绑着四颗手榴弹，说是要在这里打鬼子。村里人见到这些中国军人，都非常高兴，纷纷让出房子让军人们居住。吕庆延家有几十口人，都拥挤着住在一起，把其余的房子腾出来给军队住，这支军队就是第四集团军九十六军一七七师工兵营。

工兵营营长叫宋克敬，住在吕庆延家后面的房子里。工兵营有三个连，一连连部设在吕庆延家，二连连部设在村东头，三连连部设在村西头。整个村庄，家家户户都住着军队。

工兵营来到村庄的第二天，就在村庄外面挖海壕。挖海壕的土堆积在南面，这样就显得南面更高，日军的坦克如果掉进了海壕里，就更难以爬出来。海壕足有两三里长，两丈宽，两丈深，在村庄的东北到西南连成一条线。村外的海壕挖好后，又挖村庄里的，村里村外的海壕连在一起。工兵营演练的时候，吕庆延亲眼看到他们不走村庄的道理，跳进村里的海壕，然后飞快地奔往了村外的海壕。

挖海壕的时候，不但工兵营的人挖，村子里的百姓也帮忙挖，而且从黄河南岸的河南灵宝也来了很多百姓帮忙一起挖。

海壕挖好后，日本鬼子就来进攻了，先从村北攻打，打了大半晌，也无法越过海壕，在村北坚守的是三连。日军没有占到任何便宜后，又转向南面进攻，南面坚守的是一连，一连照样让鬼子无法前进一步。

到了中午吃饭的时候，村外的枪声依然响成一片。吕庆延的母亲蒸了一筐子馍馍，让他给战士们送去。他沿着海壕来到村外，见到了一连卢连长，卢连长正在阻击敌人，他对吕庆延说："先搁在那里，赶紧回家。这会顾不上吃。"

那时候吕庆延年龄小，很好奇，他就藏在一边看怎么打仗。直到现在他还能清楚地记得，一连把阵地前鬼子的一挺机枪打哑了，机枪手也被打死了。当时，战士们看到这挺机枪都红了眼，冲上去夺，刚刚跑上开阔地，日军另一个机枪手赶到了，架起机枪扫射，那几个抢机枪的战士全部牺牲了。

为了争抢一挺机枪，工兵营牺牲了好几个战士。这件事情，大沟南村的很多老人都能够记得。

后来，二连在日军两面夹击中，几乎全部阵亡；一连的子弹打光了，却无法得到补充；三连在日军强大的攻势下，节节撤退。村庄里的百姓跑到了山中躲避。

一连和三连合兵一起,向南突围。刚开始还能够听见密集的枪声,后来枪声就稀疏了,再后来就再也听不到枪声了,工兵营的子弹打光了,500人的队伍只剩下了100多人。躲在山中的百姓看到弹尽援绝的工兵营士兵,被黑压压的日军赶到了村庄西南方的码头崖,码头崖高200米,如同刀砍斧削一样,那100多名中国士兵被日军逼到了悬崖边,纵身跳了下去。

工兵营500多人,但大沟南村人最后见到的,只有一个姓宁的翻译官。宁翻译官在撤退路中,迷了路,来到了吕庆延和乡亲们藏身的山沟里。吕庆延的父亲吕永祥认识他,他也认识吕永祥。吕永祥担心鬼子会认出宁翻译官,就赶紧用随身带着的剃刀剃光了宁翻译官的头发,把剃下的头发埋在土里,还把一套多余的衣服让给他穿,把他的军装也埋了。

时间不长,鬼子开始搜山,把藏在山沟里的人全部赶了出来,一个个辨认,看谁是军人。鬼子问宁翻译官的时候,吕庆延的母亲说:"他是我家里的人,不是军人。"鬼子看到剃了光头的宁翻译官也不像军人,就放过了他。

鬼子当天就撤走了,宁翻译官也出了村庄,寻找部队。

第二天,全村人在山沟里,峁梁上,一具一具找到工兵营战士的尸骨,用架子车拉到村庄东北的大坑里,含泪掩埋。那些牺牲的战士叫什么名字,家住在哪里,这些年家人是不是一直在等着他们,一直在寻找他们,都不知道。

那天,魏志鹏和那名工兵营的战士,还有另外一名不知道部队番号的战士,三人结伴同行。

也不知道走了多久,他们走到了陌南镇圣人涧镇西延村,在村外被几个便衣擒住了。魏志鹏当时以为是日军便衣或者汉奸,心中一场愤懑,这几天死里逃生,东躲西藏,到最后还是被抓住了。

那几个便衣将他们三人带到了村中,听到满口的陕西方言,魏志鹏才知道这是三十八军十七师。突然看到了自己人,他们三人都兴奋不已。

第五节 三十八军突围

九十六军突围出去了，三十八军的命运如何呢？

日军打散了九十六军后，回攻陌南镇。按照战前的部署，消灭了九十六军，然后就要吃掉三十八军。

这是1939年6月6日黄昏，九十六军新兵团被日军赶到了黄河边，手无寸铁的少年们面朝着黄河那边的家乡，高声喊着"大""妈"，然后纵身跳入波浪滚滚的黄河中。三十八军被日军重兵包围在平陆县留史乡上下洪池和南留史村一带。

后来的资料显示，日军为了消灭三十八军，不但派遣了追击九十六军的所有兵力、进攻三十八军的所有兵力，还从运城派出了一支部队。这样，三十八军和当初的九十六军一样，也处在三面临敌、一面临河的死地。

战斗一开始就是白刃战，日军依靠优势兵力疯狂进攻，三十八军抱成团疯狂反击，阵地上刀戈声、喊杀声响成一片。无数只脚板踩踏在黄土上。激溅起滚滚尘土，像云朵一样在低空缭绕不散。

三十八军军部驻扎在南留史村，车国光看到赵寿山和参谋下象棋，一发炮弹落下来，落在了房屋附近，房顶上的尘土落在了赵寿山的头上和衣服上，他浑然不觉。

炮弹过后，接着是密集的枪声，像爆炒豆子一样，枪声中还夹杂着沉闷的炮声，那是日军的山炮声。军部里所有人都望着赵寿山，看到他依旧在下棋，脸上波澜不惊。

没有什么能够把赵寿山从下棋中拉回来。

门外突然传来了急促的脚步声，守卫军部的九十八团团长陈际春冲了进来。他拿着手枪，脸上满是血污，身上的衣服也被撕烂了几块，对赵寿山喊："军长赶紧撤，日本人和咱只隔着一道沟。"

第五节 三十八军突围

赵寿山慢条斯理地抬起头，冷冷地扫了陈际春一眼："现在撤，岂不是暴露了军部的目标，增加了日本人的信心？隔一条沟，总还是隔着嘛！你这个当团长的是干什么的？"

陈际春二话不说，他给手枪里压满子弹，转身跑出了军部。

守卫在阵地上的九十八团二营营长张恒英等着军部撤离的消息，可是等到的是一路跑过来的团长陈际春，他一看到团长的脸色就什么都明白了，操起一杆上了刺刀的步枪，就带着二营弟兄冲了上去，硬是用刺刀和大刀把日军赶退了三里地。

夜色愈来愈浓，双方的军队都筋疲力尽，战场上的枪声和喊杀声渐渐停歇了。

赵寿山从棋局中走出来，立即召集营以上军官开会。这场会议只有十分钟，赵寿山宣布了突围决定，并命令九十八团二营由营长张恒英率领，固守南留史，等到全军突围后，再进行突围。李维民的九十七团打前锋，黎子渰的一○一团断后，九十八团另外两个营保卫军部，向北突围，必须赶在天亮前突破日军重围。

各部即将分头行动，赵寿山突然接到了一七七师师长陈硕儒的电报，电文如下：

> 寿山兄，士甫失机，致有此失。兄勿以弟为念，速率所部东撤，迟则有蹈九十六军之覆辙。弟率所部已达敌后，据悉郁文已将所部化整为零，乘机骚敌，效延安之游击战。谨闻。弟硕儒已虞

赵寿山喜形于色，他把陈硕儒师长的电文交给耿志介师长看，耿志介看到后，也异常振奋。九十六军只有一个师，这就是一七七师，师长陈硕儒；三十八军也只有一个师，这就是十七师，师长耿志介。另外，九十六军和三十八军还各下辖一个独立旅。九十六军是独立四十七旅，三十八军是独立四十六旅，都没有和军部在一起。

一七七师都能突围出去，比一七七师战斗力更强的第四集团军的绝对主力十七师，焉有突围不出去的道理？

这封电文中的士甫，是九十六军军长李兴中的字。郁文，是孔从洲的字。

九十六军一七七师突围出去了，独立作战的三十八军独立四十六旅也突围出去了，尽管连日血战，但是第四集团军还没有被打散，还成建制地存在。只要成建制，就有战斗力；只要有战斗力，就有复仇之日。

电文又转交给了参加会议的所有营以上军官，大家看后，兴奋不已，群情振奋。

十万男儿血
中条山保卫战（1938～1941）

突围前锋是李维民的九十七团，九十七团衔枚疾走，轻装夜行，每个人只带着枪支弹药和大刀。连日激战，日军倾尽全力，早已困乏，就连布置的岗哨也昏昏欲睡。先锋团派出的尖刀排，个个都是刺杀的好手，他们神不知鬼不觉地摸到日军岗哨后面，用刺刀解决了。然后，大部队在夜色的掩护中，悄然通过日军的防区。有的战士想趁机摸进日军宿营地，斩杀日军，被制止了。

队伍一路向北，连穿三道封锁线。凌晨四时左右，又遇到一股日军。日军发射照明弹，照见夜幕中疾行的三十八军，立即鸣枪示警，大呼小叫，李维民命令强行冲击，歼灭该处敌人。日军试图拦截，但被九十七团的搏命打法吓破了胆。少数有胆子没脑子的日军出来阻拦，被先锋团劈杀。多数有脑子没胆子的日军龟缩在碉堡里，不敢追击。

趁夜突围的三十八军行踪被发现后，土肥原贤二和板垣征四郎下了一道死命令：茅津渡一带日军，全速奔往北寨头、王崖一线，不惜一切代价，在天亮前拦截三十八军。

三十八军被日军拦截在了北寨头、王崖一线。而北寨头、王崖一线的东面，就是中国军队的防区。

这是关乎生死存亡的最后关头。

突围被阻，赵寿山带着三十八军被迫停止前进。

天将拂晓，空中几颗星星摇摇欲坠。天亮后，肯定会有四面八方的日军赶来，三十八军又会陷入包围圈中。

九十七团团长李维民抽刀在手，指着日军的阵地喊："冲过去，剁了小日本。"然后就呐喊着冲上前去，全团战士看到团长拼命，也一齐拔出大刀，冲了上去。上千人的呐喊声，如同天塌地陷一般。后面，是三十八军所有的将士，也发起了冲锋。

三十八军从西向东扑去，日军从东向西扑来，两支军队像两股洪流相撞，激溅出漫天飞舞的水花。黑暗中，几千具身体在相撞，几千支手臂在挥舞，几千颗喉咙在嘶喊，几千杆枪支在碰击，几千把大刀在闪光。曙光渐渐明亮，远处的山峦像暗室里的照片一样渐渐明晰，而战斗仍在相持不下，谁也不能将对方击倒。而一方突围不出，就是死亡；一方阻挡不住，也是死亡。

这里的激战在继续，而北面的道路上，尘土飞扬，马蹄声碎，日军的骑兵部队旋风一样赶来了，骑兵后面，是沿着乡间道路摇摇晃晃开来的日军的汽车，汽车上满载着日军士兵。

三十八军的战士们已经精疲力竭。

形势万分危急。

就在这时候,三十八军的援兵也飞奔赶来了,这是留守在南留史村的九十八团张恒英营。

三十八军趁夜撤走后,九十八团张恒英营严密警戒,而日军居然没有发觉。几千人的部队悄然撤走,而近在咫尺的日军居然毫不知晓。可见当年三十八军的组织有多严密,纪律有多严明,行动有多迅捷。

本来预感到会有一场恶仗的九十八团张恒英营,没发一枪一弹,跟在断后的一〇一团后面撤退。而他们对面的日军,却还在睡梦中。

三十八军在北寨头、王崖一线遭遇日军阻拦。九十七团、一〇一团全线压上与日军厮杀。九十八团另外两个营在军部左右两翼,保卫军部,九十八团剩下的一个营,也就是张恒英断后。三十八军能够使用的部队只有十七师这三个营,他的另外一支部队孔从洲的独立四十六旅已经失去了联系。

双方相持不下,这就像两个大汉在角力,谁也不能将谁扭倒。日军增援部队来了,三十八军的增援部队也来了,这就是张恒英营。

张恒英营来得太及时了。

张恒英营一到,士气大振。为了能够一举击败日军,军长赵寿山和师长耿志介把最后一点兵力也投上了战场,这就是保卫军部的黎之沧营。

当时的形势已经极度危险,如果日军派遣一支小部队突袭三十八军军部,军部就完全置于日军火力之下。庆幸的是,日军没有这样做。他们不会想到一向沉稳的赵寿山也会出此险招。

经过了一小时刀对刀、枪对枪的拼杀,日军终于退却了。三十八军冲入了东面的山区,脱离了危险。

在这样的拼杀中,三十八军还忙里偷闲,顺手从一个日军军官的身上解下了文件包。来到安全地带,看到那里面有这样一封文件:

杨虎城部素质不良,但骁勇善战,行动飘忽,不易捕捉,聚而歼亡,教育皇军学习《三国演义》作战。

可见,日军也早料到了三十八军的战法,然而日军的战法实在不怎么样,居然临时抱佛脚学习《三国演义》，他们不知道三十八军军长赵寿山自小就看《三国演义》，不知道看了多少遍。在陕西，《三国演义》是阅读面最广、受众率最高的书籍，大人小孩没有人不知道三国故事和三国智谋。日本鬼子这封电文中，居然说陕西军素质不良，难道甘做奴隶，任他们打杀，就是素质优良？

三十八军与日军血战的这一天，茅津渡方向炮声隆隆。从早晨七时到下午七时，占领了茅津渡的日军用了整整12个小时，击毁了灵宝以西的黄河铁桥。黄河铁桥被毁，连接中国东西大动脉的陇海线被迫中断。

陇海线刚刚中断，军令部长徐永昌就给第四集团军司令孙蔚如发来电报，电文内容是这样的：

> 奉委员长手令，中条山南犯之敌务由赵、李两部击退，以确保陇海线之畅通。

赵、李两部，就是赵寿山的三十八军和李兴中的九十六军。

军令部下命令三十八军和九十六军击退日军，可是他们知道三十八军和九十六军刚刚九死一生，突出了日军的包围圈吗？

上有军令催逼，下是伤兵疲卒，左是凶蛮强敌，右是滚滚黄河，陕西军该怎么办？

徐永昌的电报发来不久，八路军副总指挥彭德怀也给赵寿山发来一封电报，电报内容是这样的：

> 寿山兄，此次晋南三角地带之敌倾巢南犯，不知贵部情况如何？甚以为念！唯敌人由中条山南犯系居高临下，贵军处于背水之势，此种地形为兵家之所忌，望兄以不变应万变，采取持久，不宜速决。应照去年3月我们在晋东南高平会谈时关于对日作战方针进行可也。望三思，并盼捷音时惠。弟彭德怀

彭德怀和赵寿山在高平会谈时说过的，是共产党游击战的十六字方针，打得过就打，打不过就走，目的在于保存自己。彭德怀让三十八军深入敌后，保全自身。而军令部命令三十八军又向日军发起攻击。从这两份电报中，能够看到国共两党对三十八军的态度，和三十八军在他们心中的地位。

然而，三十八军属于国民党政府序列，军令部的命令，三十八军又不能不执行。

如果违令，会受到军法惩处。

赵寿山立即命令与手下的独立四十六旅联系。

独立四十六旅在哪里？

第六节　飞兵北上

6月6日，三十八军独立四十六旅飞速增援九十六军，很快就接近了九十六军军部。

九十六军军部附近的柏树岭阵地上，三十八军独立四十六旅七三八团一营营长昌志亚率领全营战士，从拂晓与日军一直激战到午后三时，打退了日军多次进攻。工事已经损坏殆尽，人员伤亡也过半。四时许，日军又开始进攻。为了减少伤亡，孔从洲令昌志亚带着全营后撤，并派出部队进行掩护。黄昏后，昌志亚带着仅剩的半营战士撤退到了一个叫做马村的地方。

独立四十六旅主力部队，这天英勇奋战，自昼达暮，血战不休。黄昏时分，因为整个战局都对我极为不利，孔从洲命令缩短防线，保存有生力量，向马村集结。

晚十时许，独立四十六旅旅长孔从洲从盐商仝定镐和牺盟会成员刘少白那里得到了两份情报，两份情报的内容极为吻合，都是说日军北面布防稀疏，后方空虚。半夜时分，游击队也送来了情报，照样是说日军北面防守薄弱。

盐商仝定镐，在山西做生意，搞长途贩运，为独立四十六旅提供食盐。

第二天黄昏之后，九十六军军长李兴中在老平陆县城东门外的麦地里，召开师长旅长会议，研究突围问题。大家议论纷纷，没有一个统一的意见。一直到了夜晚十时，会议还在举行，而外围的日军正在步步逼近。孔从洲根据四十六旅侦察排在敌后侦察到的情况，和盐商、平陆县牺盟会成员、稷王山游击队送来的情报，判断日军倾巢出动，后方必定空虚。于是向李兴中建议说："我军现在的形势是三面受敌，一面临河，敌占锅沿，我在锅底，恰似釜中之鱼，形势十分危急，我军的东西两面都有日军的重兵集团，向东突围与三十八军会合已不可能；北面虽有敌人，但根据所得到的情报，日军仅有少量的步兵和两个炮兵中队，以及一些伪军，比较空虚，我拟向北突围，出其不意，攻其无备，直插敌人的后方，将敌人引向北面，为军部和兄弟部队向东突围创造条件。否则，天亮之后，不是被日军飞机炸死，就是跳黄河淹死，或者当俘虏，后果是不堪设想的。"

孔从洲说完后，又说，时间紧迫，不能再拖延了。说完就立即返回旅部，组织部队星夜突围。

关于当时的战况和情势，孔从洲在回忆录中这样写道：日军西起芮城县陌南镇，东到张店，兵分九路向我中条山进攻。主力沿张（店）茅（津渡）公路南下，七日突破我军防线，八日攻陷了平陆，十日占领茅津渡，将第三十八军和第九十六军从中隔断。与此同时，由张店南下之敌，从东往西打；来自芮城方向之敌，由西向东打，对我实施两翼夹击。因为南河北山，纵深极短，没有回旋余地，致使我九十六军军部和其所属之第一七七师、独立四十七旅，以及我旅部队，被敌人压缩包围。该地域地势低凹，面对高山深沟，背临黄河，东西两边的高原，均已被日军占领。形势犹如一口大锅，敌占锅沿，我在锅底，空间狭小，队形拥挤，敌飞机和炮兵对被围部队日夜实施狂轰滥炸，我军伤亡极大。

昌志亚率领仅剩的半营战士，担任整个独立四十六旅的突围先锋。

昌志亚出生在陕西省临潼县油槐乡，现在叫西安市临潼区。昌志亚上过私塾学校，很小的时候就深受舅父曹印侯的影响，精忠报国，沙场建功。曹印侯是民国时期的关中三杰之一，辛亥革命陕西领导人，攻打陕西清政府衙门的敢死队队长。国民党元老于右任曾写诗赞誉曹印侯：

　　跃马横戈西复东，
　　手持白刃定关中。
　　西湖遁去呕心死，
　　落日河山起大风。

昌志亚初中毕业后，考上了冯玉祥举办的军事学校。19岁军校毕业，在冯玉祥部任连长；20岁时，再入南京军官学校补习班学习；毕业后在杨虎城十七路军警备旅任排长，后升为连长。十七路军中，教导团和警备旅属于装备最好的，战斗力最强的部队，所有军官都从军校毕业，所有士兵都接受过文化教育。

很多抗战老兵说，接受过教育和没有接受过教育的士兵，一上战场就能够看出来。接受过教育的士兵会动脑子，会观察地形，避实就虚，查看地图，以逸待劳，而没有接受过教育的士兵勇则勇矣，但作战缺少技巧，伤亡较大。抗战时期，战斗力最强的，战果最辉煌的，是缅北战场上的新一军。新一军歼灭日军的数量是自身的三倍，这样的战果是整个抗日战场上中国军队绝无仅有的。新一军人员素质很好，"一寸河山一寸血，十万青年十万军"，所有的士兵都接受过中学以上的教育，而团长以上的军官大多数都毕业于世界著名军校。美国的新式武器，他们一看英文说明书就懂，然后就能熟练操作。新一军军长孙立人就具有清华大学和弗吉尼亚军校两个学历，美国二战著名参谋长马歇尔、猛将巴顿都毕业于这所军校。新一军中的另一个著名人物，后来成为新六军军长的廖耀湘，也拥有黄埔军校和法国圣西尔军校两个学历。法国圣西尔军校是欧洲最著名的军校，是拿破仑当年创办的。

西安事变前，昌志亚任孔从洲警备第二旅五团一营二连连长；事变后第三天，昌志亚就尊奉西安城防司令孔从洲的命令，将中央军在西安火车站旁一座军火库里的弹药，秘密送给了驻扎在陕西三原县的红军。这批弹药让困境中的红军兴奋不已。

抗日战争爆发后，昌志亚跟随警备第二旅开赴山西前线。永济血战的时候，家中突然捎话过来，说侄儿出生了，让他起个名字。昌志亚说："叫蒲州。"永济城，当时叫蒲州。以蒲州为名，大概是为了让后辈记住这场血腥战役。

六六血战的时候，昌志亚随从已经由警备第二旅改编为独立四十六旅的部队，被日军压缩在了一处非常不利的地形中，此处地形形似锅底，而且三面临敌，一面背水，此为死地。

当时的形势极为危急。独立四十六旅决定突围，然而怎么突围，从哪个方向突围，大家莫衷一是。日军封锁了所有出山的道路，贸然突围，只会自蹈死地。

这时候，昌志亚站出来了。

昌志亚告诉孔从洲说，他在这一带驻扎很久，熟悉周围地形，西北方向有一条小路，不为人知，可以直接通往后山，跳出日军包围圈。

也有人回忆说，当时，有人在这一带贩盐，盐贩子极为隐秘，所走的也是最为隐秘的道路。这条道路日本人不知道，但是盐贩子知道，盐贩子把这条道路指给了被围困的中国军队。

孔从洲听到有这样一条隐秘的道路，立即命令组织力量，实施突围。昌志亚指挥的一营，担任前锋。

昌志亚带着一营最先出发，后面是独立四十六旅的大部队。夜色朦胧，虫鸣啾啾,战斗了一天的日军,此刻正在酣睡,他们不知道就在他们的视线之内,在浓浓的黑暗中,一支中国军队在衔枚疾行。

而一营一连更是前锋的尖刀,连长叫张玉学。一连集中了全营所有的十几把轻机枪,每个人身上都带着十几颗手榴弹,一旦遇到阻击,就猛打猛冲,杀出一条血路。

一连走到夜半,来到了一个叫做车庄的地方,那里驻扎有敌人,村庄前后各有两个岗哨。昌志亚命令张玉学先摸掉岗哨,然后冲进村庄。张玉学带着人解决岗哨后,以迅雷不及掩耳之势冲进村庄,从被窝里拎起来的,竟然是一群伪军。

伪军从睡梦中醒来,看到伸在眼前的明晃晃的刺刀,魂飞天外,他们一齐下跪叩头,叩头如捣蒜。昌志亚命令他们穿好衣服,然后列队训话。伪军们乖乖地站成一排,缩头缩脑,诚惶诚恐。

昌志亚面对着伪军,怒斥道:"羞你先人哩,给日本人卖命,你们还是不是中国人?"

伪军们吓坏了,又赶紧跪下磕头,口口声声说他们当伪军是被日本人逼迫的,是迫于无奈的。昌志亚说:"今天先不杀你们,留下你们的性命,赶快去稷王山上投奔游击队。如果下次看到你们还当伪军,决不轻饶。"伪军们又赶紧磕头,连声说:"不敢了,不敢了。"

稷王山,位于晋西南四县交界处,海拔上千米,属于中条山的一脉,当年有一支游击队在山上打鬼子。

史料记载,在1938年,中国战场有伪军78000人,这些人都出现在敌后战场,而没有出现在正面战场。《冈村宁次回忆录》中有这样一段文字记载:

> 这些将领可以说对蒋介石不够忠诚,但对国家民族倒有相当诚意。他们到北京或在当地初次见到我时就说:"我们不是投敌叛国的人,共产党才是中国的叛逆,我们是想和日军一起消灭他们的。我们至今仍在接受重庆的军饷……"

很多人当伪军是身不由己,有人为了自保,有人为了养家,有人出于投机心理,很少有伪军真心实意去作战,所以,伪军的战斗力是相当得差。

在抗战时期,无论是与共产党军队作战,还是与国民党军队作战,伪军的战斗力都可以忽略不计。他们的待遇、武器、装束和日军比起来都差一大截,日军也瞧不起他们,他们的处境相当尴尬。

十万男儿血
中条山保卫战（1938~1941）

先锋营又向前进发，走了没有多远，就在半山腰见到了一支日军的炮兵部队。张玉学请示昌志亚怎么办，昌志亚说："顺手牵羊，干掉他。"

这里是日军占领区的后方，最前面有日军铁桶一样的包围圈，然后是伪军部队，这支日军炮兵部队完全没有想到中国军队会从天而降。当时，黎明即至，日军炮兵提前开饭，准备在饭后开往前线增援。炮兵们围在热气腾腾的饭锅旁，等待开饭，12门大炮和4门迫击炮，整整齐齐地堆放在一边，连岗哨也没有。昌志亚带着尖刀营突然出现在了日军的炮兵阵地，一阵排枪打过去，鬼子的炮兵就几乎全部报销了。

日军一个炮兵中队长一听到枪响，就像兔子一样飞奔。他没有带枪支，没有穿衣服，无牵无挂，战士们在身后猛追，一直追到了几公里外，才将他击毙。如果这个中队长逃脱了，则就有走漏风声的危险。

打死了全部日军后，面对那一排整整齐齐的大炮，昌志亚犯难了，带走吧，长途奔袭，行动不便；不带走吧，又实在舍不得。

那时候的大炮对中国军队来说，是非常珍贵的。中国军队中一个炮兵排，也仅仅只有两门大炮，那么这12门大炮，就是六个炮兵排，六个炮兵排，那等于是一个炮兵营了。而炮兵营，也只有军一级的单位才能配备。八路军直到1940年百团大战的时候，才拥有了一门大炮，是一二九师新六旅旅长易良品缴获的。

《孔从洲回忆录》中写道：

> 只身逃窜的伪军中队长，被我追赶几公里之后击毙，此役可谓不漏一人一马。此外，我部还通过内线的掩护，收缴了一个伪军连的枪，破坏了公路和电话线，缴获山炮12门，迫击炮四门，为行动轻便起见，我们将缴获的山炮全推下山涧，只把炮栓和瞄准镜、望远镜等光学仪器和四门迫击炮带走了（部分光学器材后来作为战利品上交军、集团军，以及战区长官部）。在缴获品中，还有日军的军用地图和作战命令。

枪声惊动了附近的日军，有一小队日军循声赶来，他们一路只顾急急忙忙地奔走，没想到遭到了张玉学尖刀连的伏击，这一小队日军很快就被击毙。日军可能不会想到后方出现大批的中国军队，他们以为只是一场与小股中国武装的遭遇战，所以就只派遣了一小队日军支援，没想到这一小队日军走上了死亡之途。

部队继续前行，来到了一座叫做五龙沟的村庄附近。早起下地的村民突然看到这支从天而降的中国军队，喜出望外，他们告诉说："附近的山上有一队鬼子，

第六节 飞兵北上

人数有二三十个。"

先锋营像孙悟空一样,钻进了鬼子的肚子里,只要想打,就有打不完的仗。战士们听说附近的山上有鬼子,都跃跃欲试,摩拳擦掌。昌志亚请示孔从洲,孔从洲看到天色尚早,就命令速战速决,然后追赶大部队。

这时候,晨曦初露,星辰渐落,鸟雀的喧嚣声次第响起。孔从洲带着大部队走山下大路,昌志亚带着小部队攀山间小道。一名村民在前面带路。

攀上山顶,看到一座寺庙。村民说,鬼子就在寺庙里,寺庙名叫五龙庙。昌志亚将先锋营分为两队,从左右两边包抄了五龙庙,用刺刀解决了岗哨后,突然冲进庙中。此时,庙里的日军还在呼呼大睡,战士们抡起大刀片,像切西瓜一样割下了日军的头颅。日军的头颅像西瓜一样随地乱滚,汁液四溅。

战斗结束后,陈作斌发现还有一个日军军官活着,他从日军衣服里搜出作战命令和军用地图。然后,用一根长铁丝系在这个军官的脖子上,像牵狗一样牵出了寺庙。日军军官的脖子被铁丝勒着,满脸通红,嗷嗷乱叫。每一个看到日军军官狼狈状的战士,都捧腹大笑。

陈作斌是陕西西安人,上过私塾学堂。当年日军侵略,他在全民抗日口号的感召下,报名参加了东北军。可是在东北军里,他受到欺负和排挤,愤而离开,来到了陕西省朝邑县,加入了陕西军孔从洲的警备第二旅。因为陈作斌识文断字,聪明伶俐,被安排做孔从洲的警卫员。中条山保卫战开始,警备第二旅东渡黄河,陈作斌要求在一线作战,来到了昌志亚的这个营。

在永济血战中,已升为班长的陈作斌带着战士在战壕里隐蔽,日军飞机在空中轰炸,一名小战士在战壕中乱跑,惊慌失措。陈作斌一把拉住他,不认识。小战士说,他是前面战场上退下来的,阵地被日军占领了,他找不到被打散的部队。陈作斌让这名小战士跟着自己,不要乱跑,这样太危险。小战士很听话地隐藏在陈作斌身边五六米的地方。

飞机轰炸过后,日军的大炮又打响了,炮声过后,日军发起了冲锋,陈作斌带着战士跃出战壕,与冲上来的日军厮杀。可是,小战士刚刚站起来,一发炮弹落在他的头顶上,他一声没吭,就被炸成了碎片。

这名战士叫什么名字,家在哪里,是哪支部队的,陈作斌一无所知。他只知道他说话是陕西口音。

很多年后,陈作斌还会想起这名小战士,他一想起来,就泪眼婆娑。

十万男儿血
中条山保卫战（1938~1941）

永济血战后，陈作斌又参加了六六血战和此后陕西军的所有重大战役，他从班长升为了排长、连长，亲眼看到了无数惨烈的战争场景。有一次，他们全排坚守一处阵地，与日军激战一天一夜，全排50人仅剩他一人。当时的情报有误，情报说日军只有500人，而实际上进攻的日军多达5000人，而他们坚守的只有700人，700人与5000人殊死拼杀，几乎伤亡殆尽。

还有一次，坚守中条山一处阵地，全连140人与日军血战，战至最后，只剩下了12人。

这些年来，每次提起中条山保卫战中这些往事，陈作斌都会大哭一场。

那天，昌志亚带着一营人马抄近路追赶大部队，又在山中意外地看到了两所日军的后方医院，同样毫不客气地袭击了。黄昏时分，终于在夏县境内追赶上了大部队。

夏县在中条山的北麓，独立四十六旅已经跳出了日军的包围圈，挺进到了日军的后方。

连续多日激战奔袭，战士们疲惫不堪。然而第二天，孔从洲又命令一营营长昌志亚、二营营长杨健、尖刀连连长张玉学，各带一路人马，兵分三路，大张声势地袭击夏县境内的日军据点，吸引日军的注意力，让日军从平陆前线撤兵。

三支人马出发了。在连续两天里，他们袭击了日军多处据点，让西线的日军惶惶不可终日，电话不间断地打到了平陆前线，前线的日军因为后院起火，也惶恐不安。

就在三支人马把日军防守空虚的夏县搅得天翻地覆的时候，独立四十六旅的大队人马在史家峪、井沟等地的密林里休整。日军的飞机一次次飞临头顶，想寻找中国军队轰炸，都没有得逞。两天后，独立四十六旅向东南方疾行，在中条山娘娘庙与三十八军军部会合。

独立四十六旅自南向北，穿越中条山的突围，彻底打乱了日军的战略部署，也保障了其余部队的突围成功。

第七节 陕西冷娃的复仇之战

两天后，独立四十六旅归队了，带着缴获的日军枪炮和很多战利品。在几支成建制的军队中，独立四十六旅伤亡最小，缴获最多，战果最辉煌。

第四集团军刚刚分头冲出了日军包围圈，而现在，他们在外围，日军在里圈，他们准备对日军实施反突袭。战场上的攻守形势完全发生了逆转。

古今中外，我不知道还有哪支军队像第四集团军这么大胆，刚刚突围而出，浑身淌血，又返身再战？还有哪次战役像六六血战这样，刚刚被敌人战败，满身伤痕，又返身向敌人挑战？没有了，没有哪支军队这么冷，这么倔，这么不要命，只有陕西冷娃组成的军队才会这样做。

六六血战，简直比好莱坞大片还精彩，还紧张，还激烈，还让人回肠荡气，还让人拍案叫绝。

先是日军包围了九十六军主力一七七师，将一七七师赶到了黄河岸边，一七七师面临死亡，绝地反击，居然重创日军，冲出了包围圈。

然后三十八军十七师营救一七七师，看到遍地死尸，以为一七七师伤亡殆尽，悲愤交加，向日军疯狂复仇。

接着，日军包围三十八军独立四十六旅，四十六旅趁夜突围，一路畅通无阻，居然连战连捷，整建制地消灭日军。

现在，攻守形势却又发生了逆转，当初包围的一方转为了防守，而突围的一方展开了进攻。

这种情景，是任何一个坐在书斋里编造故事的人，想也想不到的。

现在，十七师、一七七师、独立四十六旅都集中在了一起，唯独缺少九十六军独立四十七旅。

独立四十七旅在哪里？

十万男儿血
中条山保卫战（1938～1941）

6月7日，在平陆县城外，独立四十七旅与日军激战整日，因为战局不利，集结仅剩的400人向敌后挺进。行至黄河岸边的何家滩，与日军遭遇，四面日军前来围逼，王镇华旅长负重伤，不能行走，参谋长、团长、副团长十多人全部牺牲，团长张英三命令部队化整为零，进行隐蔽。周围村庄的乡亲们接收了这支失去战斗力的部队，把他们当成了自己的家人，躲过了日军的搜查。

直到战斗结束后，独立四十七旅才归还建制。

很多年后，当地百姓还在说着当年的血战。在中条山中，随便找一位老人，他们都能讲一段当年血战的往事，其中有很多人都是亲身经历。

在一个叫做沙口滩的地方，就是我上面所写的那首当地流传的歌谣中"血染沙口滩，尸体堆成山"中的沙口滩。当年有两个营和一些非战斗人员被日军包围在这里，总共有1000人。两个营长带着人马各自在一边坚守，激战彻夜，一步也不后退，陕西军的尸体和日军的尸体叠摞在一起。后来因为终日未食，气力不济，弹尽援绝，两个营的陕西军全部壮烈牺牲。陕西军中的非战斗人员和当地百姓有700多人，不得已向黄河岸边逃命，100多人手拉手跳进了黄河里，有的被水冲走，有的被黄河对岸胡宗南的军队开枪打死。剩下的600多人被日军包围集中在了沙口村外一处深壕边的平地上，全部用刺刀挑死。

这件事情当地的很多百姓都能够讲出来，平陆县政协文史室主任富平宁在《六六血战纪实》中也写到了。

日军占领了沙口滩后，继续在这一带搜寻被打散的陕西军。

张东磐的《父辈的战场》中写到了这样一个情节：滇西会战的某一天，中国军队占领了日军的阵地后，战士们累垮了。他们刚刚坐下喘口气，突然，废墟里窜出了一个鬼子，他手持指挥刀，砍向中国军人，中国军人猝不及防，被砍杀了八个人。后面赶到的排长沈荣棠看到这一幕，对着这个鬼子打完了冲锋枪里所有的子弹，夺下了这把军刀。

这把军刀被沈荣棠带回了浙江海宁老家，保存在家中。之后，内战开始，内战又结束，沈荣棠去了台湾。两岸开通后，沈荣棠回家，还看到了这把军刀。

中条山保卫战中，也有这样一件类似的事情，不同的是，双方的角色调换了。

独立四十七旅沙口血战结束后的第二天，也就是6月9日，30多个日军来到沙口村北面的一棵大榆树下，列队肃立，听一名军官训话。突然，从树上跳下了一名中国士兵,拉响了缠满腰间的手榴弹,与鬼子同归于尽。

这名中国士兵叫什么名字,可惜没有人知道。但是,当地的很多老百姓都说起了这件事情,富平宁在《六六血战纪实》中,也写到了这件事情。

独立四十六旅回到了三十八军建制,军长赵寿山兴奋异常;一七七师和收容的独立四十七旅5000多人回到了九十六军建制,李兴中也激动异常,热泪横流。他没有想到遭此重创,九十六军还有5000生力军。

赵寿山决心复仇,李兴中也决心复仇。陕西军从来也没有遭受过这样的重创。

1939年6月9日,连日激战的三十八军顾不上休整,向刚刚被日军占领的阵地发起勇猛攻击。九十六军趁日军与三十八军激战,秘密将部队向陌南镇移动,决心以牙还牙,以血还血,痛歼圣人涧镇和陌南镇的日军。

这是一支立志雪恨的哀兵,一群抬棺决战的死士,上自军长,下至每一个士兵,都仇恨满胸,都双眼血红,都爪牙尖利,不把日军咬死,是不会罢休的。

关于圣人涧镇的名字,有一段来历。

站立此处,天高地迥,风急云激。北望中条,群山绵绵;南瞰黄河,浊浪滔滔。《搜神记》中说,春秋时齐国勇士古冶子,随齐景公乘车出视黄河,来到这里,河中突然一巨鼋跃出,将齐景公左骖(驾车左边的马匹)衔入河内,古冶子纵身跳入黄河,斜行五里,逆行三里,岸上人看到波涌浪卷,水如血染,最后,古冶子左手执鼋首,右手执左骖,越浪而出,吼声如雷,观者以为河神。神者,圣人也,圣人涧之名由此而来。

陕西军每个人都是古冶子。

三十八军与日军一接触,日军立刻像章鱼一样伸出了所有的吸盘。日军没有想到,已经偷偷突围出去的三十八军还会再回来,三十八军想来就来,想走就走,简直太看不起日军了,简直把土肥原贤二和板垣征四郎气坏了,他们严令各路日军,此次一定要消灭三十八军。日军气势汹汹,三十八军同仇敌忾,战斗一开始就电光火石。

6月9日的这一天,双方激战了三个小时,谁也没有讨到便宜。

夜晚,各自退兵,加固工事。三十八军退往古王和计王。

6月10日凌晨,太阳还没有出来,日军就发起了进攻,三架飞机低空盘旋,向着地面投弹，20多门火炮对着古王和计王密集型轰炸。三十八军阵地破坏严重。

然后，日军就挺着刺刀，发起了冲锋，从被飞机和炮弹轰开的阵地突破，双方呈犬牙交错的态势。

接着，三十八军使用自己的杀手锏。

三十八军的杀手锏是什么？这是一种他们总结出来的，别的部队没有的短促突击的诀窍。我先后采访过近百名抗战老兵，只有三十八军老兵才有这种方法，可见这是他们独创的。实践出真知，信夫！

按照常规，如果阵地多处被敌方攻破，守方迎头而上，将敌方赶出去，这是中规中矩的打法。可是三十八军不是这样做。三十八军的杀手锏就是，如果阵地被日军突破，与日军形成犬牙交错的局面，就将部队分成很多小分队，排自为战，班自为战，人自为战，放弃对面来犯之敌，攻击侧面不备之敌。这种打法实在出其不意，攻其不备。日军还没有反应过来，还没有转过身来，就被三十八军拦腰截断，予以斩杀。这些小分队就像一把把小刀，三十八军有多少个排，有多少个班，有多少个人，就有多少把小刀。日军确实很强大，强大得就像巨人一样，然而，再强大的巨人能够忍受无数把小刀插在身上吗？当然忍受不了，日军只能退却，而跑得最快的，突入阵地的日军怎么办？只有一种办法，乖乖地被无数把小刀扎成刺猬。

这次，日军照样被三十八军的杀手锏击退了。

夜晚，赵寿山发报给孙蔚如，询问整个战局情况，孙蔚如回电：

> 一七七师及四十七旅已收容五千余人，趁敌东进围攻你部之机，已于昨晚攻克芮城及陌南镇，佳日拂晓前推进到平陆县城，并相机进攻茅津渡。希弟固守古王、计王阵地，以牵制敌人主力。

佳日就是明日，这是电报中使用的密码，防止敌人破译。

果然是哀兵必胜，九十六军遭受重创后仅余的5000人，居然趁夜连克两大军事要地芮城县和陌南镇，第二天居然要进攻平陆县，进占茅津渡。几天前，这些中国军队驻守了一年的要地，被日军占领，而日军仅仅占领了数天，又被中国军队夺回。

现在，日军的前方是啃不动的三十八军，后方是嗜血的九十六军，前路被堵，后路被抄，处于不利形势的，现在是日军。

短短几天时间，形势一再逆转。

第四章 六六血战

第七节 陕西冷娃的复仇之战

6月11日,土肥原贤二和板垣征四郎命令所有日军,从四面八方围攻古王和计王阵地。日军在中条山忙活了好几天,忙到现在一无所有,攻下的阵地丢失了,几千个日军装进了骨灰盒,这场战役日军输得只剩下一条遮羞的"裤衩"。

这条"裤衩"就是古王和计王阵地,如果攻不下古王和计王阵地,日军就无法在中条山立足;如果不能在中条山立足,就要又回到中条山北麓。怎么回去呢?那只能光着屁股回去。

所以,日军无论如何都要占领古王和计王,作为再次进犯的立足点。

日军在集中兵力,三十八军也在集中兵力。板垣征四郎命令所有日军向古王和计王靠近,为了抢夺自己的"裤衩";赵寿山也命令三十八军所有战士向古王和计王靠拢,为了撕碎日军的"裤衩"。

一场更激烈的"裤衩大战"即将爆发。

三十八军能够作战的仅有三个团,而日军的实力远在三十八军之上。占领了芮城和平陆的九十六军伤兵满营,已经无力增援。

此日上午,战斗开始。

战况最激烈的时候,驻扎在东延村的第四集团军司令部大受威胁,日军的炮声清晰可闻,喊杀声不绝如缕。赵寿山骑着战马旋风一般赶至东延村,强行要求司令部转移,然后才能放手大战。孙蔚如被迫带着司令部从东延村转移到岳家庄。

中午12时,孙蔚如向第一集团军总指挥卫立煌发电称:

> 虽思挽此危局,力实不逮,除挥残疲尽力支撑外,谨电续陈,伏乞预为筹帷,以防万一。

敌我悬殊,深为第四集团军总司令的孙蔚如已经做好了万一的打算。当时的惨烈危急,由此可见一斑。

在古王南端阵地,日军集中了3000余人,向十七师阵地进攻,大炮十余门蹲踞在深沟边沿,向着古王南端猛轰。十七师战士杀声震天,死战不退,日军进攻一天,毫无进展,便释放毒气。古王南端阵地中毒身亡战士700余人。

日军趁机攻占了古王南端阵地,然后趁机扩大战果,没有想到从古王西段冲来了一支中国军队,枪挑刀劈,硬是将已经占领了古王南端的日军逼退了。此后,日军曾经四次攻入南端阵地,又四次被打退。日军指挥官恼羞成怒,将两名担任攻击的小队长现场斩杀。

日军继续增兵，仅仅在古王南端，日军兵力就由刚开始进攻的3000人增加到了8000人。而此时，古王和计王四面八方都在激战，三十八军已无可以增派的援兵。

8000日军再次向古王南端发起攻击，守军伤亡殆尽，没有一人退走，阵地又被日军攻陷，日军从南端冲向古王纵深。

当年的血战非常惨烈。

有一支游击队当时活跃在中条山平陆县境内，专门伏击日军，这支游击队的队长叫吴仲六。在六六血战中，游击队也加入了三十八军，为三十八军做担架队、后勤服务和作战向导，因为游击队全是当地人，对地形地理很熟悉。吴仲六的孙子吴泽亮回忆说，三十八军十七师九十八团二营有480人，不到两个小时，就死伤300多人，战斗结束，全营只剩下119人。一〇二团一营战斗结束，活着的只有十几个人。

三十八军前线战士遭受很大伤亡，在此关键时刻，三十八军军长赵寿山打出了自己手中的最后一张牌，这就是李维民的九十七团，他命令九十七团攻击已经占领了古王南端的日军。

九十七团是三十八军最具有攻击性的团，全团战士人人都会武功，人人都是耍大刀的好手。

6月6日夜晚的突围中，作为前锋的九十七团伤亡很大，赵寿山心疼不已，他让他们随同军部一起行动。日军进攻古王和计王，阵地屡次遇险，参谋建议派遣九十七团上阵，赵寿山不同意；耳听得枪炮声密如雨点，喊杀声震天动地，九十七团一再向赵寿山请战，赵寿山还是不答应。

直到古王南端阵地失陷，日军已经激战了一整天，异常疲惫，攻击已成为强弩之末，赵寿山才亮出了最后一张王牌。

而日军已经没有牌了，日军早就将所有的兵力压上了战场，所有的兵力已呈疲态。

赵寿山是高手，他的运筹帷幄远在日军之上。日军把一手好牌打成了烂牌，赵寿山把一手烂牌打成了好牌。

九十七团像狼群一样，他们悄然接近了古王阵地上的日军。柏方影的第一营迂回到了日军北部，李森的第二营来到南部，团长李维民亲自率着范文英的第三

第七节 陕西冷娃的复仇之战

营,直接插向了日军的后方,从屁股后面捅一刀。

如果是一般将领用兵,肯定是派遣这一支人马猛打猛冲,与日军决战,胜负难料。而赵寿山把一团人马分成三支,将日军包围,战斗一开始,听闻四面枪声,日军先自胆寒,既已胆寒,岂能不败?

善用兵者,能够把一支兵力当成三支兵力;不善用兵者,三支人马也仅能发挥出一支的战斗力。

三个营的陕西军将日军包围后,突然从不同方向发起攻击,人人像刚刚放出牢笼的老虎一样,怒吼着扑向日军。

三营营长范文英一见到日军在视线里出现,就一枪击毙了一个冲在最前面的日军,然后从日军尸体上捡起三八大盖,向两个日军冲刺。两个日军一左一右扑上来,范文英一格一刺,一个日军倒了下去;再一格一刺,又一个日军倒了下去。范文英从小就开始练武术,身体健壮,身手灵活,出手如电,拼刺极准。每一次出手都是杀招,每一招都是直奔日军脖子,他一转眼间就刺倒了十个鬼子,每个鬼子都是被刺穿了脖子。

范文英的攻击太犀利了,他像一把尖刀,一直捅进了日军冲锋队形的深处。五个鬼子看到这个中国军人像猎豹一样矫健,勇不可当,一齐扑了上来,将他围在中间。范文英左刺右挑,一连刺穿了三个鬼子,每个鬼子还是被刺穿了脖子,而他自己的背部也被刺中,他转过身来,圆睁双眼,虎吼一声,刺中他的日军被吓呆了,愣愣地站在地上,连动也不敢动。范文英又一枪过去,刺中了他的脖子,第四个鬼子倒下去了。鬼子黏稠的血液咬住了范文英的刺刀,他没有力气拔出来,第五个鬼子趁机在范文英背上连刺几刀。范文英拄着三八大盖,屹立不倒。

团长李维民亲眼看到营长范文英与日军拼杀,看到范文英壮烈牺牲,他眼含热泪,也从地上捡起一杆步枪,加入了拼刺。战士们看到团长亲自拼杀,士气大振,齐声高喊,冲向敌阵,与日军殊死搏杀。

天黑后,日军退出了古王和计王阵地,战斗暂时停歇。三营伤亡300余人,营长范文英和连长张大禄壮烈牺牲。

当天夜晚,卫立煌电令第五集团军接替夏县以东防御,让四十七军腾出手来,向张茅公路侵扰,牵制日军。张茅公路,就是张店镇到茅津渡的公路,也是六六血战刚开始的时候,日军分割三十八军和九十六军所走的那条路。

然而,四十七军战斗力较弱,与日军交战不久,就被3000日军击败,不得已退守，对日军并没有构成威胁。四十七军也从属于孙蔚如的第四集团军作战序列。

6月12日，已经疲惫到了极限的九十六军仍然奋力一击，占领了茅津渡。茅津渡丢失，日军就无法渡过黄河，这场战役就毫无战略意义。

6月15日，三十八军十七师九十七团一营反击，攻占了日军坚守的淹底，200个日军竟然一触即溃。

6月16日，三十八军与九十六军在张茅公路会师，然后向北推进，势如破竹。四十七军也下山追击日军。

6月18日，中条山阵地恢复到战前形势，日军最终光着屁股逃离了中条山。

这就是中条山保卫战中最为惨烈的六六血战。很多人认为，它的激烈、悲壮、惨烈都要超过滇西会战中的腾冲战役和松山战役。然而，人们知道腾冲战役和松山战役，却不知道六六血战，很大的原因是，滇西会战是蒋介石的嫡系部队所参加的战役，而六六血战是杂牌军陕西军所参加的，而这支参加过西安事变的军队，抗战时期一直饱受歧视。

此战，不包括李家钰的川军四十七军，第四集团军伤亡8800人，其中九十六军伤亡6950人。

日军同样伤亡惨重，据暗探报告，日军在运城召开追悼会的时候，摆放在桌子上的骨灰罐就有1700多个。1700多个，是死亡后被日军火化的尸体，事实上当时战场上你来我往，阵地犬牙交错，日军来不及运走的尸体也不在少数。这仅仅是死亡的日军人数，负伤的还没有计算在内，即使最保守估计，日军伤亡也在5000人以上。

六六血战结束后，卫立煌来到中条山视察，他在寺头村三十八军干部培训班上赞誉道："在抗日作战锻炼中，三十八军已成为铁的三十八军，中条山的铁柱子。"

第五章

3000 壮士跳黄河

车国光第一次向外界披露陕西军跳黄河的历史，是在1986年5月，他的回忆文章收入了当月印刷的《垣曲文史资料》。在这篇文章中，他明确记载，当年从芮城县陌南镇跳入黄河的有1500人，这些士兵都是一七七师的。后来，张恒走访了平陆县的茅津渡、太阳渡、沙口、张峪等地，了解到当年独立四十六旅和独立四十七旅在这里跳入黄河的也有1500人。所以，六六血战的那几天，陕西军跳入黄河的共计有3000人。

①
②
③
④

①西北大学张恒教授，来往中条山数十次，寻找抗战老兵
②八百壮士跳黄河纪念碑前鸟瞰黄河
③日军在就餐
④日军把战死同伴的骨头放进盒子里

第一节 黄河魂

这是西北大学教授张恒所著的一部作品的名字。

张恒这些年来一直穿梭于中条山中,打捞这段几乎被人遗忘了的历史。他在山西省芮城县陌南镇坑南村寻访到一名当年九十六军一七七师老战士的儿子张铁铮,他的父亲叫张道生。

张道生少年时代,考上了冯玉祥开办的西北陆军军官学校,校长是李兴中。1933年,张道生参加了冯玉祥和吉鸿昌组织的民众抗日同盟军。后来,同盟军被蒋介石收编,张道生不愿被人低眼下看,就离开了同盟军,回到河南老家务农。后来,因为家乡遭了水灾,又来到山西省芮城县陌南镇坑南村居住。

1938年秋天,一七七师开到了中条山中。有一天,部队行军,经过坑南村,张道生当时正在地里干活,突然看到军队中有几个自己在军校的同学,异常高兴。大家正在交谈的时候,当年的军校校长,现在的一七七师师长李兴中骑着马过来了。他看到张道生,就跳下马,对着他说:"国难当头,作为军校学生,不参加抗日,而留在家中,实在没出息,不应该。"李兴中说完后就离开了,而这句话却在张道生心中掀起了万丈狂澜。

张道生从同学口中了解到,他当年在军校的大队长贾振中,现在也在军中。贾振中当时担任一七七师一〇五八团团长。张道生一见到贾振中,就急切要求拿枪打仗。贾振中说:"现在不需要你打仗,部队刚来这里,人生地不熟,老乡不了解,你是本地人,又有文化基础,就在剧团里做宣传工作吧。"

那时候的剧团,其实就等于宣传队。人员最多的时候有四五十人,有的是从部队抽调的有特长的战士,有的是沦陷区的青年学生。每到一处,剧团就向当地群众宣传抗日,主要形式有大合唱、快板、小相声、地方小调等,演唱的歌曲有《义勇军进行曲》《大刀进行曲》《保卫黄河》《松花江上》等等,而快板、相声等节目,则是自编自演。那时候的农村没有娱乐活动,所以,剧团每到一处,都是人山人海,被围得水泄不通,他们就趁机宣传抗日,号召青年当兵杀敌。

除了表演节目外,剧团还有一个工作就是刷写标语。没有原料,他们就因陋就简,自己制作,用锅底烟灰加水制作成黑色颜料,用白灰加水制成白色颜料,在土墙上刷写。当时的标语主要有:打倒日本帝国主义;军民团结一条心;保卫黄河;保卫西安;中国抗日必胜;乡亲们,中华民族已到了生死关头,誓杀日寇,还我河山……

1939年3月,一七七师开往平陆,张道生担任排长。进入5月,第一战区干部训练团在河南洛阳成立,轮流集训各部队营、连、排长,每期两个月。张道生作为第一期学员,参加了洛阳的培训。那时候,因为有中条山的屏障,洛阳暂未陷落。

在洛阳受训的时候,张道生听说了六六血战的情况,他在后来的回忆文章中写道:

> 在我受训期间,六月份日寇集结兵力分九路在中条山一带进行大规模扫荡,一七七师受损失很大。当时一○五八团在平陆一带作战。传来消息,我在芮城县东部陌南镇一带一七七师部分官兵和工兵营1000多名官兵没有突围出日军包围,与敌展开拼死激战,最后因弹尽粮绝,陷入绝境。除战死的官兵外,剩余的官兵无一人投降。跳崖、投河,壮烈殉国。当时黄河南岸的国军不但隔岸观火,不给支援,更可恶的是还开枪射杀黄河北岸投河的士兵……

7月3日,张道生回到了中条山中,听到战友们说起六六血战的情景,悲伤不能自已,他在晚年告诉儿子说:"没有当过兵和没有参加过战斗的人,是很难理解这份感情的。"六六血战中,跳河的有一部分是青年战士,更大一部分是十五六岁的少年兵。这种惨烈的事情就发生在自己的家乡,而自己却存活了下来,所以,这种负疚感陪伴了张道生一生。

1939年9月,为了纪念在六六血战中壮烈殉国、勇跳黄河的死难壮士,芮城县东吕村群众自发组织1000余人,召开追悼大会,前清秀才冯钰老先生撰写了这样三副对联:

> 斯世半贪生,孰是陷阵冲锋,节烈美名彰百代;
> 若人不惜命,真乃忠肝义胆,猖狂勇气冠三军。
> 籍歌舞,慰幽魂,慷慨激昂大为若人吐气;

第五章 3000壮士跳黄河

第一节 黄河魂

借管弦，档节义，翁声梨韵直与烈士争光。

人都惜生，生无可称，虽生若死；

尔不畏死，死得其所，即死犹生。

1940年春，张道生升为一七七师辎重营第二连连长。当年9月，第四集团军就被调往河南抗日。1941年，没有了"中条山的铁柱子"，日军再次集结重兵进犯，中条山很快就沦陷了。1944年春，张道生参加了虎牢关战役，腿脚负伤。后，孙蔚如和赵寿山先后被调离，陕西军又被缩编为三十八军，蒋介石任命自己的嫡系将领张耀明任军长。张道生一气之下，就离开了军队，在河南洛阳做生意。抗战胜利后，他回到中条山的家中。

小时候的张铁铮经常能够看到父亲张道生一个人坐在黄河边的码头崖，一坐就是很久，满脸忧伤。码头崖就是六六血战中，一七七师部分官兵跳入黄河的地方。每年的清明节和十月初一，张铁铮都会跟着父亲来到码头崖，跪在地上，看着父亲泪流满面，焚烧纸钱。张铁铮不解其意，后来才知道父亲祭奠的是自己的战友。父亲曾经给他说过，当年死在这里的大部分都是陕西士兵，人叫陕西娃，年龄都不大，离家很远。亲人们都不知道他们死在哪里，谁来祭奠，成了孤魂野鬼。在咱家门口，咱离得近，应尽点心，纪念他们是应该的。

张铁铮的记忆中，父亲张道生不喜欢喝酒，在村庄有了红白喜事的时候，他才会坐上酒桌。每次喝酒前，他都会端起一杯酒，倒在地上，说："让我地底下的弟兄们喝吧。"他说的弟兄们，就是六六血战中牺牲的战友们。

1957年后，政治运动频繁，张道生不敢再去码头崖给牺牲的战友们烧纸钱了。但是，每年的清明时节，和送"寒衣"的时节，张道生除了在祖坟上烧纸钱外，到了晚上，还要在家门口画一个灰圈，开口朝东南方向，那是码头崖的方向，又烧很多纸钱。这种习惯一直坚持到他去世。父亲去世后，儿子张铁铮每年清明和"寒衣"节，照样给烈士们烧纸钱。

晚年的时候，有一次张道生告诉儿子张铁铮："有朝一日国共再度合作，国家统一了，也重视了这段抗日历史，我可能就不在世了。但你们和后人不能忘了，这里有很多抗日跳崖的烈士，当年抗战时这里跳黄河死的陕西兵太多了，他们都是从这一带跳下去的，都是二十左右和十六七的陕西娃……"

1988年农历二月十二，张道生去世了。他临终前还在说，他积累在心中最大的愿望是，国家以后能够实现统一，消除偏见，正视历史事实，给当年十七路军一个正确的肯定，最好能够在这里给十七路军的抗日将士树碑立传，让后人把中华民族遭受日本侵略的苦难史和牺牲的抗日英雄永记在心,若有那么一天,子孙们就到坟前告诉一声。

20年后的2008年12月,一天,张铁铮刚刚从地里干活回来,突然听到儿子说,陕西省和芮城县人民政府,还有陌南镇政府,准备在黄河边的圣天湖建一个抗日烈士跳黄河纪念碑。张铁铮听到这个消息后,激动不已,连忙跑到陌南镇政府打听,镇党委书记姚康宁给了他一张名片,那是张恒的名片,上面印着"十七路军研究会"的字样。张铁铮看到名片,泪眼蒙眬,他终于找到了父亲生前的部队了。

在镇政府,姚康宁还给了张铁铮一份《"圣天湖"建立跳黄河八百烈士纪念碑预案》和十七路军的一些材料。当天晚上,回到家中后,张铁铮兴奋得一夜没有睡着。天亮后,他来到父亲坟前,读了《纪念碑预案》,流着眼泪说:"爹,您的愿望就要实现了。"

2010年清明节,《中条山抗日英雄跳黄河殉国纪念碑》终于在黄河岸边的圣天湖畔落成了,碑文这样写道:

中条苍苍,黄河汤汤。三秦将士,华夏儿郎。
誓死抗日,英勇悲壮。中华英魂,民族脊梁。
血荐轩辕,捐躯炎黄。精神永存,源远流长。
丰碑巍巍,慰我国殇。昭示后人,自立自强。

李采勤出生在山西省永济市西姚温村,就是陕西军第一次东渡黄河后,三十八军教导团第三营营长张希文牺牲的那个村庄。在那次战斗中,教导团三营与日军激战一夜,仅有两人得以生还。

李采勤曾经是三十八军独立四十六旅战士,是当年跳黄河后,仅有的少数生还者之一。

永济战役前,三十八军警二旅在西姚温村召开会议,旅长孔从洲讲了话,主要内容是中华民族到了危亡时刻,热血青年应该踊跃参战,保家卫国。17岁的李采勤听了孔从洲的讲话后,热血沸腾。几十年后,他回忆说:"旅长讲话句句在理,是给咱老百姓说的。"

警二旅驻扎在西姚温村,和全村人都很亲,帮助村民干活,大家相处得就像一家人。部队上的少年很多,李采勤经常和他们在一起玩,成为了朋友。

第五章 3000壮士跳黄河

第一节 黄河魂

日本鬼子进犯永济的时候，警二旅要开赴前线，军情十万火急，作战部队已经开拔了，而后勤军需处还有很多东西没有人背，李采勤就帮忙背这些军需用品，跟着警二旅的后勤部队走了。后来，他领到了一身黄色军装，登记造册的时候，也第一次使用这个名字。

一年后，警二旅的番号改为独立四十六旅，驻地改为平陆县。李采勤又跟着部队从永济来到了平陆。

六六血战开始的时候，李采勤所在的部队坚守在一个叫做太阳渡的地方。他说，日本人有大炮和机枪，还有飞机，但是四十六旅只有汉阳造，那种枪根本就不好使，轻机枪也是非常少。日本人穿的是黄呢子衣服，四十六旅穿的是布衣服。日本人打仗的时候，是先用飞机轰炸，然后大炮轰炸，四十六旅的炮本来就很少，更没有日本人的先进，被日本人压制着，使不上力。

李采勤看到远处一个叫做上梁村的地方，陕西军的一个营和日军打得非常激烈，隔着好远，都能听到密集的枪声和炮声，看到烟雾在很高的空中缭绕不散。

后来，日军占领了上梁村，又向太阳渡进攻，李采勤所在的部队与日军一直打到了天黑。后来，没有了子弹，也没有援兵，他们只好向后退，这样，就一直退到了黄河岸边。苍茫的暮色中，黄河岸边聚集了很多人，都是军人，都没有了子弹，日军越逼越近。机枪声"嗒嗒"地响着，向黄河逼近。没有办法，有人就从高崖上跳进了黄河里。

和李采勤在一起的是军需处的一名副官，他们都不会游泳，慌乱中找到了一根檩条。他们先把檩条扔进黄河里，然后扑下去，抱住了檩条，向河中心划去。刚开始，在岸边的时候，他们的四周都是人，叫喊声咒骂声响成一片。可是划着划着，四周就没有了声音，也看不到一个人影。黄河水流很大，浪花四溅，一下子就将他们冲散了。

李采勤说，因为天黑，看不到跳黄河的有多少人，但是从愈来愈近的枪声中判断，日军至少有500人。在那种情况下，只有跳河和投降两条路，但是战士们宁愿跳黄河，也不愿投降。

李采勤和那名副官抱着檩条，向黄河对岸划过去。划到水中央的时候，对岸的枪声响了，黄河南岸驻扎的是胡宗南的中央军二十四师，他们向着黄河里的陕西军开枪。陕西军九死一生，逃离了日本人的追杀，又被中央军射杀了。

黄河北岸是日本人的机枪，黄河南岸是中央军的机枪，陕西军漂浮在浊浪翻卷的黄河中，上天无路，入地无门，绝大多数人不是死在日本人或者中央军的枪口下，就是被黄河汹涌的波浪卷走。

张恒向我讲起这段惨痛往事的时候，痛哭失声，说："两边都是枪打哩，咱的人哪里还有活路？"

平陆和芮城的百姓说起这段往事的时候，也都泣不成声。

李采勤看到黄河南岸机枪喷吐的火舌，就赶紧又向北岸划，浑浊的河水协裹着他，一寸寸离开了南岸。他听不到枪声，只看到岸边枪弹的亮光。他的满耳都是波浪翻卷的声音，冰冷的河水激溅在他的身上，让他一阵阵哆嗦。

这一天是1939年6月6日，李采勤在黄河中漂浮了整整一夜。

黎明时分，已经累得快要虚脱的李采勤终于划到了黄河北岸，幸好这时候日本人已经撤离了。后来李采勤才知道昨夜追赶他们的这股日军，在黎明时分开到了垣曲县，去与李家钰的川军四十七军作战。

李采勤上岸后，没有见到一个人，地面上到处都是丢弃的东西，一眼望不到边，但是死尸并不多。可见昨天晚上，有很多人跳进了黄河里。然而，在那种情势下，黄河北岸日军用机枪扫射，黄河南岸中央军也用机枪扫射，跳进黄河的陕西军能到哪里去？只会被河水冲走。然而，李采勤回头望去，凌晨的河面上，看不到一个人。

李采勤一直向北走，一路都看到死尸，死尸太多了，到处都是。野狗在啃咬尸体，看到人来了，一点也不害怕，只用血红的眼睛盯着他，连续几日吞吃人肉，让野狗变得面目狰狞，狗胆包天。乌鸦一群群地落下来，停落在死尸上。

走出了几里地，就走进了平陆县城。县城里一个人也没有，一片萧条。战前，老百姓都躲到了山里。日军将所有的房屋都烧毁了，街道边只剩了被烧黑的砖头瓦块。平陆县很穷，人们靠天吃饭，粮食产量很低，一户人家要盖一间房屋，不知道节省了多少年，受了多少苦，而现在被日本人把平陆县烧光了。李采勤说，日本人烧杀抢掠，无恶不作，是世界上最可恶的强盗。

天高地迥，号哭靡及，李采勤不知道部队开往了哪里？不知道该去哪里？

后来，他遇到了一名叫做屈怀赢的战友，还有另外一名被打散的战士，三个人站立在旷野中，不知何去何从。后来，他们就来到了陕西省泾阳县屈怀赢的家中。

几年后，屈怀赢去世了，李采勤不愿意再待在陕西泾阳。刚好这时候，家里

第五章 3000壮士跳黄河

第一节 黄河魂

人来信，让他回家，他就回到了山西省永济市，一直生活到今天。

很早的时候，我听到过"八女投江"和"狼牙山五壮士"的故事，但是我不知道陕西军跳黄河的故事。

中条山保卫战老兵和老兵后代的讲述，让我知道了，抗战历史中，还有这样惨痛的一页。当年，他们弹尽粮绝，被日军的机枪逼到了黄河岸边，他们宁肯跳入黄河，也不愿投降日本鬼子。

跳入黄河的勇士，不是一个两个，也不是十个八个，而是一大批。他们的年龄普遍都很小，大多数都是没有作战经验的新兵，是十多岁的少年。然而，战争将他们推倒了死亡边缘，他们不得不用孱弱的肩膀，扛住隆隆驶来的战争履带。

第二节 最可敬的乡亲

当年跳黄河中,有一名战士没有跳入黄河,他从高高的悬崖上跳下去,掉落在了岸边的杂草丛中,摔伤了,后被当地一名村民救起。这名战士叫陈志清,救人者叫杨继周。

1939年6月6日,陈志清所在的团伤亡大半,剩下的一部分战士,被日军逼到了黄河岸边。他们弹尽粮绝,已经失去了战斗能力。陈志清看到一老一少两个战士,手拉着手跪在地上,面朝陕西的方向,磕了几个头,然后就纵身跳进了黄河里。

那天,陈志清看到跳入黄河的,就有200多人。

日军的机枪声越来越近,陈志清也向黄河边跑去。地面上到处都是死尸,黏稠的血液流了一地,都没有地方插脚。

陈志清跑到黄河岸边的时候,也纵身跳了下去,他没有犹豫。和所有跳落黄河的战士一样,他宁肯选择死亡,也不愿被日本人俘虏。

从高高的悬崖上跳下去,陈志清没有掉落在黄河里,而是掉落在黄河岸边的湿地上。悬崖上方,不断有水珠滴落,把这块土壤泡得松软,松软的土壤上长着茂盛的青草,所以,陈志清摔下来后,摔得满脸都是鲜血,好在暂时没有生命之忧。

跳落悬崖后,担心日本鬼子会搜索,陈志清拔了身边的荒草,盖在自己身上。他向上望去,看到悬崖上方的树身上,还悬挂着被日军击中的战士的遗体,鲜血一滴滴落下来,落在他的身边。

后来,山西省芮城县陌南镇大沟南村的村民杨继周来到黄河岸边割草,他翻开草丛一看,看到了满脸鲜血的陈志清。他的第一句话是:"啊呀,你还没死,还活着……"然后,杨继周搀扶着陈志清来到黄河边,洗净了他脸上身上的血迹,把自己身上的两个馍馍给了陈志清,把自己的衣服让陈志清换上,把陈志清的军装放在水中,让随河飘走。

杨继周只穿着一条大裤衩。他掖了掖裤腰,对陈志清说:"你赶紧走,不要到村子去,日本人都在村子里。"

两人交换了姓名等情况后,陈志清向杨继周磕了三个头,就分开了。

这一分别,两人再也没有见面。

那天,陈志清沿着黄河岸边行走,遇到了一支中国军队,他跟着这支军队继续打鬼子。

那天,杨继周在草丛中一直躲到了夜晚,然后穿着裤衩回到村中。

抗战胜利后,陈志清回到了家乡陕西西安,他一直挂念着在黄河东岸救了他一命的杨继周,不知道他生活可好。杨继周也一直挂念着那名负伤的战士陈志清,不知道他是不是还活着。

后来,一次次运动接踵而来,陈志清想去看望杨继周,可是他不敢,他担心会给杨继周带来灾难。这段往事他也没有告诉儿子陈忠岳。一直到他弥留之际,他才把陈忠岳叫到跟前,向他详细说了自己在山西省芮城县经历的这件事情,还有两人见面的第一句话和当时的情形。

这么多年过去了,陈忠岳也不知道父亲的救命恩人杨继周一家人生活怎么样,他想去看望,却一直没有成行。

十七路军研究会成立的时候,陈忠岳找到研究会,把父亲的这段经历告诉了他们。

杨继周在中条山中默默地度过了一生,他常常会向女儿杨春生讲起当年陕西军抗日的故事。

其中,有一个故事是这样的:六六血战的一天,杨继周和村人在土崖坡上躲避日军,突然看到远处跑来了三名中国军人,向着黄河的方向跑。那三名军人都负伤了,跑得很慢。几个村民看到来了自己军队的人,就跑出去想接他们过去躲藏,但是这三个军人摇着手臂,不让他们过来,还大声喊:"不要来,不要来,日本人就在后面,危险!"他们不愿意连累村民,互相搀扶着向黄河边挪动。十几个日本人很快就追来了,他们包围了这三名中国军人,要抓活的,而这三名中国军人拉响了怀中的手榴弹,和日本人同归于尽。

日本人退走后,村民含泪掩埋了这三名战士。后来,陕西军反攻,打了过来,

十万男儿血
中条山保卫战（1938～1941）

杨继周和村子里很多人给陕西军抬担架。陕西军走到哪里，他们就跟到哪里，甚至还跟着部队到了杨虎城的家乡陕西省蒲城县。

杨继周还给女儿讲起了当年在自己村中驻扎的那些士兵。他家住的是几个一七七师工兵营的战士，其中有一个年仅16岁的少年。麦子成熟的时候，这些战士帮助他们收割麦子，但是不吃他们家的饭。杨继周的母亲过意不去，就炸了一些麻花，让杨继周给他们送去。那个少年兵很俏皮，他把麻花折成了三节，一起放进嘴巴里，向别人说："你看，我一口能吃三根麻花。"第二天，日本人来了，双方在村外的岭头交战，少年兵牺牲了，一起牺牲的还有50多个人。掩埋这些战士的时候，杨继周突然看到了那名16岁的少年兵，他的身上有日本人打的枪伤。昨天还在一起玩的少年，而今天就成了这个样子，再也不会说话了，杨继周和所有的人都哭了。

杨继周临终的时候，也对女儿杨春生说，他很想念十七路军的陈志清，不知道这么多年过去了，他是否还活着，如果活着，生活好不好？

2008年，十七路军研究会一行人开着面包车从陕西西安来到了中条山中，在当年陕西军战斗过的地方祭奠烈士，车上写着"十七路军"的字样。他们开着车子来到芮城县陌南镇大沟南村的时候，正好被杨春生看到了。杨春生看到"十七路军"这几个字感到特别亲切，那是父亲生前多次给他提起的一支部队。杨春生想送给他们礼物，但是又不知道该送什么。他家有苹果园，就急忙跑回家中，捡了几个又红又大的苹果送给他们。他们拿着苹果疑惑不解，杨春生说："我不是卖苹果的，这些苹果是送给你们吃的，我也是咱十七路军的人。"然后，讲起了杨继周救起陈志清的往事。

就这样，两家人终于相见了。杨春生说："能够找到，真是天意。"

六六血战后，救护战士们的有很多乡亲。这些感人的事迹，至今还在中条山中流传。

平陆县沙口村的刘文英是一个普通的村民，他的父亲名叫刘克俭，是一名教书先生，当年也救过子弟兵。

刘克俭在世的时候，经常向女儿刘文英讲起六六血战的故事。

刘克俭小时候患过病，有点斑秃，所以他总是戴着帽子。六六血战的时候，日本鬼子占领了沙口村，到处搜查抗日军人。刘克俭因为长期戴着帽子，额头上有帽檐压出的印痕，印痕上面的皮肤因为经常得不到太阳晒，是白色的。印痕下面的皮肤经常被太阳晒，是黑色的，鬼子就认为他是抗日军人，抓起来，带到了村口。村口还有一些人，都是被鬼子搜出来的抗日军人。鬼子用绳索反绑着他们，赶往村外，进行屠杀。轮到刘克俭的时候，因为没有绳索，就将他和抗日军人推在了一起。

刘克俭背着双手，装着被绑住了，然后慢慢挪到了路边。路边，是一群鬼子抓来的村民，村民们赶着牲口，向前慢慢地走着，他们被日本鬼子抓来当民夫。刘克俭慢慢地走到了一个老汉的跟前，老汉赶着大车，看到刘克俭，赶忙把牲口缰绳递给他，刘克俭一把抓住了，装成赶大车的人。

走不多远，日本鬼子就杀死了抓来的抗日军人。日本人是用刺刀把他们一个个挑死的，抗日军人们没有人求饶。按照《日内瓦公约》，这些抗日军人是俘虏，俘虏是不能滥杀的，但是，日本鬼子却将他们残忍地杀害了。

杀害了抗日军人后，鬼子就用刺刀逼着刘克俭，走向村庄的方向，寻找藏匿的抗日军人。村庄附近有几间破败的院子，院子里藏着很多弹尽粮绝的战士，他们有的穿着老百姓的衣服，有的情急之中，找不到老百姓的衣服，只能穿着军装。刘克俭知道这个院子，也知道这个院子里藏着上百名已经失去了抵抗能力的抗日军人，但是，他带着鬼子从这几座院子前走过，日军跟着他一直向前走。没有人会想到这几座长满荒草的废弃院子里，藏着上百名中国军人。

当时真是命悬一线，如果有一个鬼子出于好奇，向院子里走近一步，这上百名没有枪弹的抗日军人就会暴露，就会遭到杀戮。

这上百名军人都是被鬼子从北面的山上赶下来的。日军四面包围，坦克打头，后面是小炮和机枪，而中国军队因为激战了好几天，已经弹尽援绝，只能不断后撤，最后就来到了沙口村。沙口村少说也有几百名军人被包围在这里，日军的坦克和机枪架在村外，一家一家搜查中国军人，中国军人已经走投无路。

这时候，为了保护自己的子弟兵，村中人都把自己的衣服让军人换上，刘克俭也把自己的衣服脱下来让给一名抗日军人。可是，那时候的人都很穷，各家各户都很少有多余的衣服，很多军人没有换上老乡的衣服，就被凶残的日军抓起来带到村外杀害了。

即使穿着老乡的衣服，也很难逃脱日本人的迫害。日本人把所有男人集合起来，一个个检查他们的手掌。手掌没有老茧的，就被抓走。村中很多老人和妇女

十万男儿血
中条山保卫战（1938~1941）

舍命拦住，说这是自己家的人。当时，有一个抗日战士要被日本人带走，刘文英的舅奶就掂着小脚，跑到这名战士的跟前，跪在地上，抱着这名战士的腿说："这是我大娃，这是我大娃。"

尽管这样，还是有很多抗日战士被日本人带走了。

但是，由于刘克俭的保护，藏在村庄附近那几座破院子里的抗日军人，一直没有被日本人发现。

刘克俭领着鬼子走过了藏匿着抗日军人的院子，一直走到了一个叫做后涧的村庄，指着远处茂密的树林。日本人看到天色已晚，担心会中埋伏，就架起机枪和小炮对着树林乱打一气。

趁着日本人朝着树林射击的机会，刘克俭一路飞奔，回到了那几座破院子里。他对战士们说："这里不能呆了，赶紧跑。"他担心日本人又会回来搜查。

担心战士们不熟悉路径，刘克俭带着这100多名战士，趁着浓黑的夜色，先向西走，走到一处山口，又带着他们向北走，一直走出了几十里地。这里已经属于张店镇，是日军的后方，估计没有危险了，刘克俭和战士们告别，又趁夜色走回了村庄。

刘克俭上世纪80年代去世，享年69岁。

刘铁柱也是平陆县沙口村人，六六血战的那一年，他13岁。

日本人进攻沙口村的时候，刘铁柱看到有一个排的中国军人，蹲守在一座壕沟里阻击日本人。他们架着一挺机枪，机枪两边是几十杆步枪。很多日本人被打死在了阵地前面，攻不上来。后来，一部分日本人迂回包抄，从后面占据了壕沟的上方，向着壕沟疯狂扫射。这一排战士只有两名负伤逃走外，其余的都牺牲了。

后来，越来越多的日军包抄过来，抗日军人有一部分节节抵抗，跑到了黄河岸边，一部分被日军包围在了村庄里。

当时，刘铁柱在黄河河堤上，亲眼看到很多战士先把枪扔下黄河，然后就一个拉着一个的手，纵身跳下去。跳下去后，没有摔死的，就继续拉着手向黄河里走。他们走着走着，河水就淹没了他们。他们被冲散了，水面上只剩下胡乱拍打的手臂，后来就彻底被水淹没了，再没有漂浮上来。这些战士应该是都不会游泳的，他们幻想着手拉手能够抵御汹涌的河水。其实，黄河水很深很深，想要走到黄河对面是不可能的。

第五章 3000壮士跳黄河

第二节 最可敬的乡亲

那天,跳黄河的人非常多,一片又一片,一波接一波。有的人会游泳,可是快要游到对岸的时候,对岸的中国军队向他们开枪,他们用尽了力气,总以为游到黄河对岸就安全了,没想到却被自己人打死了。黄河这边,日本人也架着机枪,向河中扫射。两边的枪都在打,河里的人怎么会逃生?

到了后来,一名军官骑着马跳进了黄河里,他把马的肚带绳松开,这样马在水中游走的时候,呼吸就会顺畅些。这名军官快到黄河对岸的时候,举起手臂呼喊。他上岸后,不知道怎么交涉的,黄河对岸军队的枪声才稀疏下来。

刘铁柱说,那天,除这个军官,他看到的再只有五个人活了下来。当时,日本人追赶很紧,有人赤手空拳跳进河中,有人抱着木橡跳进河中,可是因为木橡太细,人一抱着就沉了下去。有五个人拉来村中贾京运家的耕牛,他们骑着耕牛,拉着耕牛的尾巴游过了黄河。陕西缺水,陕西军人中会游泳的很少,如果不依靠大型牲畜,是无法游过黄河的。

几天后,贾京运去到黄河岸边,把他家的耕牛又牵了回来。

那天,刘铁柱还看到日军骑着大洋马在河滩上追赶中国军人。6月份,天气已经很热了,日本骑兵担心太阳晒着大洋马,就找来两个草帽,中间挖个窟窿,套在大洋马的耳朵上,给马遮阴。日本人虽然爱惜他的马,但是却对中国人很残忍,他们一追上中国军人,就用马刀砍。

一直到了后半晌,日本人从黄河边离开了,刘铁柱的父亲才带着他回家。父亲拉着他的手,让他闭上眼睛不要看。他出于好奇,睁开眼睛,突然看到黄河河滩上到处都是死尸,有的肚子被日本人的刺刀挑开,肠子流了一地,有的浑身都是鲜血,缺胳膊少腿。那天看到的情景,让刘铁柱一辈子也不能忘记,一辈子都感到痛不可挡。

日军回到村庄后,把中国军人遗弃的步枪和衣服架起来焚烧。日本人看不上中国军队手中老掉牙的汉阳造,焚烧的时候,听不到爆炸声,说明这些步枪里已经没有了一颗子弹。然后,日本人又把他们的死尸集中在一起,从村民家中拆来门板和窗扇,架起来焚烧,村庄里飘散的都是臭味。

然后,日本人把所有的中国男人都赶在一起,逼迫他们跪在地上,一个一个地检查他们的手掌,看到手掌没有老茧的,就抓起来,用他们的绑腿绑起来。尽管很多中国军人穿着村民的衣服,但还是被日本人认出来了。除了军人外,日本人还抓了一些年轻的村民，也把他们当成了军人，这些人被日本人赶到了黄河滩上，一起杀害了。其中被日本人杀害的村民就有明杰、小勇、银禄、梁权等，这些人都是刘铁柱的左邻右舍，他认识他们。

沙口村有一个四十多岁的男子，刘铁柱忘记了他的名字。这名男子当时在村外，看到日本人追过来，抗日军人在前面跑，他赶紧把自己的裤子脱下来，让抗日军人穿上，然后自己光着身子回到村庄。那时候，中国乡下人很穷，很少有人穿内裤。

这名男子来到村庄后，因为全身赤裸，就躲在了一棵树后，向一眼窑洞里的人喊话。窑洞里是一个老大娘，老大娘让他赶紧进窑洞躲日本人，他说他没有穿裤子，把裤子给了抗日军人。老大娘二话不说，就把自己身上穿的裤子脱下来，扔给他。就这样，他才走进窑洞躲避。

刘铁柱说，那时候，村子里的人都在帮抗日军人，因为抗日军人都是自己人。刘铁柱的父亲，当时就把身上正穿的衣服，脱下来给了一名战士。

村庄里有一个人叫刘东芳，刘东芳的爷爷叫刘宗仁。刘宗仁在清理院子的时候，突然看到草丛里露出了一只脚，他惊呼道："这里还有一个被日本人杀死的。"正要拽他的脚时，草丛里的人说："我还活着呢，还没死。"全家人赶紧把他拽出来，一看，是一个抗日战士。

当天晚上，全家人给他做了饭，送他去北方寻找部队。

还有一名战士叫生贵，刘铁柱忘记了他的姓氏，也忘记了他是陕西哪里人。当时日本人来到村庄的时候，生贵负伤了，躲在地窖里，幸亏没有被日本人发现。日本人走后，生贵就在和刘铁柱隔两家的刘子健家住着养伤。刘子健家土地比较多，生贵身体恢复后，就在刘子健家扛长工。那时候的长工，也不像书籍中所说的《收租院》那样的没有人身自由的长工，刘子健也不是刘文彩、周扒皮那样的东家。生贵和刘子健相处很好，他主要在地里干活。刘子健家虽然富裕点，但是也仅能维持温饱罢了，不像电视剧所演的恶霸地主，鱼肉百姓，敲骨吸髓。

生贵个子很高，力气很大，枪法很准。有一次和人打赌，打远处的一个小东西，一击就中。生贵和全村人都相处很好，村里人知道他是抗日军人，也都很尊敬他。他还曾经逗年幼的刘铁柱玩过。

后来，生贵打听到了自己部队的下落，就投奔部队去了。

第二节 最可敬的乡亲

刘铁柱还说起了刘克俭的事情，他说刘克俭是一名教书先生，他带着一些抗日军人趁着夜晚逃离虎口。那些军人有多少？刘铁柱说足有200人。

刘铁柱家前面不远有一处壕沟。那天日本人进村的时候，有十几个战士躲在了壕沟里，躲过了日本人的搜查。后来，他们问村民："日本人走了没有？"村里人说："走了。"他们从壕沟里爬上来，去寻找自己的部队。

刘铁柱家门前的壕沟，现在还在。

在中条山中，我听到了这样一件事情，一名妇女为了救护抗日战士，而牺牲了自己的丈夫。

这一切是过去的黑白抗日电影中才会有的情节，但是却真真切切地发生了。在茅津渡，日军包围了村庄，将村庄所有的男子集合起来，检查抗日战士，将所有疑似抗日的战士都用机枪打死了。剩下的男人，让村中的人们认领，有一名妇女，领走了在自己家中驻扎过的一名抗日战士，而眼睁睁地看着自己的丈夫被日本人带走了。

日本人带着这些无人认领的男子，让他们拉大炮，搬运物资。后来，这个男人再没有回来，不知道是被日本人打死了，还是失踪了。而那名女人，后来也变疯了。

这家人没有留下后代。

第三节 跳黄河有多少人

抗日战争中，最惨烈的，不是远征军松山战役，而是中条山六六血战。

抗日战争中，最悲壮的，不是远征军穿越野人山，而是中条山3000壮士跳黄河。

惨烈的六六血战终于结束了。

医药调剂师魏志鹏历尽磨难，死里逃生。当他听说一七七师就在十七师的附近后，就决定了去找一七七师。这次，他把那两个药袋子留给了十七师。

魏志鹏沿着黄河岸边，走向一七七师的方向。他看到大战过后，黄河岸边漂满了死尸，那都是跳黄河的战士。魏志鹏看着这些战士，跪在地上，号啕大哭。很多年过去了，魏志鹏说起这一段，依然泣不成声。

黄河里有多少死尸？没有人数过，也数不清。但是，当地的老百姓说，最少也有1500具。

这些年来，张恒沿着中条山南麓、黄河北岸，一个村庄一个村庄调查走访，统计六六血战时期跳入黄河的陕西军人数，最后得出结论：当年不愿投降，跳入黄河的有3000人。

张恒说，他采访到的每一个见证了当年历史的老人，说起跳黄河这段往事，都泣不成声。

那天中午，张恒向我谈论陕西军跳黄河的情景时，我们哭了很久。

陕西军在中条山抗战中跳黄河的往事，一直不为外界知道。

最早向外界披露这件事情的，是当年的三十八军中尉机要参谋和译电员车国光。车国光是山西省垣曲县谢村人，改革开放后是垣曲县政协委员，每逢政协开会的时候，车国光就给另一名政协委员王华兴谈起当年在中条山中打鬼子的事情，王华兴还是垣曲县委宣传部副部长。

车国光当年向王华兴谈起陕西军跳黄河的时候,很激动,他说:"这几十年形势变了,这件事情可能会震动世人的。"车国光让王华兴把这段历史记录下来,留给后人,盼望着多年后这段被淹没被忽视的历史能够重见天日。王华兴也想到,以后可能会有人找他了解这段历史。

王华兴写好了车国光的口述史以后,就开始了漫长的等待。

2009年7月,张恒来到垣曲县,找到已经退休了的王华兴。这一年,王华兴已经79岁,而车国光已经去世好几年了。王华光一见到张恒,就激动地说:"没想到我们两个人的希望和我的预料,今天,在我晚年的时候看到了。"

车国光第一次向外界披露陕西军跳黄河的历史,是在1986年5月,他的回忆文章收入了当月印刷的《垣曲文史资料》。在这篇文章中,他明确记载,当年从芮城县陌南镇跳入黄河的有1500人,这些士兵都是一七七师的。后来,张恒走访了平陆县的茅津渡、太阳渡、沙口、张峪等地,了解到当年独立四十六旅和独立四十七旅在这里跳入黄河的也有1500人。所以,六六血战的那几天,陕西军跳入黄河的共计有3000人。

事实上,当年的六六血战,战线沿着黄河岸边铺开了几十里,战争也进行了好多天,宁愿跳入黄河,也不愿投降日军的壮士,在不同的时间不同的地点,跳入了黄河。

车国光当年告诉王华兴说,在陌南镇跳入黄河的,大多数都是从西安来的进步学生,他们不属于部队的编制,而是部队力量的补充部分,也就是说,他们属于一七七师的二线部队,当一七七师伤亡过大后,他们就补充进来。他们还不会打仗,甚至还没有学会打枪,很多人连武器都没有。他们第一次上战场,就被日本人分割包围了。他们赤手空拳,无法突围,就被逼跳入了黄河里。

车国光预言说,当有一天,这段历史被披露后,一定会震惊世人。

与此相类似的八女投江、狼牙山五壮士,我们耳熟能详,妇孺皆知,而3000壮士跳黄河,这样惊天地泣鬼神的壮举,更应该引起世人的关注。

八年抗战中,还有比3000壮士宁死不降勇跳黄河更悲壮的事件吗?

没有了。

六六血战的时候,王华兴才九岁,他清楚地记得当年跳黄河的事情。王华兴

十万男儿血
中条山保卫战（1938~1941）

家就在黄河岸边，他看到黄河上尸体漂了三天三夜，这三天三夜是比较集中的时间段，而在此前此后，还有尸体不断地从上游漂下来。

而能够亲眼看到上游尸体漂浮下来的，还有当年15岁的赵长贵。赵长贵家在垣曲县古城镇赵家岭，六六血战前夕，因为听说日本人要打过来，赵长贵就赶着牛来到黄河岸边半山腰的洞穴里躲避。他站在洞穴里，能够清清楚楚地看到脚下的黄河。

翻开山西地图就能看到，黄河在中条山之南，自西向东流淌，而中条山南麓的县域，自西向东为芮城、平陆、垣曲，所以，生活在垣曲县黄河岸边的王华兴和赵长贵，都能够看到黄河上游漂浮而来的死尸。

那天，赵长贵在洞穴里枯坐着，突然看到黄河上游漂来了很多死尸，他感到万分惊惧，黄河上怎么会有这么多的死尸啊？一会儿漂过来一个，一会儿漂过来一个，他无所事事，就开始数那些死尸，一个，两个，三个，四个，啊呀五个了……他非常纳闷，怎么会有这么多的死尸？数到了三百多个后，天黑了，赵长贵就回到村庄。那时候，日本人不会在夜晚进攻，因为到了夜晚，他们的飞机、大炮、坦克等重武器就不能发挥作用。所以，日本人就在夜晚睡觉。夜晚，赵长贵也能回到村庄了。

第二天早晨，赵长贵又来到了昨天那个洞穴里躲避日本人的飞机和炮弹，为了打发时间，他又开始数黄河里从上游飘来的死尸。他就这样数着，数了三天，每天至少有300具死尸从他的眼前飘过。

第四天，赵长贵回到了村庄，不再躲避日本人了。但是，那些死尸从上游还漂来了好几天。

后来，赵长贵听到村里人说，这些死尸都是抗日官兵的。他们在上游被日本人包围了，被逼跳进黄河，有的人拿着木板和木头向河里面跳，有的人没有找到木板和木头，就手拉着手向黄河里跳。一到黄河里，木板和木头就被河水打翻了，而波浪也把手拉着手的战士冲开了。很多人还没有到河中心，就被水冲走了。少数人侥幸快到了黄河对岸，却遭到岸上中央军的射杀，就这样，淹死在了黄河里，随着水流漂走。

赵长贵的老伴车素梅当年只有八岁，她家在垣曲县上云岭，六六血战的时候，她被父母带着，逃到河南济源一座叫做十八沟的地方躲避战火。六六血战结束，日本人被赶走了，车素梅跟着父母来到黄河北岸，当时黄河水面也下降了。她看到黄河边的泥地上全是死尸，一个挨一个，密密麻麻，铺了几十里长。少数穿着

第五章 3000壮士跳黄河

第三节 跳黄河有多少人

军装,绝大多数死尸都没有穿衣服,他们身上的军装都被波浪打开后又卷走了。河水把这些尸体泡得鼓鼓胀胀,远离岸边的尸体都发臭了。

抗战老兵胥继武也向我讲起过跳黄河的往事。

前几年,有一本书籍记载了当年跳黄河的有800人,我就这件事情询问胥继武,他说,800的数字明显太少了,当时仅仅部队打捞上的尸体就有上千。

六六血战的时候,胥继武任第四集团军总司令部特务连连长,负责司令部的安全。他说从陕西军东征打的第一次战役——永济保卫战开始,到六六血战前夕,第四集团军和日军还打过很多次战斗,但是规模都不大,到六六血战的时候,日军一下子就集中了三万人,不但人数比中国军人多,而且武器还先进得多,日军有飞机坦克,中国军人没有,即使就步枪来说,中国的军队手中的汉阳造,也无法与日军手中的三八大盖相比。日军的后勤供应畅通,汽车拉着猪肉大米源源不断地开往前线,而中国军人饿着肚子打仗。这样对比起来,六六血战前期,中国军队的失败在所难免,而后期的中国军人绝地反击,反败为胜,就实在是一个奇迹和神话了。

那些天,胥继武带着特务连严阵以待,保卫司令部。他们把机枪架在山岇上,爬在壕沟里,密切注视着张茅大道的情况。张茅大道,那是日军大部队和重装备能够进入中条山南麓的唯一通道。他们看到了那里的硝烟像蘑菇云一样升起来了,听到了阵阵的炮声接踵而至,还看到了阳光下无数跳跃的碎片,那是双方的军队在白刃战,是刺刀和刀片上面的闪光。

六六血战结束后,胥继武才听说当时有很多战士跳入了黄河,他非常悲伤,就和特务连的战士们跑到了黄河边的"三门峡"。三门峡是"神门、鬼门、人门"的通称,是黄河边的一个地方,当时是一个大漩涡,不是今天的三门峡市,今天的三门峡市那时候叫会兴镇。过去的"三门峡"在黄河北岸,现在的三门峡市在黄河南岸。

在"三门峡",胥继武看到黄河边的尸体一大片一大片,非常多,有男的,也有少量女子,绝大多数人的衣服都因为河水冲刷而剥离。战士们含着眼泪把这些尸体打捞上来,不知道他们的部队番号,也不知道他们的姓名,他们的家庭地址。打捞上来的尸体,足有上千具。

这仅仅是被黄河水冲刷到三门峡的尸骨,而被黄河水冲没的,被冲过三门峡的,还不知道有多少。

战士们把尸体捞上来后,埋在了旁边的深沟里,深沟都被填满了。

没有人知道他们是谁。这么多年过去了,他们的家人也许一直在寻找他们的踪迹,他们的妻子也许一直在等待着他们回家,他们的孩子也许一直在盼望着能够见到爸爸。可是,他们会不会想到,他们盼望了几十年,寻找了几十年的那个亲人,在1939年6月6日跳入了黄河,被黄河带走了,他的所有痕迹,也都被黄河水淹没了。

"可怜无定河边骨,犹是春闺梦里人。"

自从知道了当年3000壮士跳黄河后,我的心就沉甸甸的。很多次在梦中,我梦见黄河铺天而来,它流的不是浑浊的河水,而是滚滚的鲜血。每次采访或者回家,坐车经过黄河,看着河水,我都会浑身颤抖。我看到从远处的河面上,流来了无数的躯体,他们穿着黄色的军装,圆睁着双眼,大张着嘴巴,无数的躯体铺展在河面上,遮没了河水,向着我滚滚而来……

第四节 寻亲路漫漫

李武是陕西省礼泉县人。这些年来,他和母亲一直在寻找张怀德的遗骨。张怀德是李武母亲的叔叔,牺牲在中条山中。准确地说,是牺牲在中条山的六六血战中。

张怀德的部队番号是独立四十六旅七三六团七连,他任连长。张怀德生自小就没有了父亲,被送了人家,但是养父对他很不好。

后来,张怀德参加了杨虎城的军队。军队先后驻扎在三原、泾阳、汉中等地。张怀德在部队结婚了,妻子有文化,可能是部队驻地有新思想的女学生或者女教师,他们生过一个女儿,但是,妻子和女儿都没有回过礼泉县老家。

抗战开始后,张怀德离开妻女,奔赴抗日前线。在永济保卫战中,张怀德所部伤亡惨重。永济保卫战后,他回到陕西省礼泉县老家接了一批新兵,然后又匆匆奔赴抗日前线,此后再没有回来过。他牺牲在了中条山战场上。

后来,李武的母亲,也就是张怀德的侄女,听说张怀德牺牲在山西省平陆县的东祈村,遗体先放在东祈村的一座寺庙里,后来不知道安葬在哪里。而他的妻子和女儿也都没有消息。

这几十年来,寻找张怀德的遗骸,一直是李武母亲的一个心愿。可是因为贫穷,这个心愿一直到2009年6月5日才实现。

2009年6月5日这天,李武陪着母亲从陕西省礼泉县来到了山西省平陆县部官乡西祈村。西祈村就和东祈村紧挨着。西祈村有一个周仓庙,里面供奉的是给关公扛大刀的勇士周仓,香火很旺。在这里,李武认识了一名姓姚的老人,他叫老人姚爷爷。

姚爷爷快90岁了,他告诉李武说,他当年看到了在这里打鬼子的陕西军队。日本人来到中条山南麓的平陆时,他仅有十几岁,父亲被日本人杀害了,而他被逼迫着和村中几个少年给日本人打柴。后来，村庄里来了一队中国军人，赶跑了日本人。

这支军队里人人都说着陕西话，他们对老百姓很好，帮助老百姓干活，老百姓也把做好的饭菜送给他们吃，大家相处得就像一家人一样。小时候的姚爷爷就曾经给他们送过饭。

这支部队里为首的是一个连长，有三十多岁，身材魁梧。他们是和部队失散了，冲出了日军的包围圈后，来到了这里，当时已经弹尽粮绝，没有给养。每个人的衣服都破破烂烂，还有很多人的身上带着伤。

这一连人住在周仓庙里，那时候周仓庙有一个大院子。

每当到了夜晚，这些军人就出去了，因为没有了子弹，他们一人扛着一把大刀，去偷袭附近的小股日军。天亮的时候，他们就回来了，人困马乏，背上扛着抢来的日军枪支。

后来，又有更多的陕西军队来到了东祈村和西祈村，这支部队终于找到了大部队。当时所有人都非常高兴。

然而，好景不长。大批的日军就来进犯，飞机整天在头上盘旋，炮弹就在村庄周围炸响，大部队要转移，留下这一连人阻击日军。

这一连人阻击日军长达一天，最后全部壮烈牺牲。

按照时间推算，这场战役就是1939年6月的"六六血战"。

日本人离开后，村庄里的人就收殓勇士们的遗骸。他们在村外挖了很多大坑，一个坑里掩埋几名战士。那名连长也牺牲了，有一个老人把给自己准备的棺材抬出来，装殓了连长。人们把盛着连长遗体的棺材放在周仓庙里，等着家人来搬走灵柩。可是等了很久，都没有等到，只好掩埋在了村西边，并在坟头上栽种了一棵柳树，树立了一块木牌。每年清明节，村民们都自发来到坟茔前烧香上坟。新中国成立后，这座坟墓被铲平了，墓碑也不见了。

尽管姚爷爷忘记了这名连长的姓名，但是李武断定这名连长可能就是自己的姥爷张怀德。

姚爷爷还带着李武找到周仓庙的管理员老杨，老杨的姑妈是这支部队一位排长的遗孀。排长牺牲在这里后，他年轻的妻子就从陕西来到这里居住，一生都陪

第五章　3000壮士跳黄河

第四节　寻亲路漫漫

伴着丈夫。后来，老杨也从陕西迁来了这里，照看姑妈。

老杨的姑妈已经很老了，耳聋眼花，当年的很多事情已经忘记了，但是她还记得丈夫所在的那支部队的连长姓张。

李武更坚定了那名牺牲的连长就是姥爷张怀德。

李武让姚爷爷带着，穿过村庄，来到了当年掩埋那一连战士和连长的地方。他们看到眼前平畴漠漠，麦浪翻卷，当年的坟地，现在是一片杨树林，已经无法判定坟地在哪里。姚爷爷说，这周围一片，都是掩埋那一连战士和连长的地方。

李武和母亲跪在地上，母亲只说了一句："叔叔，我看你来了。"就泣不成声，悲痛欲绝。李武也哭倒在地，几欲昏厥。他们寻找了70年，终于找到了亲人骨骸的下落。他们等待了70年，终于能够给亲人烧一把纸钱。

临走的时候，母亲从地上抓起一把土，小心地用塑料袋包裹着，带回了陕西。

70年过去了，不知道张怀德的妻子是否还在人世，他的女儿是否还在人世？如果她们或者她们的后代能够看到我的这段文字，请与我联系，你远在陕西省礼泉县的亲人，一直在寻找你们。

石东学是陕西省澄城县城关镇长城头人。这些年来，他一直寻找他的叔父。

石东学的叔父叫石积堂，当兵前在澄城县保安队供职，结婚有一年时间，当年26岁。

陕西军在中条山与日军交战，伤亡惨重，急需补充兵员，石积堂就报名去山西打鬼子。临出家门前，他告诉妻子说："你在家等着我，等我赶走了日本人，就回来。"此后，妻子就在家开始了漫长的等待。

当时，和石积堂一起去当兵的，还有20多个人，他们要先到与澄城县比邻的蒲城县，周围几个县的新兵都在蒲城县集中，然后一起开往临潼，再从临潼开往山西中条山。蒲城县是渭北高原上最大的县，也是杨虎城将军的家乡。

澄城县城关镇长城头村有一个人叫庞发弟，他是和石积堂一起玩大的，比石积堂小几岁。石积堂他们去蒲城县集中的时候，是庞发弟赶着马车送去的。当时，这20多名新兵先在县城北部的城隍庙集合，组织他们的，是澄城县兵役局的人。

蒲城县距离澄城县有五六十里路程，再加上那时候路面很不好，全是乡间土路，所以，庞发弟要把他们从澄城县送到蒲城县，需要大半天的时间。送到蒲城县的时候，就天黑了。当天晚上，石积堂和庞发弟住在一起，说了大半夜的话。天亮后，石积堂和几百名新兵排着队向南面的临潼走，庞发弟赶着马车向北面的澄城县走。

临潼县，在西安的旁边，全省的新兵要在这里集合，然后再步行去潼关，东渡黄河，开往中条山。

从澄城到蒲城，再从蒲城到临潼，又从临潼到潼关，然后再到中条山，这一路至少也要走五六百里路。

石积堂在中条山作战期间，曾经给家中写了三封信，收信人写的是"石积堂家中收"，落款处写的是一串数字，都不是第四集团军的编号。战争期间，部队编号是不能随便公布的，免得被日军侦知。信封的背面写着"飞机，阳历2月27号"。但没有写哪一年，按照时间推算，这封信所写的不是1939年，就是1940年。信中还有一张照片，五位中国军人，前三个坐着，后两个站着，都着军装，光头，器宇轩昂，英姿勃发。有一封信中还有一张委任状，委任状上写着"委任石积堂为机枪连连长"，委任状上有师长的姓名和私章。

这张委任状，是石东学1972年在伯父家中看到的，可惜没有记住师长的名字。第四集团军下辖两个军，而每个军仅有一个师，所以，石积堂如果在三十八军，师长不是赵寿山就是耿志介；如果在九十六军，师长不是李兴中就是陈硕儒。当年，赵寿山和李兴中都当过军长兼师长。1978年，伯父去世了，儿媳打扫房子时，把这张委任状和很多旧物烧掉了。目前，石东学手中仅有的能够证明叔父石积堂当年身份的，仅有这一封信和一张照片。

石积堂在中条山作战时，石东学的姐姐，也就是石积堂的侄女曾经做了一双布鞋，给他邮寄过。当年抗战时，中国军人的鞋子还需要家人提供，可见当年战争有多艰苦。我曾经听过好多老兵说，他们行军时，只要坐下来休息，第一件事情，就是赶快编织草鞋，用能够随手找到的破布和稻草。编草鞋是南方士兵的专长，可是因为没有布鞋穿，很多北方士兵也学会了编制草鞋。而同时期的日军呢？他们脚上穿的都是皮鞋，不是牛皮鞋，就是猪皮鞋。

家中那时候仅收到叔父石积堂的三封书信，就再没有了他的任何消息。他是活着，还是战死了，家里人都不知道。

石积堂的妻子一直在家中等着丈夫回来，抗战胜利了，丈夫没有回来；解放战争开始了，丈夫没有回来；解放战争结束了，丈夫没有回来；抗美援朝开始了，丈夫没有回来；抗美援朝结束了，丈夫依然没有回来……

妻子等待了十多年，一直等得鬓角有了白发，等得额头爬满皱纹，还是没有等到丈夫的消息。

如果有人看到了我这段文字，知道石积堂的下落，也请和我联系。

牺牲在中条山的老兵，这70年来，他们的家人一直在寻找。而流落在中条山中的老兵，也一直在寻找家人。

张恒还寻找到一名参加过六六血战的老战士的故事，这名老战士叫曹根成。

曹根成出生在陕西省商南县，在三十八军孔从洲的独立四十六旅当兵。当兵不久，有一次去夜袭日军，孔从洲在很多口棺材前做动员报告，他问战士们："你们当兵要打日本，害怕不害怕死？"大家都不敢说话，曹根成走上前去，他指着一口大红棺材说："打日本我不怕，死了这口棺材就是我的。"孔从洲赞赏地说："好样的。"将曹根成编入了敢死队。

后来，每逢战事不利，敢死队就轮着大刀冲上去，扭转战局。曹根成就在这支敢死队中，他多次受到孔从洲夸奖。

李红伟曾经担任过村庄的支部书记，他至今还能清楚地记得曹根成说过的战争场景，"他和多个日本人拼刺刀，日本人把他的肚子戳了一个洞，肠子都流了出来，他用手把肠子塞进肚子里，再用腰带堵住伤口继续和日本人拼刺刀"。

六六血战后，曹根成身负重伤，无法突围，他只能在部队驻地的平陆县圣人涧镇东寒窑村藏起来，躲过了日军的搜查和追杀。

伤好后，为了生活，曹根成做了上门女婿。后来，陕西军被调到了黄河以南，曹根成找不到部队，就参加了平陆县吴仲六的抗日游击队。吴仲六是共产党员，曾和三十八军一起打鬼子。因为曹根成作战勇敢，经验丰富，受到了吴仲六的重用。1943年，曹根成曾经私自带着一支部队下山，伏击了几十个日军，缴获了大量枪弹和被服、粮食。尽管取胜了，但是他仍然受到批评。1941年，游击队并入了太岳军区的八路军部队后，曹根成做地下党交通站的情报工作。1948年，他回乡务农。

村民薛晋增说，曹根成没有上过学，不识字，人特别忠厚老实，因为战争中受过伤，所以身体不好。薛晋增见过曹根成脊椎骨下一处伤疤，是被日军的炮弹弹片击中的，一到天阴下雨，就疼得受不了。有人建议说，按照国家政策，他可以有工作和待遇。可是他不识字，不知道怎么找，也没有去找，所以，他晚年就靠着一亩薄地和捡破烂生活，生活很苦。

曹根成结婚后，生过一个孩子，但是这个孩子几岁的时候因为破伤风死了，后来没有再生。曹根成是军人脾气，很倔，离婚了。一直到晚年，他都是一个人生活，住在土改的时候分给他的破窑洞里，十几年前就死在这眼破窑洞里。

曹根成去世前的十几年里，一直让薛晋增给他的老家陕西商南县写信。薛晋增现在还记得地址是：陕西省商南县王家店夜黄沟，曹三成收。曹三成是他的三哥，他家弟兄四个，曹根成是最小的。每到逢年过节，孤身一人的曹根成就拿来邮票和信封，让薛晋增给他写信，信中的内容都是对家中的思念，对父母的问候。可是，十多年来，这些信件都是石沉大海，没有一封回信。没有回信他依然在写，盼望着家人能够收到他的来信，他能够收到家人的回信。

现在，曹根成老家的地址是：陕西省商南县白浪镇汪家店夜黄沟。

曹根成非常思念家乡，非常思念家人，可是他没有钱回家，也因为不识字，不知道路怎么走。后来，年龄大了，身体状况更差了，他更没有能力回家。

薛晋增说，上世纪80年代初，商南老家的人突然跑到平陆，找到曹根成，来的是曹根成的侄子和侄媳。直到这时候，村里人才知道曹根成的老家陕西商南也很穷，这次来平陆，侄儿还是向别人借的路费。曹根成的三嫂是逃荒要饭，来到了商南，被曹根成的三哥用一捆芝麻叶子换来的，后来生下了侄儿。侄儿来的时候，曹根成的父母已经去世了。

侄儿侄媳在平陆住了一段时间，曹根成家实在穷得没东西吃，侄儿侄媳就又回去了。曹根成的生活又回到了以前的孤苦凄凉中。

曹根成生前最大的愿望是：死后能够埋在父母的坟边。生前为了国家出外打仗，无法照顾父母；死后能够埋在父母身边，照顾父母。

1994年3月25日，曹根成去世了，死后埋在中条山中，他的愿望终究没有实现，他最终也没有回到自己的家乡陕西省商南县。

其实，山西平陆距离陕西商南并不远，车票不足100元。可是，就是这100元，三十八军敢死队员曹根成也拿不出来，他只能带着一生的遗憾，含恨去世。

第五节 后死碑

六六血战前，陕西军有一个营在平陆县洪池乡西郑村附近与日军打过一仗，牺牲28人。战士们和村民们将这些战士掩埋后，树立了一块碑。后来，六六血战的时候，这个营开往了西郑村东面的杜马村，与日军交战，形势不利，向南撤退。最后，日军将他们围在了沙口村，他们中有的牺牲了，有的跳河了。村民们说，这个营的营长叫张玉亭，这块碑叫后死碑。

我在《原十七路军序列沿革》中查找到，这个营的番号是一七七师一〇五九团第三营，师长是陈硕儒，团长是孙洁生，营长是张玉亭。

柴作宾是山西省平陆县洪池乡西郑村人，当年张玉亭带着一七七师一〇五九团第三营来到村庄的时候，他20岁。

当时，柴作宾家住着一个班，班长姓李，有二十多岁。李班长很快就和柴作宾成为了朋友，两人无话不谈，李班长向柴作宾讲起了陕西的风土人情，陕西的粮食作物，他说他以前是学生，为了打日本鬼子才当兵来到山西。李班长经常向柴作宾讲起抗日救国的道理，有一次问他："打日本需要全国人民一起打，你打不打日本？"柴作宾说："我打，你发给我枪我就打。"李班长笑着说："我知道你爸你妈舍不得你。"

这一班战士住在柴作宾家，和他家共用一个灶膛和铁锅。他们每人有一个搪瓷缸子，吃饭的时候，他们蹲在地上，端着搪瓷缸子吃。他们每天只吃两顿饭，早晨九时一次，下午四时一次。他们做完饭后，柴作宾家才开始做。

战士们做饭的时候，从来不用柴作宾家的柴禾，他们做饭用的柴禾都是自己去村外捡拾。下雨天，柴禾潮湿，他们就把湿柴禾放在做完后的灶膛里烘干，就是这样也不拿柴作宾家的一根柴禾。有时候，他们没面吃了，就用钱向村子里买，从来不会少给钱。

自从家中住进了战士后,家里的所有活都被他们承包了,担水劈柴,打扫院子,包括地里的庄稼活,却不要他们一分钱。村子里家家户户都是这样,每户人家的活都让这些战士干了,村民们过意不去,夜晚就熬点稀饭让他们喝。那时候的人都很穷,也没有更好的东西。

每天黄昏时节,这些战士让柴作宾的父亲坐在院子中间的圈椅上,他们在圈椅前蹲成半圆,陪着父亲说话。有一次,李班长对父亲说:"你们山西平陆这地方不美,等把日本赶出去,打完仗了,你们家就搬到我们陕西,到我们村子住下,先住到我家,我们那里地势平,吃的粮食也好。不过我们那里没有你们这里这么多的'料浆石',这种东西在陕西要用钱买。"不美是陕西方言,就是不好的意思。料浆石,是一种石头,可以当建筑材料。

这一班战士和柴作宾家相处一直很融洽。其实,全营战士都和全村人相处和谐。他们穿着灰色军装,每个人臂膊上戴着徽章,上面写着一七七师,衣服胸口上还有胸章。战士们经常在村口练兵,走步,瞄准,劈杀,格斗,还唱歌曲,柴作宾至今还能记得他们唱的歌曲有《大刀进行曲》、《松花江上》和《义勇军进行曲》。

这个营还有一台收音机,这台收音机经常放在村子里的戏台上,让村民听。全村人都跑过来看,跑过来听,他们很好奇,这个四四方方的匣子里怎么会有人说话,还有人唱歌,而且还说的是陕西话。每天,这架收音机旁都围着七八十个人在听。

新中国成立后,柴作宾看到电影上演的八路军和百姓亲如一家,他给村子的人说:"我们村子里住的,肯定就是八路军。"而且直到现在,柴作宾都认为住在他家的李班长,肯定是共产党员,因为他人实在太好了。

西郑村的人都能记得这么一件事情。有一次,一名连副和村子里一名老人发生了口仗,还互相推推搡搡。张玉亭营长听说了这件事,就罚这名连副在村口站岗,狠狠地批评他,说到气愤处,就顺手捡起一根细木条,抽打了连副几下。连副站完岗后,张营长又让他去那名老人家里,登门道歉。老人很受感动,连声说这样的军队,世上少有。

村民们都说,张玉亭营长个子很高,他带着两个卫兵,两个卫兵的个子也很高,他们腰间别着20响盒子枪,看起来威风凛凛,其实是菩萨心肠,对老百姓非常好。

突然有一天,日本人来了。

第五节 后死碑

日本人是从芮城县两座山的峪口过来的，这条路能够行走汽车和坦克，这个地方就叫做二十里岭。按照时间推算，这应该是六六血战的前哨战。

柴作宾记得很清楚，那天，家里驻扎的那一班战士正在吃饭，村中吹起了集合号，这一班战士放下还没有吃完的饭碗，就背着枪跑出去了。后来，他们再没有回到家中。

一营人马集合好以后，张玉亭带着他们跑向村西。这个营有两门炮，村民套好牲口，把这两门炮向高地上拉。可是山路狭窄陡峭，异常难行，战士们就在后面推，大家喊着号子，终于把大炮推上了高地。高地上有一座土地庙，两门大炮就布置在土地庙边。

那次作战，柴作宾亲眼目睹了，他跟在战士们身后，跑进了一个壕沟里藏身。战斗开始的时候，子弹落在他的身边，噗噗作响，他非常好奇，一直想抬起头来，一直被战士按住了头顶。他从枪声中判断出那天来了很多日本人。

战斗结束后，这一营人牺牲了28人，战士们用绳子捆着他们的上半身，再用绳子捆着他们的脚腕，抬到了村口的关帝庙外。北方农村人都很迷信，不让死在外面的人进村子，说这样会给村庄带来霉运，张玉亭营长也知道这个风俗，他就把28名牺牲的战士放在了村外。

村庄有很多人来看望牺牲的战士，柴作宾的父亲也来了，他家住的那一班战士全部牺牲了，他们当时布置在阵地的最前沿。柴作宾的父亲一看到这些战士，眼泪就流了下来，他说："刚才吃饭的时节都好好的，咋一下子就变成了这样？"

因为战事紧急，张玉亭营长把这28名战士暂时埋在了关帝庙外的土坑里，埋得很浅，还在掩埋每个人的地方插块木板，上面写着他们的名字。张玉亭营长还在随身带着的小本子上写下了他们的名字和掩埋的地点，目的在于以后搬运尸体再次掩埋的时候，能够辨认。

做完这一切后，张玉亭就带着一营人离开了西郑村。

张玉亭离开了一个月，在这一个月里，经常有野狗在村庄外出没，但是都没有刨挖关帝庙外的这块土地，村民们感到很惊异，纷纷传说：连野狗都知道那块地下埋的是烈士。

一个月后，张玉亭带着队伍回到了西郑村，他买了一些杨木板和杂木板，找来木匠订做了28口棺材，将牺牲了的28位战友重新起土刨出，装在了棺材里。

张玉亭还找来一个姓张的石匠,让张石匠给这些战友刻一块碑。张石匠说,他知道北面的深沟里有一块大石头,可以刻碑子。然后,就和战士们从深沟里抬上了那块石头,放在了关帝庙里。到了夜晚,张玉亭叫来柴作宾,让他帮忙照看这块石头,别被不知道的人毁坏了。

第二天,张玉亭派人把那块石头抬到了豆腐坊,请全村人吃了一顿豆腐。那时候的农村很穷,能够吃上豆腐对于农民来说,都是一件很奢侈的让人高兴的事情。但是,那天大家吃着豆腐,却很痛苦。在北方农村,结婚的时候,亲人们吃肉片;丧葬的时候,亲人们吃豆腐。张玉亭营长请全村人吃豆腐,等于是给这28名战士举行葬礼,他把那28名战士当成了自己的孩子,把全村人都当成了自己的亲人。很多人吃着豆腐,眼泪就落了下来。

张石匠把那块石头开成了石碑的形状,然后在正面刻上了28人的姓名、籍贯等内容,在石碑北面刻上了碑文。

安葬的时候,张玉亭给每口棺材里放了一块砖,上面用刺刀刻着阵亡者的姓名。村里人都说,张营长很细心,这是为了以后陕西的家人搬运尸骨的时候,易于辨认。

除了这28人外,战士们还从附近的山上抬下了三具尸骨,是一七七师一〇六〇团的战士,他们遭受日军的炮击身亡,因为这三名战士的姓名没人知道,石碑上就没有刻。

墓坑挖好了,31口棺材徐徐放下去,张营长带着全营战士,肃立在墓坑旁,举起枪支,一齐鸣响,以示哀悼。当时,全村人都哭了。

安葬了战友后,全营官兵就开出了村庄。在村口,柴作宾找到张营长,让发给他一杆枪,他跟着队伍去打鬼子。张营长说:"我下次回来,就把你带上。"

张玉亭带着这一营战士奔赴沙口战场,与日军激战,后来,全营几乎伤亡殆尽。柴作宾一直等着张营长他们回来,可是一直也没有等到。

掩埋31名战士的第二年,这座坟堆上就长了一棵柏树,刚好就在坟堆的正中间,村里人都说,这是烈士们的灵魂。

村民们年年清明节,就会来到这座坟堆前,给战士们烧纸钱;每年十冬腊月,给战士们送寒衣,多少年来都是这样。后来,"文化大革命"开始了,墓碑没有人敢管,倒在了沟沿上,但是没有人砸毁,人人都知道这块碑石是给牺牲的战士们树立的。"文革"结束后,墓碑被重新竖起来,也重新恢复了烧纸钱的习俗。

这 31 名战士中，墓碑上刻写了 28 名。这 28 人中，有 24 名是陕西人，其余四名分别是河北、山东、山西、甘肃人。

但是，掩埋在西郑村的这些战士，他们有家人吗？他们的家人是否一直在寻找他们？知道他们掩埋在这里吗？西郑村的人都不了解。

时间进入了 2005 年，有一天，平陆县政协文史委员会主任富平宁走访中条山各个战场旧址，来到了西郑村，看到了一座保存相对完好的抗战工事，而在工事的旁边，有一个抗日殉国烈士纪念碑。石碑上一些文字湮没不清，但是能够看到石碑的顶端刻着"后死碑"三个大字，"后死碑"三个字让富平宁砰然心惊，这是何等样的冲天豪气啊。

阅读碑文，富平宁看到上面刻着 28 位烈士的姓名和籍贯，他走访西郑村民，了解到了 66 年前的那场战斗，和当初掩埋烈士的情景，心中深有感触。可是，这 66 年来，从来就没有一个陕西人来到西郑村祭奠牺牲的烈士。这些烈士有后代吗？有亲人吗？他们知道自己的父亲和亲人的事迹吗？知道他们牺牲后掩埋在这里吗？

2009 年，张恒来到中条山挖掘十七路军抗战史料，见到了富平宁，立即决定秦晋联合，共同寻找"后死碑"上这些烈士的后代。

然而，70 年过去了，要寻找这些烈士的家人和后代，实在太难了。民国时候的户籍实行保甲制，地址是几保几甲，而解放后户籍实行公社大队制，地址是什么公社什么大队，又加上"文革"期间喜欢一些带有时代色彩的名字，所以，这 70 年来，地名早就几经变易，如何才能查找到呢？

张恒和富平宁踏上了艰辛的寻亲之旅。

寻找每一个烈士亲人的下落，都是一段曲折的催人泪下的故事。

"后死碑"上刻着这样一个名字：一等兵汪家强年 19 岁陕西柞水凤翔河村二保。

2009 年 5 月 11 日，张恒和富平宁来到了陕西秦岭深处的柞水县，从《柞水县志》中查找到"柞水凤翔河村二保"，是今天的柞水县丰北河乡北河村三组。他们驱车来到这个偏僻的山村，找到了村中 67 岁的汪祥才。汪祥才说，听说过他有一个叔叔叫汪家强，汪家强弟兄三人，老大叫汪家强，老二叫汪家胜，老三叫汪家和。而他的父亲叫汪家印，和汪家强是叔伯弟兄。父亲汪家印已经去世了，但是生前曾经给他说过，大叔汪家强当兵的时候只有十五六岁，一直没有回来，也没有音信，一家人很想他,但没法去找。

汪家强家亲弟兄三人,目前只有老三汪家和一个人在世,但是,他几年前已经搬到了泾阳县居住。

张恒和富平宁立即开车200多公里,来到了泾阳县云阳镇张群村四组,敲来了汪家和的房门。当时汪家和正在吃馒头,一听到张恒他们的来意,连馒头也不吃了,就招呼他们进屋坐。

汪家和已经79岁了,但是他能够清楚地记得当年的往事,他的大哥汪家强是1938年被抓走当了壮丁。而现在,70年过去了,终于得到了大哥的音信。

汪家和从很小的时候,就知道家里很穷。父亲离世很早,母亲和三子一女相依为命。有一家,一场大火又烧毁了家中的房屋,这一家人的生活更没有着落。无奈之下,母亲让老大汪家强和老二汪家胜给财东家放牛,管吃饭,年底还能给点工钱。让老三汪家和与姐姐去讨饭。

1938年,惨烈的战争波及到了这座偏远的小乡村,由于前线伤亡惨重,急需补充兵员,各地就开始抓壮丁。有一天,老大汪家强刚刚回到家中,突然听到了剧烈的敲门声,情急之下,汪家强躲进了柜子里。保长带着人走进房间后,就四处搜寻,在柜子里找到了汪家强,用绳子捆走了。

母亲在家中安慰好受惊的孩子后,就去寻找大儿子汪家强。可是,汪家强已经连夜被送走了,送往山西前线。

此后,母亲就开始等待儿子回来,她每当看到别人家的孩子,就总是念叨自己的儿子,不知道他在哪里,而儿子离开后,连一点音信都没有。无奈之下,母亲就开始烧香拜佛,祈求神灵保佑儿子能够平安回家。一直到临终的时候,她还在念叨着大儿子汪家强,不知道他在哪里。

上世纪90年代,也即是母亲去世不久,小山村里突然来了几个湖北人。他们自称是汪家强的儿子,当年汪家强从部队上回来后,落户在湖北,开了一家茶楼,他们此次来到秦岭山中,是寻亲的。这伙人好吃好喝之后,还拿了汪家和100多元钱。当汪家和要跟着他们去湖北寻找哥哥时,他们拒绝了。

汪家和虽然隐隐约约感到这是一个骗局,但还是幻想这是真的。

而现在,见到了张恒和富平宁后,汪家和才知道了哥哥的下落,他流着眼泪说:大哥是一个抗日英雄。

这样的故事还有很多，后死碑上有一名战士叫孙志成，碑文中记载他家在陕西安康一×中保，中间有一个字无法辨认。后来终于查找到，孙志成的家在安康市大同镇新丰村，孙志成当年被抓壮丁的时候，刚刚结婚，此后，丈夫走上中条山战场，夫妻两个就阴阳两隔。八年后，妻子遵循乡中习俗，和丈夫的哥哥结了婚。1965年，第二个丈夫去世后，她就一直守寡。而相隔70年后，她才终于知道了当年第一个丈夫牺牲在了中条山战场。

六六血战中，有多少人战死了，有多少人跳黄河了，有多少人失踪了，永远都是一个谜。

同样是二战，美国能够把每次战役的阵亡人数精确到个位数字，而我们这里还模糊在千位数字，这不能不让人感到悲哀。

第六节 望原之战

六六血战后不久，李家钰的四十七军脱离第四集团军编制，升格为第三十六集团军，与孙蔚如的第四集团军并列。第三十六集团军开赴太行山南麓作战。

第四集团军的人员减少了，但是防区没有变。

这时候，守卫在中条山的中国军队接到了蒋介石关于鼓励伪军反正参加抗战的规定：凡伪军反正参加抗战者，一军仍编为一军，一师仍编为一师，颁发正式番号和经费。这个决定对于伪军的吸引力应该是很大的，与其给日本人当狗，不如挺起胸膛做人，职位不变，还有钱发。更重要的是，老百姓不会再骂了。我曾经采访过很多与伪军打过仗的抗战老兵，他们说，伪军前身基本上都是国民党军队中的杂牌军，因为待遇不好，受到歧视，没有粮饷，才去当伪军苟安。伪军的战斗力很差，根本就不愿意打仗，所以，日军将伪军放在敌后战场维持治安，不敢放在正面战场作战，因为弄不好伪军会临阵倒戈。

第四集团军参谋长陈子坚在《第四集团军抗战纪实》中这样记载：孙蔚如对我说："咱们的军队蒋介石只会借机裁减番号，决不会增加番号，这个规定倒是咱们增加番号和经费的办法。"

孙蔚如让陈子坚从直属部队中，挑选了40多名有文化的、勇敢机智的士兵，开办了瓦解伪军训练班，教授如何搜集伪军情报，如何瓦解伪军。这个训练班开办了三周后，学员们就分别被派到晋南各地去工作。

这些学员，其实就是《三国演义》中的说客。

说客的工作，很快就收到成效。当时的晋南皇协军司令戚文平同意投诚，孙蔚如也向蒋介石申请了新编第三十五师的番号，任命戚文平为师长。晋南皇协军司令，听起来牌子很大，其实也就只有几千人马，一个师的人数。

反正的那天，日军知晓了消息，就派兵拦截。戚文平没有过来，只有副司令白云飞带着2000人来到了中条山，因为人数不足，就将这些反正的伪军与独立

第六节 望原之战

四十六旅合并为新编三十五师，孔从洲任师长，仍属三十八军编制。

李家钰率四十七军离开后，尽管又加入了 2000 个反正的伪军。但是六六血战后九十六军和三十八军都伤亡惨重，兵力明显严重不足，而防线又过长，孙蔚如便将此前的全面防御改为重点防御。张茅大道以西，纵深太浅，难以回旋，在武器占有绝对优势的日军面前，难以有胜算，所以，只将独立四十七旅放置在这里。另外，还有一支千人游击大队，这个大队全是由本地人组成，熟悉地理环境，善于机动作战，队长名叫杨振邦，也归属第四集团军作战。孙蔚如为了发挥他们的特长，也将这支大队放在了张茅大道以西。

而张茅大道以东，层峦叠嶂，峰险沟深，利于迂回穿插而不利于携带重武器作战。所以，孙蔚如将三十八军全部和九十六军主力放在了此处，构筑工事，坚壁高垒，等待日军来犯。

1940 年 4 月中旬，驻扎在山西运城的牛岛师团又来犯，第四集团军驻扎在中条山的这两年，主要对手就是牛岛师团，双方多次激战，牛岛师团始终无法占到便宜，无法渡过黄河。

这次，牛岛师团尚未来犯，孙蔚如已经知道了消息，他和参谋长陈子坚、秘书长李百川和赵寿山、李兴中等将领磋商后，决定诱敌深入，牵着日军的鼻子，将日军诱至平陆东部的望原一带，予以歼灭。

第四集团军开始紧密部署，准备痛击来敌，全军上下，士气高涨，决心回报六六战役的血海深仇。日军龟缩在运城里，缺乏重武器的第四集团军，想打他很难，而现在日军出来了，刚好狠狠地揍他，这样的机会怎么能放过？

就在这个时候，第一战区参谋长郭寄峤突然从河南洛阳打来电话，要孙蔚如接听，孙蔚如担心上峰干扰自己的歼敌计划，因为此前已有过类似先例，永济保卫战的时候，教导团在韩阳镇阻击日军，让日军寸步难行。之后，日军包抄教导团，孙蔚如让教导团赶快撤入东面山中，然而上峰瞎指挥，不让撤退，结果让教导团付出了惨重代价。现在，上峰又来了电话，孙蔚如就摆手让话务员说自己不在。郭寄峤无奈，又打电话给前线阵地的赵寿山说："望原你们是守不住的，你们应当带部队绕到敌后，在同蒲线上作战。"

赵寿山捧着电话，斩钉截铁地说："望原是中条山的心脏，望原若失，敌人就会举兵过黄河。"

十万男儿血

中条山保卫战（1938~1941）

郭寄峤问："那你要是守不住怎么办？"

赵寿山说："你给卫长官说，守不住望原，砍下我赵寿山的头扔进黄河。"

郭寄峤不好再说什么，只好挂断电话。

赵寿山将郭寄峤的电话内容报告孙蔚如，孙蔚如说："望原要是丢失了，第一个扔进黄河的，不是你的人头，而是我的人头。"

孙蔚如将第四集团军最精悍的装备最好的教导团布置在望原坚守，他对团长李振西说："望原要是丢了，你就拿着长竿到黄河里打捞两颗人头，一颗是我的，一颗是军长赵寿山的。"

李振西"啪"地立正，神情严肃地说："要真是那样，我的人头也在黄河里。"

这一仗，从司令到团长，第四集团军都抱着必死的决心。

张玉亭在六六血战后，因为作战勇敢，屡建奇功，由营长升为了九十六军一七七师五二九旅一〇五七团团长。在这次战役中，他率领全团坚守平陆计固王村，这是张茅大道通往望原的必经之路。

张玉亭团坚守的阵地有三公里，而日军在这里投放的兵力有两个联队——竹田联队和松井联队。按照中日军队的编制对照，日军一个联队相当于中国一个师，那么就是说，张玉亭团所对峙的日军，是两个师的兵力。

4月14日，与日军最先接战的是一〇五七团二营。二营在遭受了日军飞机轰炸后，又与蜂拥而上的日军短兵相接。从午后激战至黄昏，张玉亭命令二营以班组为单位阻击敌人，主力向后撤退。

第二天，战况更加激烈，日军为了攻取计固王村，竟然一次性出动了12架飞机，还有20门大炮，对着计固王村狂轰滥炸。全团战士依托着两面山崖，阻击日军。因为日军要从这里通过，必须走沟底的道路。

很多年后，张玉亭还感觉到"那天的战斗令人心寒胆惊，敌人的口令，我们听得清清楚楚，我们的口令，敌人肯定也能听到"。那天，战士们还打下了一架日军飞机，日军飞机冒着黑烟，摇摇晃晃地碰在了山崂上，激溅起冲天的大火，日军的攻击才停止了。

第三天，仍旧是旷日持久的血战。一〇五七团尽管伤亡惨重，然而日军两个联队的兵力，居然无法越过小小的计固王村。

4月17日，也就是激战的第四天，五二九旅旅长孙杰生带着一〇五八团大部赶来了，旅长在计固王村的团指挥部对张玉亭说："师部、军部和医院、伤员、辎重均已安全向东转移，你团已完成战斗任务，这几天打得很好，为了免受损失起见，应立即向后转移，如敌人援兵到来，定有一场恶仗，且有不堪设想的危险。"

张玉亭汇报了这几天的战斗情况后，提议说："我团阵地还坚固，士气旺盛，战斗力足可应敌，而敌人遭这几天的沉重打击，士气低沉，敌如无援军增加，就现时状况来说，敌人是无所作为的，况且白天移动，目标暴露，损失在所难免，你和旅部可暂留计固王村，该村有我第二营在那里守备，我现时还有独立作战的能力，请旅长不要担心。如你离开计固王村时，不要带走我二营部队，仍令该营守备原地，你在走时一定要通知我，等到黄昏时，我以情况相机转移。"

这是当时张玉亭的原话。

苦战三天，让撤出阵地，还要再战，足见张玉亭当年的壮志豪情，有这样的团长，怎么能带不出一支钢铁团队？张玉亭，就是上面"后死碑"写到的那个含泪掩埋了28位战士的三营营长。

下午，日军援兵果然到来，向计固王村阵地倾力一击。

布置在计固王村阵地最前面的是三营，与日军激战三个小时，日军无法跨前一步。

入夜，月色朦胧，日军组织敢死队，向三营八连坚守的磨盘山摸近，采用搭人梯和各种攀登工具，悄悄摸上了磨盘山。哨兵看到后，紧急鸣枪示警，刚刚躺下的战士们，持枪冲出，与敌展开白刃战。三营营长李少棠听到磨盘山传来喊杀声，立即带领援兵冲过来，加入了巷战。一时间，枪声、喊声、呻吟声、咒骂声、刺刀捅入身体的声音、刀片砍裂骨骼的声音，交织在一起。黑暗中，鲜血在飞溅，汗珠在飞溅。李少棠的头部被日军刺刀捅伤，顾不上包扎，仍旧大呼酣斗，指挥杀敌。最后，爬上了磨盘山的日军大部被砍杀，少数几个连滚带爬跌落到了悬崖下面。

与此同时，一营坚守的阵地也遭到日军偷袭，战况同样极为激烈。

午夜过后，虽然张玉亭还想再战，但因为考虑到上级命令，不能与日军再战，只能忍痛转移。

可能，当年身为团长的张玉亭，不知道集团军的部署，不知道这次的战略是将日军引诱到望原一带，再予以痛歼。由于战略部署属于高级军事机密，也许当初只有第四集团军少数高级将领知道。

十万男儿血
中条山保卫战（1938~1941）

和战斗进行到了第四天，旅长才来通知团长张玉亭转移。我采访上高会战老兵的时候，感觉到这场战役和望原之战如出一辙，它们都是将日军引诱到一个可以设伏的地方，然后痛击。参加上高会战的是罗卓英的第十九集团军，第十九集团军是蒋介石的嫡系部队，装备精良，内有后来成为国民党军队五大主力之首的第七十四军。第七十四军据守上高，等敌来犯，而别的部队在一路阻击，然后让开大道，占领两厢，让日军通过，当日军来到上高城，与第七十四军接战，别的部队再从四面包围，歼灭日军。此战，日军大贺茂第三十四师团几乎被全歼。而当初在上高会战中担任阻击任务的团营长们，也一直不知道第十九集团军的战略意图。

日军一步步地向望原靠近，他们不知道，第四集团军已经张开口袋，就等着他们钻进来。

望原其实是两个山头，中间是一道深沟，深沟里有一条道路，可行车辆，还有一条名叫洗耳河的河流，宽约30米，可浮舟楫。

在望原山头上等候的，是第四集团军的教导团，团长是李振西。在永济保卫战中，我们已经看到了这个团强悍的战斗力。

教导团严阵以待，等着冤家上门报到。

4月19日凌晨，中条山下突然涌来了一股巨大的寒流，这就是民间所说的倒春寒。一时间狂风呼啸，雨雪交加，碗口粗的大树被连根拔起，道路泥泞，行走困难。在这样的天气里，日军固守不出，依靠空中的飞机投送给养，坐在火堆边取暖，而中国军队却冒着严寒，踏着满地泥泞，向望原集结。

就是错过了这一天时间，日军遭受了覆灭。而中国军队利用了这一天时间，对日军的包围形成了。

美国将军史迪威说：中国军人是世界上最好的军人。这句话说得很有道理。在这样恶劣的天气里，也许只有世界上最为吃苦耐劳的中国军人才会在大风雪中艰苦跋涉，完成战术行动。

4月21日，在激战了多天后，日军鼻青脸肿，跌跌撞撞地来到了望原。他们自以为胜利在望，自以为多日的激战终于看到了曙光，没想到，他们跌入了万劫不复的黑暗中。

在望原，李振西将炮兵营部署在半山腰，每门大炮上都掩盖着树枝和荒草，日军的飞机即使低空飞行，也难以发现。炮兵营的两边，是五个步兵营，五个步兵营都藏在窑洞一样的掩体里，日军的飞机飞到上空，还是不会发现。

望原就是日军的坟墓，而日军就是这样洋洋得意地走进了坟墓。

日军一进入火力圈，大炮上的伪装才被搬走了，战士们才从窑洞样的掩体里冲出来。日军指挥官从望远镜里看到眼前的景象时，彻底惊呆了。这支中国军队装备异常精良，大炮也有十门。炮口像嗜血的嘴巴一样，对准了他们，大炮的两边，每隔几米远就有一架重机枪，密密麻麻的重机枪，一眼望不到边。机枪手托着枪把和子弹袋，路上露出了狡黠的笑容。

日军没有想到阻击他们的这支中国军队，装备会这么好。

事实上，教导团是第四集团军最精锐的一支部队，也是装备最好的部队。日军碰上教导队这样的硬茬子，不被打死也要被打残。

日军指挥官脸上的惊愕表情还没有消退，十门大炮就一齐吼响，炮弹带着尖厉的啸声，炸得日军的残肢断体和湿润的泥土一齐飞溅。

教导团在望原与日军血战三日，日军虽然全线压上，并派飞机轰炸，但是无法突破教导团防线。

据老兵胥继武说，这三天教导团击退了日军几十次进攻。

在战斗最危急的时刻，日军像疯狗一样蜂拥而上。李振西对一营营长、共产党员殷义盛说："日本人来势汹汹，你马上给我抽出100名不怕死的精干小伙子，每人发一箱手榴弹，冲下山去，炸了狗日的。我这边用炮火掩护。"

殷义盛对着好多天没有洗脸的战士问："我要下山打狗日的，谁愿去？"

战士们扬起一张张黝黑的脸，争着要去。殷义盛挑选了最前面的100个人，每人扛上一箱手榴弹，准备出击。

半山腰的炮火响了，激起漫天的烟雾和尘灰。殷义盛一摆手，就带着100名敢死队员出发了。陕西和山西一样，都属于黄土高原，沟壑纵横，这些敢死队员从小就在这样的山沟里割草、放牛、玩耍，所以，每人扛着一箱沉重的手榴弹，仍然健步如飞，行动敏捷。

硝烟散后，敢死队员就来到了山脚下的塄畔上。日军刚刚发现近在咫尺的敢死队员，还没有反应过来，塄畔上的手榴弹就铺天盖地砸下来，砸在他们戴着帽子的脑壳上和同样几天没洗脸的臭气熏天的脸上。手榴弹的爆炸声炸成了一片，爆炸声中还夹杂着敢死队员陕西味十足的骂声："狗日的……驴日的……"

一箱手榴弹 30 枚，100 名敢死队员每人一箱，100 箱手榴弹就是 3000 枚。啊呀，3000 枚手榴弹，在短短的几分钟内爆炸，那会有多壮观，日本人怎么能受得了？就算十颗手榴弹炸死一个日军，日军也要付出 300 条性命。望原山下，道路狭窄，300 条性命报销了，等于日军的先锋敢死队全死了。

手榴弹投掷完后，殷义盛就带着敢死队员涉过齐腰深的冰冷的洗耳河，向日军发起反冲锋。一番激烈的白刃战后，日军溃退了，清点人数，100 名敢死队员伤亡大半。

中国的敢死队打败了日本的敢死队。

4 月 25 日，第四集团军各路部队完成了对日军的全面包围，并发起了攻击，日军无法招架，仓皇逃遁。日军企图越过中条山渡过黄河的阴谋，又一次破碎了。

根据张玉亭的回忆，望原战役中，第四集团军打死打伤日军 1500 多人，击落飞机一架，缴获轻重机枪、掷弹筒、枪榴弹 20 个，我军伤亡 421 人。敌我伤亡比接近 4:1，这样的伤亡比例，在抗战中是很少见的。

在我军伤亡的 421 人中，有一名战士叫马勤动，他的父亲叫马吉甫，陕西省朝邑县（现为大荔县）人。

马勤动父子都是教师，在朝邑县的小学任教。马勤动很早就是中共地下党员。

1938 年，赵寿山率领三十八军第十七师在晋西北离石县碛口镇驻扎时，整训军队，还渡过黄河来到延安，拜见了毛泽东，请求毛泽东给十七师派一批骨干分子。毛泽东当即指示中共陕西省委玉成此事。陕西省委就从地下党员中抽调了 100 余名骨干，在陕西三原县成立了十七师教导大队，进行培训，为十七师输入干部。马勤动当时就在教导大队中。这年，他只有 20 岁。

培训三个月后，教导大队东渡黄河，来到中条山中，与三十八军会合。

在中条山，马勤动参加了永济保卫战和六六血战，依靠战功升为排长。

1939 年中秋节前，马勤动从中条山中回到家乡朝邑县，拜见父亲，娶妻结婚。中秋节刚过，马吉甫就教育儿子马勤动：大丈夫应立志报国，不能留恋儿女情长。马勤动又匆匆返回中条山前线。

在望原血战中，马勤动所在部队奉命在平陆县窑斗村堵击日军，阻止日军逃跑。当时，日军被李振西的教导团阻击后，前进不得，只能狼狈返回，没想到又掉入了包围圈。日军为了逃命,拼死向北进攻,企图打通回到运城的通道。在窑斗村,马勤动率领全排战士英勇拼杀,竭力阻击,激战昼夜,全排全部壮烈牺牲。

时隔不久,远在陕西朝邑的马吉甫听到了儿子阵亡的消息,家人悲痛欲绝,而马吉甫饮酒大笑,然后,他给三十八军军长赵寿山写了这样一封信:

"将军率三秦健儿在晋屡挫敌锋,使倭寇不敢越雷池一步,捷报传来,不胜钦佩。小儿勤动,自追随将军帐下,常以效命疆场,为国牺牲等语,时加谆告。六月初旬,传言小儿已于四月十四日阵亡,最后从章庄马宝嘉家中见将军复该马连附一函,始知勤动于四月二十五日窑头之役为国捐躯。当时人皆以为忧,我独以为喜,我喜其死得其所。现在该地点是否属我方占据,我意欲前来搬骨,以安伊母之愿,乞掷一音,鹄候不等,肃此辞退,顺颂勋安!"

这封书信极为感人,儿子战死疆场,父亲不忧反喜,认为儿子死得其所。而父亲唯一的愿望是,想来战场搬走儿子的尸骨,让儿子的母亲感到慰藉。

赵寿山军长给马吉甫回复了一封信,信中说:要来搬尸,已不可能,因为交战惨烈,尸体已无法辨认,当日只能分别予以掩埋,不能一一标志。赵寿山让马吉甫达观处之。

从赵寿山的回信中,可以看出当年的战斗情形,全排战士不但全部壮烈殉国,而且死无全尸,面容已无法辨认。

马吉甫的来信当年刊登在三十八军半月刊《新军人》杂志上,所以能够流传至今。

马吉甫为了寄托对儿子的思念,写过很多诗歌,其中有一首是这样写的:

伊母焦思梦不成,镇日占卜问神明;
我来且向西窗下,无聊写诗泪已盈。
整装两次已登程,烽火连天未到平;
待看贼平胜利日,好收尔骨付先茔。
抗战本身最光荣,为报国仇不苟生;
人生自古谁无死,你今死比泰山重。

1982年11月7日,距离马勤动牺牲已经42年了,年已八旬的马吉甫为了了解儿子马勤动当年牺牲的情景,从陕西省大荔县来到了陕西省军区干休所,见到了儿子生前的战友姚杰。老人对姚杰说:"请你告诉我,勤动牺牲在什么地方?哪个山梁上?我要到那里去,在他牺牲的地方抓一把土回来也甘心。"一句话说

十万男儿血
中条山保卫战（1938~1941）

得姚杰泪流满面，他不由自主地讲起了马勤动牺牲的情景。不料，老人听着听着，激动不已，突发脑溢血，去世了。

1988年8月30日，姚杰带着从马勤动牺牲的地方——窑斗村抓来的一包土，来到陕西省大荔县步昌乡伏坡村马家庄，把这包土撒在了马吉甫老人的坟头。

望原战役是陕西军击退的日军对中条山的第11次成规模的进攻，也是陕西军对日军最后一次大规模的作战。很多研究这段历史的专家都认为，在1938年至1941年的三年间，日军共对中条山发起了13次成规模的进攻，其中有11次是针对陕西军坚守的中条山西段，因为这里纵深很浅，日军很容易翻越中条山来到黄河渡口。

1941年5月，日军发动第13次进攻，一举攻占了17万中国军队坚守了三年的中条山。这时候，陕西军，也就是孙蔚如的第四集团军，因为与八路军走得太近，被调到了黄河南岸，离开了中条山。没有了铁柱子，中条山轻易就被攻破。

毋庸置疑，在当时中条山各路中国军队中，由陕西冷娃组成的第四集团军是战斗力最强的，是他们撑起了中条山的大半个天空，粉碎了日军一次次渡过黄河的企图。

陕西人的性格决定了这支军队的勇猛。

中国有四个对后代影响极为深远的朝代：周秦汉唐。这四个朝代无不是崛起于陕西的黄土高原与关中平原，周武王开疆拓土，一统天下，将中华民族带入了一个空前繁盛的时代；秦始皇包举宇内，囊括四海，悍将精兵一直打到了东部海滨，要不是茫茫大海阻挡了百万铁骑的脚步，他们会征服世界；汉武帝北征匈奴，南伐夷越，把以剽悍著称的游牧民族赶到了欧罗巴洲；唐太宗四海宾服，八方来朝，创建了当时世界上最强盛的帝国。周秦汉唐之所以强盛，与它们有一支剽悍无畏的战无不胜的军队是分不开的，而这样的一支军队，当初都是发源于陕西，是陕西人组成了这样一支军队。

陕西地处西北方，天高地阔，大地苍茫，风劲雨急，山险沟深，气候寒冷，生活苦焦，恶劣的气候环境锻造了陕西人顽强的意志和刚毅的性格，吃苦耐劳，信念坚定，极重义气，一诺千金。而自古以来在这片土地上传唱的秦腔剧目，又都在宣扬着一种忠肝沥胆、舍生取义、国家利益高于一切的精神，所以，对国家的忠诚贯穿在每一代人的言传身教中，流淌在每一个人的血液里。

第五章 3000壮士跳黄河

第六节 望原之战

爱国家,不怕死,能吃苦,这就是一个优秀士兵最基本的素质。

我采访参加过中条山战役的陕西老兵时,他们说:我们不是给蒋介石打仗,也不是给国民党打仗,我们是给国家打仗,给中华民族打仗。所以,尽管他们一再受到上峰的刁难和排挤,他们遭遇到种种不公和不平,但是依旧勇往直前,蹈死不顾。

1940年8月,彭德怀将军指挥第十八集团军在华北战场发起了百团大战。

八路军在山西河北的战场上,同时袭击日军。与此同时,第一战区司令长官卫立煌电令第四集团军总司令孙蔚如也派主力部队,策应百团大战;而第二战区副司令长官兼第十八集团军总司令朱德、副总司令彭德怀,也致电孙蔚如,予以配合作战。

孙蔚如立即命令三十八军和九十六军认真执行,陕西军进入中条山区各县,爆破、伏击、强攻、偷袭,让日军不能派出兵力增援,减轻了八路军战场的压力。与八路军同时作战的,除了第一战区,还有第二战区。在山西和河北,中国各路军队打得日军首尾不能相顾,惶惶不可终日。

三十八军与八路军渊源很深。

1939年,阎锡山发动"十二月事变",大肆抓捕牺盟会中的共产党员,平陆县的共产党员也面临危险。腊月二十三,三十八军军长赵寿山从内部知道了一个重要的消息,平陆县境内的200多名共产党员即将被抓捕,他想营救,又因为身份的特殊,不便营救,便打电话给三十八军九十七团团长张复振说:"我得到可靠情报,平陆有一部分共产党员正向你防地逃窜,你们要务必缉拿,一网打尽。"张复振是共产党员,他接听了赵寿山的电话后,就明白了这是军长在给他报信,要他保护这些共产党员。九十七团里,三个营长中,有两个是共产党员;九十八团中,三个营长全是共产党员。

张复振接到赵寿山的电话后,立即与活跃在平陆县的共产党领导的游击队队长吴仲六联系,将身份暴露了的共产党员秘密送到了太行山区,将身份还没有暴露的共产党员安排在三十八军,穿着三十八军的衣服,国民党特务无法分辨。

这些被保护的地下党员中,很多人新中国成立后都担任了省地一级的官员。

这些年来,我先后采访了很多名参加过中条山保卫战的抗战老兵,老兵们都说，陕西军在抗战中，没有一个人当汉奸。即使当年少不更事的九十六军一七七师上千名童子军，在面临日军合围时，宁肯跳进浊浪翻滚的黄河中，也不愿做俘虏，更何况陕西军中的成年人。

为什么会这样？

陈忠实的解释是，陕西人老老少少都喜欢秦腔，秦腔中的大忠大奸大爱大恨贯穿在每部戏剧中，每部戏剧都反映了忠肝义胆、保家卫国的主题，所以，忠勇刚烈的性格流淌在陕西人的血液里，贫贱不移，威武不屈，宁为玉碎，不为瓦全，这种特点在陕西人中非常普遍。陕西人把拥有这种性格的人叫做冷娃，不怕死，不怕苦，一条路走到黑，撞倒南墙不回头，这就是陕西冷娃的性格特点。

第六章

中条山失守

中条山战役,中国军队一下子失去了这么多优秀将领,实在让人痛心。古希腊时期,力学之父阿基米德被一名罗马士兵砍杀,后世评论说:"这一刀,砍下了一个世纪也难长成的头颅。"而中条山战役,也丧失了我们中华民族的忠诚将士。

①
②
③
④

①中条山抗日英雄跳黄河殉国纪念碑
②中国战俘：一名在吹口琴，其余在听
③中国战俘：家眷和天真无邪的孩子们
④日军给中国军队牺牲者行礼

第一节　暴风雨前的平静

六六血战后，从 1939 年下半年到 1941 年上半年，长达两年的时间里，日军对中条山的大型进攻，只有望原战役一次，时间仅十多天，就很快被第四集团军击败。很多老人都说，这将近两年的时光，是中条山八年抗战中，最平静的一段时光。

1939 年秋，卫立煌在第一战区司令部所驻扎的山西省平陆县太寨村，成立了一座儿童教养所。这所学校收养和教育的是平陆、夏县、垣曲、绛县等沦陷区的孤儿，学生最多的时候有 500 多人。

当年，儿童教养所没有校舍，太寨村的村民就腾出了 20 多间房屋，做孩子们的教室和宿舍，而教师有 30 多人，有的是留学生，有的是大学生，他们教学有方，知识全面，学生们都很喜欢听他们讲课。

太寨村的老人们说，那时候，每到夜晚，学生们就集中在村庄外的打麦场（打麦场农闲时候就做了学生的操场），听老师们讲述时事，分析国际国内形势。讲完后，孩子们就一起唱起《义勇军进行曲》，嘹亮的童声在村庄的上空飞扬，惹来周围几个村庄的村民前来观看。

500 名学生和 30 名老师集中在一起，吃饭是个大问题。他们的伙食只有依靠第一战区司令部接济，可是战时生活很艰苦，第一战区司令部也没有多余的粮食，师生的生活费用就依靠河南省财政厅拨付。孩子们生活很艰苦，伙食以小米为主，很少有面粉，也没有蔬菜，村民们就教老师怎么做黄豆芽。吃了上顿没下顿的黄豆芽，成为了孩子们唯一的蔬菜。孩子们脚上穿的鞋，刚开始是用麻编织的，后来没有麻，就用草编织。孩子天性喜欢玩耍，在山路上蹦蹦跳跳，草鞋很不耐穿，老师就给孩子们制作了木板鞋。在一块木板上钻几个窟窿，穿上麻绳，绑在脚上，就制作成了木板鞋。

曾经有一次，学校断炊了，没有吃的，老师就带着孩子们集体讨饭，一直从平陆走到了夏县募捐。没有经历过抗战年代的人，是无法想象那时候的孩子有多可怜。

即使条件这么艰苦，这所学校都一直没有停办。老师和学生都知道，这种平静的学习生活实在来之不易，和沦陷区战火纷飞中流浪的孩子们相比，他们已经算是幸福的了。

这所学校除了教授孩子们文化知识，还教会孩子们一些战争中的生存技能。组织学生军训操练、救护伤员、制作担架，还教孩子们如何辨认路标、寻找队伍、避开地雷、看星星和树木辨别方向。

闻喜县抗日民主县政府也在该县的大峪村开办了一所学校，教师只有两个人，都是从师范学校毕业的。学校设在一座荒芜的破院子里，学生有50多人，都是孤儿。当时，老师带着学生一起在院子里拔除荒草，平整土地，夯实台阶，自制桌凳。没有蔬菜，孩子们就在旷野寻找野菜；没有厨师，两名老师就亲自切菜、蒸馍、煮饭；没有柴禾，老师就带着孩子上山砍柴；没有床，两条凳子并起来就是床。

这两名老师，一名叫剡希何，一名叫张吉辰。

剡希何是山西牺盟会成员，幼年丧母，成年后又目睹父亲、妻子、岳母被日军炸死。他自费办学，不收一分钱学费，不拿一分钱工资。有一次，几个孩子不好好读书，他痛心责问："国难当头，咱们在啥情况下学习，你们为什么还不用功？"几句话说得顽皮的孩子痛哭失声，此后就努力学习。

抗战时期，中条山中的学校，可能就是全世界最简陋的学校。

即使在那样艰苦的环境中，学校仍旧在开办。因为孩子们，就是国家的未来。

中条山战役后，日军占领闻喜县，大峪村的学校被迫停办。日军宪兵队抓捕了剡希何，威胁引诱他替日本人工作，他凛然斥责，毫不畏惧，日军用各种酷刑折磨，也不能让他屈服。汉奸让他写自首书，他写出了一段《离骚》，让汉奸狼狈不堪。

后来，日军将他吊打了一整夜，脖子上挂了一桶水，腿上吊了一桶水，他被折磨得奄奄一息，仍不与日本人合作。之后，惨死狱中。

战争让孩子们改变了生活方式。

山西垣曲县的谢村，现在叫允岭村，抗战时期，本该在学堂里书声朗朗的孩子们，也被推上了战争的舞台。

当年，儿童团都会唱这样一首歌曲：

> 四更五点整，太阳往上升，
> 儿童团去站岗，盘查行路人。

我们在黑白电影中经常能够看到的儿童拿着红缨枪站在村口的情景，在抗战时候再普通不过了。当时，为了防止敌人搞破坏，村政府和农会经常组织儿童团在路口放哨，村村如此。儿童团员们年龄虽小，但是他们认真负责，有路条，行迹正常，才会放行；如果没有路条，行踪可疑，则会被带到村公所。

著名作家周立波当年陪着美国观察员卡尔逊在晋察冀解放区行走了两个月，他将自己的见闻写成了很多篇文章。其中有一篇文章说，他们冬天的时候，看到一座村庄的儿童团，有行人的时候，他们就拿着红缨枪上来要路条；没有行人的时候，他们就在冰冻的小河上滑冰。

这个周立波，是写出了《暴风骤雨》《山乡巨变》的大作家周立波，不是上海那个在电视上表演海派清口节目的周立波。

这两年里，中条山风平浪静，生活恢复到了日军没有进犯时的安逸和悠然，对妇女的教育也提到了议事日程。当年，中条山中流行一本《抗日妇女读本》，长四寸半，宽三寸，麻纸印刷，封面是两个短发妇女头像，以中国地图为背景，封面下印"太岳妇女救国会编"。太岳地区，当时是陈赓领导的八路军游击区，中条山中流行八路军编写的课本，可见当时国民党军队与八路军来往的密切。

这个读本的第一课是这样写的：

> 妇女，中国妇女。中国同胞四万万五千万，妇女就要占一半。

第十课题目叫《学本事》：

> 多识字，勤学习，算账记事能写信，看报读书了解国家大事，提高文化政治水平，办事能干，人人不小看。

第十四课是《春耕》：

> 春天到，暖洋洋。妇女们，齐劳动。拾柴，担水，把饭送，打沙，撒种，换苗子，努力春耕，把地种。

而第十五课《秋收》则是这样写的：

> 秋天到，秋风凉，谷子玉米都成熟。快收，快打，快快藏，男女老少齐上场，打下粮食满仓库，军民吃饱打东洋。

不能不说，这是一本极好的妇女教科书，不但教会了妇女识字，还教会了妇女做人的道理。语言朗朗上口，道理浅显易懂，这样的课本，比那些长篇累牍的政治教材要好很多。

因为没有战争，军队也就由"军用"转为"民用"。

当年，三十八军九十八团防守平陆县张店镇岭后村周围几十里的山冈。张店镇，就是张茅公路的起点。张茅公路是日军机械化部队进攻中条山、强渡黄河的唯一一条通道，日军如果大举进攻，坦克重炮必定会从这里走。九十八团是三十八军一个主力团，团长张恒英是一员猛将，三个营长崔治堂、范文英、李森都是共产党员。范文英牺牲后，谁担任了二营营长，我没有查找到。

因为张店镇地理位置极为险要，所以孙蔚如和赵寿山就把一个主力团放在了这里。

望原血战后，日军被打怕了，再没有对中条山兴兵，九十八团的战士们就做一些"有益于人民的事情"。

因为张店镇海拔高，地处山区，百姓缺水吃。最初人们靠吃井水，然而几十丈深的井里，每次也只能绞上半桶水，根本无法供应人们吃水。后来，百姓就从几十里外的山沟里驮水吃，因为路途遥远，所以每家每户每天都需要一个人专门运水。家境殷实的人家吆着牲口，牲口背上驮着两个木桶；家境贫寒的人家，就只能挑水吃了。一来一往，上百里山路，其艰苦可想而知。

吃水成了平陆县张店镇人祖祖辈辈的大难题。

九十八团来到后，战事不紧张，他们就谋划着怎么解决百姓的吃水问题。山上有泉水，战士们想把泉水引到村庄里，但是泉水和张店镇的很多村庄都相隔几十里，而且翻山越岭，道路崎岖，怎么办？这难不倒九十八团。九十八团属于杨虎城的部队，杨虎城的部队里有一大批军官当年毕业于陕西测绘学校，比如司令孙蔚如和特务连连长胥继武都是从这所学校毕业的，测量绘图是他们的拿手好戏。

九十八团用了几个月的时间，挖掘渠道，铺设管道，仅修建的水渠就有15里长，将山上的泉水引到了山下，解决了张店镇周围几十个村子祖祖辈辈都发愁的吃水问题。这些水源源不断地流淌着,除过吃水外,百姓们还用它浇地,自古以来张店镇都是旱地,而九十八团让这些旱地变成了水浇地,粮食的产量翻了番,百姓脸上笑开颜。

这条水渠受惠的村庄有北吕、南吕、下郭、晴岚、上吉、下吉、下沟、冯卓、营村等几十个村庄。一直到上世纪 90 年代,当地人吃水和浇地还是依靠这条水渠。最近这些年,因为气候变化,水量减少,但是上吉等村庄还是依靠这条水渠生活。

一条水渠造福了几代人。

中条山中很多老人直到现在还能记得当年杨虎城的部队和他们在一起的幸福时光。他们说每到收获和播种季节,这些士兵就来帮助他们干农活,把收割的麦子背到打麦场,碾净晒干,给他们装进粮仓里。干了这么多的活路,却从来不吃他们一顿饭。这些士兵们对老百姓就像对自己的亲人一样,看到有活就帮忙干,挑水扫院,劈柴下地,老百姓的所有活路几乎都被他们承包了。逢年过节,这些士兵们就买些肉和酒,然后请村子里上了年纪的老人去吃饭。老人们和那些军长师长们坐在一张桌子上,没有一点拘谨和生疏。军官们还上门给家家户户拜年,给村子里的孩子发压岁钱。

芮城县陌南镇道东村的人们现在还能记得当年驻扎在村庄的赵连副。赵连副,就是我在这本书开头写到的那个至今尸骨不知道被搬到哪里的赵连副。赵连副有一匹高头大马,宝贝得不得了,谁都不认,只认赵连副。这匹马确实漂亮,浑身红毛,没有一根杂色。村庄里有人娶媳妇,想借这匹马,犹豫了半天,终于鼓足勇气找赵连副,没想到赵连副一口答应了。娶媳妇那天,因为这匹马性子倔,不认别人,赵连副就牵着战马,战马上骑着新郎官,新郎官戴着红花,一路神气活现地走过来。村中很多人当年都是这样娶媳妇的。时隔几十年后,村中的老人们提起这件事情还感慨万千:"自古到今,有谁娶媳妇的时候,是军官给你牵马?我就是这样的。"

1940 年 10 月,第四集团军突然接到命令,移防至黄河南岸的洛阳以东,守备偃师、巩县、汜水、荥阳、广武百余里防线。中条山防务移交给胡宗南部队和友军约 17 万人接替。

据很多资料记载,将第四集团军调离中条山的原因是,蒋介石看到这支军队和共产党走得很近,担心会赤化。

第四集团军离开中条山的时候,村村悲恸,哭声一片,大家难分难舍。很多老人告诉我说,没有人组织,大家都是自发地送别军队,一直送到了几十里外。

第四集团军在中条山坚守了将近三年,有21000人牺牲在了这里。而与第四集团军交战的日军第十七师团,代价更为惨重,仅仅补充兵力,就达到十九次之多。也就是说,第四集团军将第十七师团打残了十九次。

从六六血战后的1939年夏季,到1941年春季,这时期的中条山呈现出一片祥和的气氛,日军11次进攻都被中国军队击败,中国军队还主动出击,歼灭日军。在中条山以北,八路军力量逐渐壮大,组织了百团大战,对日军的运输线构成了毁灭性的破坏,很多人都认为日军不可能会对中条山构成威胁,认为中条山坚如磐石。当年的很多大学毕业生,都将到中条山工作作为首选。

危急却已经在潜滋暗长。

1940年底,鉴于对华战争已经开始了三年半,远远超过了战争初期狂妄叫嚣的"三个月灭亡中国",日本政府做出了"必须迅速解决中国事变"的决定,要求"在1941年秋季以前,改变预定计划,不放松对华压迫,准备在夏秋之际,进行最后的积极作战,力图解决中国事变。"这一段时间,日本陷入了中国战场的泥淖之中,难以自拔,当初以为只要占领了中国的首都南京,中国就会投降,结果中国没有投降;日本又以为只要占领了中国的东南沿海工业城市,缺少了战略物资的中国就会投降,中国还是没有投降;日本还以为只要在正面战场取得了一连串胜利,中国就会投降,结果中国依然没有投降。日军掉入了中国战争的汪洋大海中,就像大犍牛掉进了水井中一样,再大的力气也使不出来。战争的发展趋势是,日军越打下去,情况越糟,他们的战略物资越缺乏,他们的士兵越打越少,中国的士兵越打越多,他们无法与中国打赢这一场旷日持久的消耗战,他们耗不起。

中条山已经打了将近三年,日军还是无法逾越中条山;不能逾越中条山,就不能渡过黄河;不能渡过黄河,就不能进入西北;不能进入西北,西北的兵力就会源源不断地运往中条山。日军终于等不及了,决定孤注一掷地解决中条山问题。

日军认为"由于山西省西面有以延安为根据地的共军,南面黄河南岸有中央军第一战区的军队活动,治安情况极为恶劣,河南、山东两省的治安也不稳定……主要占领区域的治安现状,其安定程度的顺序是三角地带、武汉地区,以华北最差"。

为了免除后顾之忧,1940年12月26日,日本首相东条英机和参谋总长山杉

第六章 中条山失守

第一节 暴风雨前的宁静

元提出了"不要单纯考虑南方,要确立以中国北方问题为主的方针"。直到这时候,日本人才意识到了中国的游击战已经成为一种战略,意识到了即使占领了中国所有的大城市,中国还是中国人的;即使占领了中国所有的土地,中国也依然是中国人的。中国人依靠着劣等的装备和机动灵活的战术,照样让他们昼夜不安,鸡犬不宁。中国的抗战国策是以空间换时间,积小胜成大胜,日本人占领中国再多的土地,也无法取得这场战争的最后胜利。

1941年1月30日,日军大本营提出了作战方针:"1941年度的作战,根据当前任务,大致确定现在的占领区,尤其是夏秋季发挥综合战力,对敌施加重大压力。特别期待在华北消灭山西南部中央军之一部。"山西南部,就是中条山,日军将目标对准了中条山。而中条山,则是中国军队在黄河北岸唯一的一块根据地。

1941年春天,日军开始秘密向中条山集结,决心一劳永逸地割断中条山这根"盲肠"。

第二节 卫立煌走了，何应钦来了

1941年的国际形势发生了逆转，国际局势对已经艰苦抗战了四年的中国非常不利。

1941年4月10日，日本密使松冈洋右，从德国经过苏联返回日本，中途滞留莫斯科，与斯大林密谈。当时，苏联东面是日本占领区，西面是德国占领区，斯大林为了避免两线作战，就于4月13日签订了《日苏中立协定》，明确规定："如果缔约国之一方与他国发生战争，另一方须严守中立，不得干预。"当时，日军在中国战场裹足不前，想调关东军南下增援，又担心苏联会在背后猛敲一棒，而这个协约的签订，就让日军免除了后顾之忧。

1941年4月中旬和5月初，日军从东北、华北、华中等地，抽调兵力，解决中条山问题。

这时候，日军参与进攻的兵力有：第一军编制的三十三师团、三十六师团、三十七师团、四十一师团，独立混成第四旅团、第九旅团、第十六旅团，另外还有骑兵第四旅团。兵力计有四个师团，四个旅团，总兵力有10万人，另外还有化学兵、空降兵数千人。日军总指挥为华北方面军司令官多田骏。

而此时中国部署在中条山的军队有17万。

17万劣等装备的中国军队，无法对10万日军构成威胁。很多专家认为，抗战初期和中期，因为武器装备、人员素质、身体状况等原因，一个日军的战斗力相当于三个中国军人的战斗力，那么，10万日军，就需要30万中国军人来抵挡，这样才会打成平手。而抗战后期，由于滇缅公路开通，美国武器源源不断进入中国，而日本在前线伤亡很大，后方仓促组织起来的军队缺乏训练，此消彼长，中国军人的作战能力才能赶上日本军人。

所以，日军即将发动进攻的这一场中条山战役，中国军队注定是要失败的。

再来看看日军的这些部队。

第二节 卫立煌走了，何应钦来了

排在最前面的三十三师团是刚刚从江西调来的军队，师团长叫做樱井省三，这是一个极为刚愎自用又自以为是的老鬼子。在1941年3月，樱井省三接到了调往山西战场与八路军作战的命令，就决定在江西对中国军队再发动一次攻击，打赢之后，掉头就走。樱井省三的想法和驻扎在南昌的第三十四师团师团长大贺茂的想法不谋而合，大贺茂也是一个喜欢惹是生非的老鬼子，他自信日军的战斗力天下无敌。驻扎在南昌附近的还有一支日军武装，这就是独立第二十旅团。独立第二十旅团是从第五师团分出来的，第五师团曾经在中国战场上风光一时，他的师团长就是臭名昭著的板垣征四郎，发动九一八事变，抢占山西战场，争夺昆仑关，导演六六血战，后来又从事对中国杂牌军的诱降。日军战败后，板垣征四郎作为甲级战犯被绞死。

三股鬼子——三十三师团、三十四师团、二十旅团，没有经过日军大本营的同意，就擅自向驻扎在江西上高的第十九集团军发起进攻。第十九集团军的总指挥是罗卓英，下辖部队有当时中国作战力最强的一支部队七十四军，军长是王耀武，下面三个师长分别是李天霞、余程万、张灵甫。

罗卓英运用磁铁战术，让外围的军队做一番抵抗后，就撤向两边，日军进攻到上高后，遭到坚守上高的七十四军阻击，然后撤往两边的军队再打回来，对日军形成了包围，全歼日军。

日军初期的进展相当顺利，他们打通了从南昌通往上高的通道，中国军队纷纷让道。就在日军"节节胜利"的时候，樱井省三认为胜券在握，没有必要让三十三师团继续打下去了，他们即将要开拨到山西，就擅自带着三十三师团撤离了战场，一口气撤到了百里之外。

三十三师团一走，罗卓英更有信心赢得这一场胜利了。他命令全线包抄，将三十四师团包了饺子，一番痛殴，三十四师团叫苦连天，司令部被打散了，野战医院被占领了，炮兵被全歼了，要不是夜色掩护，大贺茂也会被活捉。二十旅团看到三十四师团被包围，拼命想靠拢，但是被李天霞的七十四军五十一师挡住了，无法前进一步。

这时候，樱井省三才意识到日军上当了，人家中国军队那不叫败退，那叫计谋。樱井省三又急急忙忙带着三十三师团来解围，结果，只救出了三十四师团几百人。

这就是抗战时期相当漂亮的上高会战。

日军在上高会战的失败，樱井省三有直接的责任。

樱井省三在上高吃了败仗后，就被调往中条山，他决心在中条山雪耻报复。

另外一个值得一提的日军将领是三十七师团师团长安达二十三。

安达二十三最初跟随东条英机，侵略绥远；后又做冈村宁次的副手，扫荡华北；安达二十三的性格和樱井省三相反，樱井省三狂妄自大，而安达二十三谨慎低调。中条山战役结束后，安达二十三就升任十八军司令官，在太平洋战场与美军作战，日本宣布投降后，安达二十三自杀。

参加这次中条山战役的骑兵第四旅团旅团长是佐久间为人，他的结局同样让人感到意外。

佐久间为人参加完中条山中战役后不久，就升为六十八师团师团长。

1944 年，日军发动了衡阳战役，而打前锋的是佐久间为人的六十八师团。

1944 年 6 月 27 日是衡阳保卫战进行的第四天，日军在付出了上千人的代价后，才推进到了衡阳城外五桂山阵地前。整整四天，日军推进了不足 200 米。

五桂山阵地上，有中国军队一个连在坚守。日军整整攻打了一天，还没有攻下一个连把守的五桂山阵地。黄昏时分，日军施放毒气，中国军队这个连仅剩的 83 人全部壮烈殉国。

第二天，日军六十八师团师团长佐久间为人带着四个联队联队长，还有作战参谋长和参谋一干人，来到烧焦了的五桂山阵地上，向衡阳方向瞭望。这些人属于六十八师团最高级别的将官和佐官，六十八师团所有的头头脑脑们都集中在这里，他们人手一把指挥刀，人手一架望远镜，他们站在五桂山阵地上，不可一世，一个个小母牛拿大顶——牛逼冲天。

他们没有料到，这时候阎王爷已经来敲门了。因为，胡乱牛逼是要付出代价的。

中国军队的哨兵看到一伙老鬼子举着望远镜向这边瞭望，望远镜的镜片在阳光下一闪一闪，估计这伙鬼子都是当官的。哨兵把这个极为振奋的消息报告为机枪阵地，机枪阵地测算了一下，距离有点远，效果不够理想，又赶紧把这个利好消息报告给后面的炮兵阵地。炮兵阵地只要听说这伙老鬼子是在五桂山阵地上，就知道距离有多远。开战前，炮兵将中国军队每一处防御阵地都测算了一遍，就准备在反击的时候，用炮火支援中国军队。没想到，反击还没有开始，六十八师团的官老爷们却自动送上门来了。

守卫在炮兵阵地的是中国军队一个炮兵连，连长白天霖，黄埔军校 16 期炮科毕业。当哨兵发现了这伙老鬼子的时候，他也已经发现了，这伙老鬼子距离炮兵阵地仅仅 800 米。白天霖的炮兵连有八门大炮，都是开战前历尽千辛万苦从桂林拉到衡阳的。现在，这八门印着洋码子的大炮就要发威了。

第二节 卫立煌走了，何应钦来了

白天霖一声令下，八门大炮齐发，佐久间为人和身边簇拥的老鬼子全部倒了下去。不久，身负重伤的佐久间为人和几个鬼子佐官都死了，而没有死的，全部重伤，不能再指挥作战。

佐久间为人就这样死了，他的死亡很有创意。

说完了日本军队，再来说说中国军队。

第四集团军调走，胡宗南的部队进入。这时候，部署在中条山的中国军队有七个军，分别是第五集团军和第十四集团军。第五集团军司令曾万钟，下辖三个军，分别是唐淮源的第三军，陈铁的十四军，高桂滋的十七军；第十四集团军司令刘茂恩，下辖四个军，分别是刘戡的九十三军，武士敏的九十八军，武庭麟的十五军，赵世铃的四十三军。而在外围，还有裴昌会的第九军和孔令恂的第八十军。

第五集团军司令部驻扎在夏县马村，第十四集团军司令部驻扎在阳城青背坪。

中国军队中，也不乏能征惯战之将，比如第三军的唐淮源，第十七军的高桂滋，第九十八军的武士敏，都是从与日军多年奋战的血泊中拼杀出来的。如果刀对刀，枪对枪地干，中国军队依靠险要坚固的工事，也能与日军厮杀一番，即使失败，也不会败得像后来那么惨。

可是，中条山战役中，中国军队败得如此之惨，伤亡七八万人，这与上峰的指挥失误有很大关系。

1941年春季，卫立煌去重庆向蒋介石述职，蒋介石批评卫立煌和共产党走得太近，卫立煌一气之下，就去了峨眉山上养病。中条山的指挥被交给了何应钦。

何应钦当时任中国军队的参谋总长，长期在重庆最高司令部，对前线战场，尤其对中条山战场一点也不熟悉。让何应钦担任中条山战场总指挥，实在是一招臭棋。

1941年4月20日，何应钦一上任，就在洛阳第一战区司令统帅部召集各军师长会议，他对即将到来的战役做了这样的部署：

第一步，九十三军刘戡部由北向南，二十七军范荣杰部从东向西，与中条山各部队，合力攻击高平、晋城、阳城、沁水地区之敌；

第二步，中条山守军，与第二战区和第八战区协力，包围晋南之敌而歼灭之。最低限度应确保中条山。

从这个部署中，就能够看出来何应钦确实不懂中条山地理地形。中条山之所以能够让日军攻打了三年，而始终不能前进一步，关键在于这里的地形。中国军队依托有利地形，军民一体，同心协力，日军的每一步行动，都有百姓给中国军队报告，所以中国军队才能立于不败之地。而现在，何应钦一上任就要中国军队主动出击，全歼日军，其勇气可嘉，然战术太差。用陕西人常说的一句话来形容，这是"精尻子撵狼——耍胆大哩"。

战争，仅靠胆大是不行的，还要有谋略。

遵照何应钦的这一部署，中条山地区的中国军队就进行了这样的配置：

第九军裴昌会在河南济源，第四十三军赵世铃在垣曲，第十七军高桂滋在绛县，第三军唐淮源和九十八军武士敏在晋城董封镇，另外几个军配置在外围，作为策应。

中国军队在东西横跨几百里的战场上设防，无法弄清楚日军会从哪个点上攻击，这样平均使用兵力，本身就是败招。

日军要来进攻，何应钦知道，但是在哪里进攻，何应钦不知道。

日军的保密技术做得相当好，而间谍工作做得更好。

很多中条山的老人说，进入1941年3月，中条山各县的集市上突然出现了很多陌生的面孔，他们或者是挑夫装扮，或者货郎装扮，或者做小生意装扮，当时中国军队没有在意，百姓也没有在意，做生意的人，四海为家，风餐露宿，谁也不知道他什么时候消失，又在什么地方出现。

其实，这是日军的间谍。

日军间谍经过几个月的踩点后，将中条山中所有中国军队的布防和进出路径弄得一清二楚，甚至每支部队的番号，营长连长叫什么名字，哪里人，有什么嗜好，也摸得清清楚楚。《孙子兵法》云：知彼知己，百战百胜。日军把中条山的中国军队探了个底朝天，而中国军队却对日军茫然不知。

进入1941年5月，日军开始向中条山投放空降兵，空降兵是二战时候的新兵种，而日军将空降兵投放在了中条山中，可见日军对这次战役的重视。

当地老人说，日本的空降兵都是夜晚投放的，投放在荒凉的山顶上，然后潜伏下来，准备在战役一开始，就抢占桥梁和咽喉要道，卡住中国军队的致命处，包围并歼灭中国军队。

日军把刀架在了中国军队的脖子上，而中国军队还是不知道。

垣曲县上河村曾有一名村民，丢失了牛，就在山上寻找，结果发现了一伙日军空降兵。他想逃跑，结果跑不赢日本人，被抓了起来，关在山洞里，一直到中条山战役开始，他才被放出来。

当时，日军趁着夜色和中国军队疏于防备，向中条山投放了多少空降兵，这也许是个谜，但这是日军第一次在中国战场上大规模使用空降兵。

1941年5月7日，已经对中国军队布防等情况了如指掌的日军，突然开始了进攻。

日军分成了四条线：

东面，是二十一师团和三十五师团一部、骑兵第四旅团，约25000余人；西面，是三十六师团一部和三十七师团，约25000余人；北面，是四十一师团和第九旅团，约30000余人，这条线是日军的主攻方向，以中央突破的闪电战术，沿着横垣大道，从横岭关到垣曲猛攻，如果进攻得手，就会将中国军队一分为二；东北面，是三十三师团和第四旅团，约10000余人。日军总计10万人。

这是日军对中条山的第13次进攻，也是规模空前的进攻。

在日军进攻前，军令部又修改了先前的作战部署，命令各部"以交通线为目标，加紧游击袭敌，妨害敌之攻击准备及兵力集中"。

应该说，这个部署才是确实可行的，将日军分割得支离破碎，让日军无法集中，而中国军队却可以运用地利之便，集中优势兵力歼灭敌人。可是，因为临阵换帅，命令没有按时传达下去。就算按时传达下去，也没有什么效果了，因为中国军队想要占领的交通要道，已经被日军的空降兵提前占领了。

5月8日，命令无法下达，日军又占领交通要道，形势瞬间万变，而日军攻击极为凶猛，军令部又将命令改为："应力保现态势，粉碎敌蚕食中条山企图，诱敌于有利地带，转取攻势，而夹击之。"

有了这道命令，还不如没有这道命令。如果没有这道命令，中国军队面对日军的疯狂进攻，会下意识地采取守势，削弱日军的进攻锋芒。而有了这道命令，中国军队便放弃构筑已久的工事，向后退却，而日军的机械化部队很快就会赶上，将中国军队予以歼灭。

在中条山战役前和战役初期，何应钦和军令部连下了三道命令，三道命令都是用屁股想出来的。先让进攻日军，后让深入敌后游击战，再让后退引诱敌人。朝令夕改，莫衷一是，军令部都不知道这场仗该怎么办，就在瞎指挥。这种完全脱离实际的命令，只会让军队走上毁灭之路。

大将无能，累死三军。

这时候，中条山战场上的中国军队已经乱成了一锅粥，有的在抵抗，有的在退却，有的准备深入敌后，有的在逃窜，有的军队收到的还是何应钦的第一道命令，有的却收到的是与第一道命令完全相反的军令部第三道命令，是该进攻，还是该撤退，或者是该深入敌后打游击，各部队都拿不定主意，都不知道该听谁的。

缺乏统一指挥，军令前后矛盾，让17万中国军队变成了一群待宰的羔羊。

中国士兵的作战不可谓不勇敢，各个将军不可谓不用命，可是统帅部的无能，葬送了中条山根据地，也葬送了中华大好男儿的性命。

第三节　中国军队阵地被各个击破

战役最先在东线打响。

东线日军是以三十五师团为主力，于1941年5月7日下午一时开始进攻。在这里防守的是裴昌会的第九军，他们在日军步骑炮的强行猛攻下，节节防御，节节后退，后不得已将兵力收缩到封门口要地。日军要向西进犯，封门口是必经之地，势在必得。日军久攻不下，不断增兵。到了第四天，也就是5月10日凌晨，日军攻破封门口，中国军队开始了大溃败。

东线日军进攻三个小时后，北线日军开始进攻，这线日军有四十一师团和第九旅团，是日军的主攻方向，他们的进攻线路是第五集团军和第十四集团军的结合部，也是中条山守军的软肋。日军的意图是，沿着横岭关到垣曲的横垣大道，占领垣曲县城，然后，兵分两路，与东线日军合围第五集团军，与西线日军合围第十四集团军。

战役一开始，日军就猛攻横岭关。坚守横岭关东北侧的赵世铃四十三军和坚守横岭关西南侧的高桂滋十七军，死战不退，交战双方远击近攻，短兵相接，烟雾弥漫，鲜血飞溅，尸横遍野。最为人称道的是，高桂滋的十七军有一个连在官店与日军一个中队激战，依托工事，给了日军极大杀伤。后来日军攻上阵地，此连战士与日军展开了白刃战，日军全部被杀死，而该连也几乎全部阵亡。

此战，官店村百姓亲眼目睹，他们深受感动，含着眼泪将负伤的几名战士抬到家中，掩护治疗。

后来，因为日军兵力雄厚，又加上有飞机坦克助战，横岭关最终丢失。日军的机械化部队沿着横垣大道，向南挺进。

第十七军和第四十三军被迫后退。

第十七军军长高桂滋、第四十三军七十师师长石作衡，我会在后面详细写到。

东线和北线日军先后攻破了中国守军阵地，那么西线和东北线情况如何？

西线的日军是以三十七师团为主力的25000多人，而守卫的中国军队是孔令恂的八十军和唐淮源的第三军，还有公秉潘的整编三十四师。日军从平陆县张店镇向东进攻。张店镇，我在书中多次写到了这个地名，因为以前第四集团军多次在这个地方与日军激战，每次均取得胜利。张店镇，也是张茅公路的起点，占领了张店镇，日军的机械化部队可以直达茅津渡，茅津渡对岸，就是日军尚未占领的河南洛阳。

日军从第三军和八十军的结合部突入，然后分成若干小股对第三军和八十军形成包围，日军对中国军队的驻防太熟悉了，他们清楚地知道从什么地方易于突破，从哪支部队的防线上易于突破。中条山中的每条道路，每支中国军队的战斗力，他们都了如指掌。

而且，日军在对中国军队实施了包围后，还知道包围圈里是哪支中国军队，他们叫喊着中国军队团长和营长的名字，督促他们投降。自己的名字都被日军知道了，中国军队的团长和营长不能不感到心惊。

日军的间谍工作太可怕了。

第三军和第八十军尽管浴血奋战，然而却无法阻挡日军的进击，开始退却。第三军军长唐淮源，第三军第十二师师长寸性奇，第八十军二十七师师长王竣等将领，我也会在后面详细写到。

东北线，是以日军樱井省三的三十三师团为主力，而守卫的是武士敏的九十八军等部。

日军是在5月7日的夜晚开始猛攻武士敏将军的阵地，武士敏率领军队拼死抵抗，与日军血战一夜，击溃了日军2000多人的进攻，击毙了滨田大佐等700个日军。当东线、西线、北线各路阵地都已丢失时，武士敏还在激战。

武士敏，我在后面也会详细写到。

8日黄昏，北线日军沿着横垣大道直下，在伞兵部队的配合下，占领了垣曲县城，截断了第五集团军和第十四集团军的联系，也截断了黄河北岸的中条山军队与黄河南岸的联系。

9日，这股日军兵分两路，一路向东，一路向西。

11日，两股日军分别与东线日军和西线日军会合。这样，绝大部分中国军队就被日军分割在两个巨大的包围圈里。

第六章 中条山失守

第三节 中国军队阵地被各个击破

14日,九十八军四十二师一个团、九十三军第十师和新八师等部队在太岳八路军的掩护下,跳出了日军的包围圈,到达沁水以北,又退到黄河以西。除此以外,其余的部队陷入日军包围圈中。

日军开始派出小分队,寻找两个集团军的指挥部。

中国军队的指挥系统已经全乱了。

穿着军装的日军在进攻,穿着便装的间谍在捣乱,整个包围圈中的中国军队人心惶惶,两个集团军司令也与部队失去了联系。

古代兵法讲:擒贼先擒王。如果开战之初,一下子抓住了敌方的将领,就能够取得决定性胜利。在中条山战役中,日军一开始就将两个集团军司令部孤立起来,让指挥机构陷入瘫痪,也达到了"擒贼先擒王"的效果。

这场战役,日军真是机关算尽,而中国军队却毫不知情。

先说说第五集团军司令曾万钟。曾万钟的司令部在夏县马村,日军早就侦知了他在马村。所以,日军控制了黄河北岸各个渡口后,对第五集团军包围形成,一面派重兵强攻马村,一面把几百个空降兵投放在马村背后的蚁山上。这样,马村的第五集团军司令部就会腹背受敌,命悬一线。司令部卫队依靠两挺重机枪,拼命阻击日军,而日军空降兵依靠小钢炮,将两挺重机枪打坏了。然后,两面日军蜂拥而至。无奈之下,曾万钟只好带着部队撤离,这一路与日军遭遇激战,最危险的时候,他的身边只有几个参谋和警卫。

曾万钟找不到部队,不知道第五集团军的各支部队在哪里。

据资料记载,中条山战役刚开始一小时,事先空降到中条山的日军和间谍、便衣队,就配合日军的主力部队,炸毁了中国军队的军火库,割断了电话线,突袭指挥部,这样,中国军队师以上的指挥系统就全部陷入瘫痪。因为中国军队中,只有师一级才装有电话。

中国军队只能以师为单位,各自为战。

曾万钟带着几名警卫员昼伏夜行,来到了一个叫做狼虎峪的山谷中。在这里,他们再也走不动了,连续几天都没有吃东西。曾万钟饿昏了过去。附近的百姓上山砍柴,认出了曾万钟,端来了玉米糊糊,曾万钟才活了过来。

曾万钟身体恢复过来后,百姓送他来到黄河岸边,用羊皮筏子送他过河。

来到黄河南岸的曾万钟,回望中条山,悲愤交加,他发誓一定只要三个月,就渡过黄河北岸，杀回中条山，为死难的弟兄们报仇。

可惜的是，曾万钟的愿望始终没有实现。

第十四集团军司令刘茂恩也连遭惊险。

刘茂恩带着司令部与日军激战多日后，收到了第一战区司令部的电报，命令该集团军向黄河南岸撤退。为了乘隙转移，缩小目标，刘恩茂和参谋长符昭骞各率一部，分路向南挺进。

刘茂恩这一路走到了河南省济源市龙岩镇的时候，突然被日军包围，龙岩镇距离黄河很近。随从人员左冲右突，也无法突破日军包围圈，日军步步逼近，形势危在旦夕。有参谋劝刘茂恩换上便装潜逃，刘茂恩正色道："我身为堂堂中国军人，沙场捐躯，死亦光荣，岂能求一时苟安，丧失民族气节，为人耻笑。"说完后，就要拔枪自杀，左右急忙将他抱住，夺下枪支，号啕大哭。

日军越逼越近，刘茂恩身边的战士越来越少，强敌四伺，饥寒交迫，弹尽粮绝，突围无望，众人环绕在刘茂恩身边，拟作最后一拼，共同殉国。

就在这时候，突然狂风大作，暴雨如注，夜色渐浓，山洪暴发，日军急忙撤走。刘茂恩抓住时机，来到了黄河岸边，只看到浊浪排空，洪水滔天，一行人冒险渡河，劈波斩浪，终于绝处逢生，来到了黄河南岸。

参谋长符昭骞所率领的那一路，也迭遭凶险。他们在击退了一次日军的进攻后，迷失了方向，在山林中打转。当时，黄河沿岸已经被日军封锁，日军分成了无数支小股部队，到处搜寻溃散的中国军人。符昭骞无法靠近黄河岸边，只能在日军的包围圈中打转。

后来，这支部队几经周折，终于钻出了深山老林，来到了黄河岸边，顺利渡过黄河，归还了第十四集团军建制。

中国军人的遭遇都如此悲惨，而孩子们的遭遇更惨不可言。

在这次战役中，山西省平陆县太寨村儿童教养所的孩子们，都遭遇了一场浩劫，大部分老师被杀害，一半以上的学生被俘，惨遭种种折磨。

富平宁在他的文章《抗战时期的儿童教养所》中介绍说，中条山战役前，儿童教养所的老师已经风闻日军要大举进攻，便积极采取应对措施。当时，中国军队已经应对不暇，师生们只能采取自救。老师让每个六年级学生照顾一个一年级学生，五年级学生照顾一个二年级学生，三年级和四年级的学生每十个人编为一组，自己照顾自己。在战火纷飞、强敌压境的危难中，孩子们只能自己照顾自己。

1941年5月8日夜晚，儿童教养所突然接到了第一战区司令部的消息：日军便衣队正在进攻，南沟渡口可能已经被日军抢占。南沟渡口，是距离儿童教养所最近的一处黄河渡口。南沟渡口被占，孩子们要渡过黄河将会非常困难。

情况危急，学校立即组织学生，每个人从食堂里领取五个馒头，在操场集合，然后沿着崎岖的山路，奔向70里外的尖坪渡口。当时星光黯淡，山路崎岖，远处战火闪烁，近处风声呜咽，孩子们一路跌跌撞撞，大的拉着小的，在黑暗中行走了一夜，天亮后才走到了尖坪渡口。

然而，站在渡口，却不能过河，因为日军飞机轰炸，黄河北岸战火燃烧，船夫都把船只停靠在黄河南岸，不敢划过河来。孩子们疲惫不堪，奔走一夜，赶在日军占领前来到了尖坪渡口，却没有船只送他们过去。

早晨十时，有人传言：日军并没有占领南沟渡口，南沟渡口还有船只摆渡。老师组织孩子们又沿着黄河岸边，走向南沟渡口。突然，后面枪声大作，一群衣衫破烂的中国军人跑了过来，他们说日本鬼子从后面赶来了，赶快跑。中国军人中还夹杂着很多老百姓。

无奈之下，孩子们只好跟着这群人一起加快速度奔跑，一直跑到了下午，才来到南沟渡口。刚刚喘口气，空中突然出现了四架飞机，向着人群疯狂扫射，大家仓皇奔逃。有人情急之下，跳入了黄河里，拼命向黄河对岸游去，却被黄河对岸的中国河防部队乱枪打死；有人刚刚跳入黄河，就被追赶上来的日军射杀。前有黄河，后有追兵，无奈之下，大家只好觅路逃跑。黄昏来临的时候，老师组织孩子们来到了山上一个叫做路家坪的村庄，暂时得到喘息。清点人数，500名学生仅剩下300名，老师仅有16名。

拂晓时分，趁日军飞机不能轰炸，师生们又出发了，准备翻越山头，赶往黄河边。当时，低年级同学在前，高年级同学在后，老师在最后面，向山顶上攀爬。就在快要到达山顶的时候，空中又出现了日军飞机，对着师生们扫射，前面的同学爬上山顶，寻隙躲藏；后面的同学不得已，又回到了路家坪。

路家坪当时已经人去村空，跑回路家坪的有150名师生，他们躲在窑洞里，躲避日军轰炸。天黑后，这里又陆陆续续来了100名学生。

日军占领了黄河各处渡口，开始搜山。整个中条山中风声鹤唳，危机四伏。师生们白天不敢出外，只能躲在路家坪的窑顶里，像风雨中躲藏在树叶下的鸟雀一样。而到了夜晚，他们才敢走出窑洞，寻找可以果腹的东西，野草、草根、草籽和树皮都成为了食物。

17万中国军队坚守的中条山，10万日军仅用三天时间就攻占，由于中国军队的败退，让这群孩子遭受这样的灾难，这是每一个中国人的心头之痛。

10天后，路家坪突然闯进了四个拿着枪的日军，他们看到窑洞里躲藏的师生，严令他们不准离开，在这里等候发落，如果自行离开，就要用机枪扫射所有学生。

然后，日军就把十多名老师全部带走了，说是让给他们抬炮弹。

没有了老师，孩子们在极度的恐惧中等候了一天。第二天，几名寻找食物的高年级学生，在一处山沟里，看到了被枪杀的十几名老师的尸体。还有一名老师，是总务处主任，被日军带到了司令部审问，大概是要他说出藏匿粮食的地点，他不愿意说，被日军挖出了心肝。

日军将这些学生带到山下，强迫对他们进行奴化教育，孩子们经常遭受打骂。不久，日军又命令中条山中各县带回这些孩子，继续进行奴化教育。

中条山战役中，有多少学生最终逃出了日军的魔爪，没有一个准确的数字。有一个名叫吕克振的学生，最终奇迹般地逃到了黄河南岸，他在后来的回忆录中写道：

> 我和申银生、张修善、韩水英等八名同学辗转来到史家滩，看到一个班的中央军用牛皮筏做营运生意，可我们这些身无分文的难童一个也过不去，任凭你好说歹说，苦苦哀求，他们不见钞票怎么也不行。在过河无望、食无着落的情况下，我们忍饥受饿一直等到第五天，忽听河对岸喊："河那边可有教养所的学生？"这突如其来的喊声，像注入一针兴奋剂，我们不顾疲惫，鼓足勇气，大声回答："有！有！有！"对岸接着说："奉司令部指示，教养所的学生可优先过河。"经过与管渡人员交涉，下午三时我们总算平安渡过了黄河。过河后，不知是泄了气，还是饥饿过度，我们一个个就像泄了气的皮球，都倒在了地上。申银生直喊肚子疼。在河边接我们的司令部李参谋慌了手脚："这里缺医少药，只好由我背着你走，其余的跟我慢慢走，到了兵站就有办法了。"距离河边不到三公里的兵站，我们走了近四个小时，精神状态到了什么程度可想而知。一到兵站，炊事员就给我们端来一筐白面馒头，正当我们吃得津津有味时，另一个炊事员却把我们手中的馒头抢去，扔

进箩筐里端走了。接着来了一个长官模样的人解释说:"同学们不要误会,这是医生听说同学中有人喊肚子疼,才这样做的。大家饿了很长时间,怕猛吃会撑坏肚子,所以让先煮点面条,润润肠子和肚子,然后再吃馍馍,这样对身体有好处。咱们这么大的一个兵站,难道还怕几个同学吃一次白馍馍?"听完这位长官的解释,我们激动地说没关系。第二天早饭后,我们敬爱的孙显卿所长来接我们到渑池的平陆儿童收容所。

这次战乱中,儿童教养所渡过黄河脱险的师生仅有 60 多人,六年级的毕业班只剩下 8 个人,其中包括吕克珍。

第四节 三位将军同一天殉国

两个集团军的总司令都九死一生，可见当年的战况有多凶险。

1941年5月9日，这注定是一个会被载入史册的日子。在这一天，中国军队三名少将壮烈殉国。

在中条山深处山西平陆县张店镇的很多老百姓的记忆中，这一天的黎明是一个血色的黎明。在如血的曙光中，日本人的身影出现在了远处的山头上，先是几个散兵的黑色剪影，接着是大部队，然后是骡马拖着的大炮和轰隆隆碾压得大地都在微微颤抖的坦克。日军增兵了。

直到这时候，在西线坚守的孔令恂第八十军第二十七师已经与日军激战了两天两夜，师长王竣和参谋长陈文杞已经两天两夜没有合眼。身边的弟兄越来越少，四周的日军越来越多。有人向王竣建议，向上级发报，请求转移，向后撤退，王竣大声喊道："未歼敌耻尔！有何面目见人？军人不成功，便成仁，我愿与诸位死于此地。"战士们大受鼓舞，纷纷表示誓与日军血战到底。

到了这天中午，几架飞机飞临张店镇的上空，对着几幢还算完好的房屋狂轰滥炸，日军潮水般地涌进了张店镇。王竣带着二十七师一部仅有的几十个人退守到了一座大院里，依托着千疮百孔的房屋和院墙继续抵抗。

现在，没有人知道王竣和陈文杞两位将军临死前说过什么，做过什么，人们只知道他们一直在顽强阻击着敌人。后来，日军无法攻入那座院落，就施放毒气，师长王竣、参谋长陈文杞和所有官兵，全部战死，无一生还。

张店镇上了年纪的人说，日军退走后，他们来到这座已成废墟的院子里，看到所有人都是面朝院外，匍匐在地，有人临死前还抓着手榴弹，手指扣着拉环，他们在中毒前没有力气将拉环扯离；有的手中握着上了刺刀的步枪，步枪里已经没有了子弹。

第四节 三位将军同一天殉国

就在王竣和陈文杞将军牺牲的这天下午,第八十军第二十七师副师长梁希贤也壮烈殉国。

两天前,日军一出现,梁希贤就意识到陷入了日军的包围圈,他和师长王竣、参谋长陈文杞紧急磋商后,决定分头突围。

梁希贤带着一支部队白天坚守,夜晚突围,且战且走,5月9日来到了黄河岸边的台紫村,又陷入了日军的三面合围。

台紫村的张子湖老人说,那天,他们躲在山洞里,看到日本人的大炮对着村庄轰击,一颗炮弹过后,村口的祠堂就倒塌了,接着就冒起了黄色的烟柱。烟柱里冲出了中国军队士兵,他们挺着刺刀和蜂拥而上的日军拼杀,喊杀声震天动地,即使躲在山中也能够听见。大约过了一个时辰,村庄才停息了。

村庄停息了,但是从村庄通往黄河岸边的道路上,战斗一直在继续。二十七师副师长梁希贤将军带着卫队边走边打,他们来到黄河岸边时,卫队全部牺牲,日军举着刺刀哇哇叫着冲向梁希贤,梁希贤站在悬崖边,举着手枪,打完了枪中最后一颗子弹后,转身跳进了波涛汹涌的黄河中。

张子湖老人说,日本人在黄河岸边站立着,望着河水,一动不动,过了很久,他们才陆续离开。

也许,当初的日本人是怀着敬佩的心,站在黄河岸边哀悼忠勇刚烈的梁希贤将军。

在一场战斗中,师长、副师长、参谋长全部壮烈牺牲,这在抗战中是绝无仅有的。

在同一天里,三位将军一起壮烈殉国,这在抗战中也是绝无仅有的。

这一年,梁希贤将军43岁,而王竣将军39岁,陈文杞将军仅有37岁。

八十军二十七师战败后,有一些人做了俘虏。

中条山战役结束后,日军让这些俘虏修建从平陆县张店镇到望原的盘山公路。因为山峰陡峭,缺少铺路的石块,日军就将几百名战俘作为石头,铺在了山脚下,上面压着土层和石板,做成了台阶。这段路叫做"八里湾五道垎",现在还在。"八里湾五道垎",这个名字是说,这段路一共有五个垎头,也就是五个高低错落的路段,而日军用二十七师战俘的躯体填充了五个路段。

附近有个村庄叫大沟里,村中老人说,就在前些年,每逢下大雨,还能看到路边冲刷出来的人骨头。每逢从这条路上走过去,就感到阴森恐怖,因为路面下埋着几百个冤魂。

八十军军长是孔令恂,二十七师师长是王竣。王竣是陕西人,他手下的士兵也是陕西人,当初都是杨虎城的部队。西安事变的时候,杨虎城手下将领冯钦哉离开杨虎城,投靠了蒋介石,带走了他手下的部队,其中包括王竣。后来,王竣的部队又划归胡宗南的八十军,他成为了二十七师师长,而手下还是当初跟着他一起的陕西人。

也是在这一天里,高桂滋的第十七军也遭受了惨重损失,他们的战斗同样悲壮而激烈。

就在王竣等三名将军壮烈殉国的前两天,1941年5月7日下午,日军突然出现在了第十七军的阵地前,集中了几十门大炮,向着十七军的防御阵地疯狂轰炸,到了黄昏,日军在倾泻了成千上万发炮弹后,依然无法轰开第十七军的防御阵地。

陈数民当年是第十七军的军需官,他说,在与日军对峙的那三年里,军长高桂滋一直很重视修建工事。在绵延十余里的阵地上,第十七军用条石和块石修建了200多座碉堡,每个碉堡都厚达数米,即使用重炮轰击也无法轰开。而且这些碉堡也形态各异,作用不同,独堡巍峨高耸,即使用云梯攀援也无法爬上去,因为顶层有一个突出的平台;对堡互成掎角之势,攻打一个,另一个就会火力支援;地堡是隐藏在地下室里,不到眼前是不会发现的;暗堡躲藏在明堡后面,露在外面的只有一个窟窿,当明堡被占领后,暗堡的火力足以覆盖明堡任何一个角落……碉堡后是石坝,石坝是用大块大块的石头垒积而成。那时候北方农村还没有水泥,石缝间填灌的是石灰泥。石灰泥将每块石头都焊接成一个整体,组成坚固的石坝,石坝厚近一米。日军的炮弹落在石坝上,也只能打出一个小坑;日军的坦克在坚固的石坝面前,也只能望而却步。石坝后是战壕,战壕密如蛛网,四通八达,纵横交错,任何一个点上发生了战事,所有潜伏在山洞里的中国军队战士都能够以最快的速度出现在这个点上。三年的苦心经营,高桂滋把自己的阵地打造成了一道铜墙铁壁。十七军的战士曾骄傲地说:"日本人想要攻进来,先得死上一万人再说。"

在中条山的三年坚守中,高桂滋就是依靠着极为坚固的工事,抵挡日军进攻,日军尽管武器精良,然而每次都丢盔弃甲,铩羽而归。

然而,这次,情况却大不一样。

第四节 三位将军同一天殉国

不一样的原因在于，统帅部对敌情判断失误，致使铸成大错。

陈数民说，早在中条山战役开战前的一个月里，中条山各地的集市上，就出现了很多陌生的面孔，他们向当地人打听中国驻军的情况。这些陌生人还化装成小商贩来往在中条山的大道小径上，侦察中国军队的驻防和地形地貌。中条山战役开始前，日军不但对中国军队的指挥机关、医院、防御要点、军械库、粮食囤积地了如指掌，而且对每一条防线所驻扎的军队番号、人数、长官姓名等情况也都了然于胸。在中条山战役开始前，日军对中国军队的情况了解得一清二楚，而中国军队却对日军情况茫然不知。

大战即将开始，统帅部不但不明敌情，而且还判断错误，中了日军的计策。

中条山战役开始前的半个月里，日军就向外放风，号称要进攻西安，而当时日伪的报纸上，也在大肆宣扬这一消息。日军的来往电报中，也故意使用明码频繁出现西安的字样。为了做足假象，蒙蔽中国军队，日军还在大白天大张旗鼓地运输军队，拉运渡河器材，在黄河岸边集结，号称要渡过黄河，向西安方向进击。除了陆路运输外，日军还在控制的同蒲铁路上，每天从侯马和临汾开出几辆列车，满载士兵和渡河器材，拉运到黄河岸边的风陵渡渡口，而一到夜晚，日军的火车和汽车又偷偷地返回原地。这样的诈术一直持续了十多天。

日军有情报队，中国军队也有情报队，日军的情报队对中国军队的布防了解透彻，中国军队的情报队也了解到了日军的作战意图，他们不是要进攻西安，而是要进攻中条山。当时的中条山，是中国军队在黄河北岸的唯一一道屏障，也是最后的屏障。渡河进入陕西，只是日军的烟幕弹。

然而，统帅部却没有听进去中国军队情报队的反映，一意孤行地坚持自己的判断，他们想当然地认为日军是准备渡河。

进入1941年5月，统帅部察觉到日军的计谋时，已经晚了。

中条山战役的情报失误，让我想起了上高战役的情报大战。

参加上高战役的中国军队是第十九集团军，这是一支与日军激战连年的强悍武装。我曾经采访过中国军队第十九集团军七十四军五十七师炮兵连长尹同道，他向我详细介绍了上高会战前夕的情势。他说，上高会战是1941年3月15日开始的，刚好比中条山战役早了两个月。当时，江西境内的南浔线上出现了载满日军的火车，在南浔线上来来往往，号称要进攻安徽，而江西赣北的中国军队没有上当。尹同道说，中国军队的坐探夜晚将耳朵贴近铁轨，听到开进南昌的火车声音沉闷,车身沉重;从南昌开出的火车声音清脆,车身漂浮,于是断定日军在向南昌增兵。

在上高战役中,识破了日军伎俩的十九集团军司令部早做准备,用司令罗卓英的磁铁战术将日军牢牢地吸引在暮春梅雨季节的上高城外,几乎全歼了日军骄横的三十四师团;而在中条山战役中,没有识破日军奸计的统帅部遭到了日军突袭,丧失了中国军队在黄河以北最后一块根据地。

1941年暮春,当孙蔚如将军和他的"铁柱子"一走,中条山就变得岌岌可危。

当日军突然出现在中条山中国军队阵地前时,很多中国军队连枪支都还没有拿起来,就稀里糊涂地被打散了。于是,一场期待已久的血战变成了屠戮。

然而,在这场突如其来的战争中,高桂滋和他的十七军表现得可圈可点。

第五节 突围，突围

从山西绛县横岭关，到黄河北岸垣曲县有一条道路，叫做横垣大道。这条道路是日军重点进攻的地段，在这里，中国军队集结了两个师：一个是高桂滋的十七军，一个是中央军。

在大道西侧防守的，名为十七军，其实只有十七军八十四师。十七军的另外一个师预二师还远在几十公里的另一处阵地上。

日军向横垣大道东西两侧的两支中国军队同时展开进攻，一个是人们眼中的杂牌陕西师，一个是人们眼中的王牌中央师。两个师取得的战果却大出人们的意料之外。

进攻八十四师的是2000多个日军和20多辆坦克，还有8门重炮。日军攻打了一天，没有丝毫进展。每逢日军用重炮轰击的时候，中国军队就躲藏在深深的战壕里，炮弹过后，中国军队就从战壕里冲出来，迎头痛击蜂拥而上的日军。

后来，日军用坦克打头，士兵躲藏在坦克后面，亦步亦趋地走上了八十四师用条石和块石垒积起来的石坝阵地。就在坦克距离石坝还有几十米的距离时，突然一声闷响，坦克不动了。坦克被八十四师用土地雷炸瘫了。

陈数民说，那时候中条山中的中国军队没有坦克，也没有反坦克炮，只能用土办法对付坦克。战士们将十颗手榴弹一组，十颗手榴弹一组，埋在事先挖好的陷坑里，用长绳子连接着，然后躲藏在几十米开外的壕沟里，身上盖着荒草，等待日军的坦克过来。当日军的坦克开到了陷坑上之后，一拉绳子，手榴弹就炸中了坦克最薄弱的下腹部。

然而，这种方法不会总是很灵，它首先需要自己不被近在咫尺的日军发现，还需要坦克没有碾断绳子，更需要坦克刚好从陷坑上方经过。它成功的概率相当于买彩票中上万元大奖。

中条山开战的第一天，日军在八十四师的阵地前寸步未进，还被炸毁了一辆坦克。

第二天，日军在八十四师坚固的防守面前，仍然寸功未立，还丢下了上百具尸体。

八十四师用条石和块石垒积起来的阵地，固若金汤。

陈数民说，八十四师以逸待劳，兵精粮足，愿意与日军打消耗战，等到日军无法支撑的时候，就会不战而退，像以前的很多次进攻一样。然而，阵地的右翼出现了问题，中央军在日军强大炮火的攻击下，退却了。

现在，八十四师腹背受敌，高桂滋只能带着八十四师突围。

5月9日，也就是三位将军壮烈殉国的这一天，拂晓，高桂滋带着部队转战到了横垣大道的王茅镇，突然接到了第一战区长官部的命令，要他们转移到夏县皋落大道的南侧山地，继续战斗。高桂滋想要通知预二师，然而，已经无法联系，电话线早就被日军割断了。他不知道预二师到了哪里。

陈数民说，当时非常混乱，阵地被日军突破后，日军的坦克长驱直入，炮弹在中国军队的人群中爆炸，飞机在空中轰炸，又是在夜晚，视线模糊，十七军的建制已经被打乱了，兵找不着将，将找不着兵。

八十四师在突围，十七军的另外一个师情况如何？

高桂滋任军长的第十七军当时仅下辖八十四师和预二师。师的番号前加"预"，表示该师是预备师，预备师无论在人数还是装备上，都远远不如正规师。比如中央嫡系的胡琏十一师和余程万五十七师，每个师都有12000人，装备有重炮；而参加石牌保卫战的预四师和参加中条山战役的预二师，人数仅有5000人，不但没有重炮，连重机枪也很少有。

然而，抗战时期的预备师在战场上的表现同样让人震惊。预四师在石牌保卫战中全师几乎丧失殆尽，仅2010年在宜昌市夷陵区金鱼坪村一次就挖出3000具尸骨；预十师在常德保卫战中参加外围战斗，师长孙明瑾和全师将士壮烈殉国，至今能够找到的唯一幸存者，是在常德城外乾明寺出家的吴淞法师。

就在中条山战役前一年，预二师才划归第十七军。而此前，隶属于晋绥军的预二师是一支伪军反正部队，编制不足，装备低劣，缺乏训练，战斗力差，用电视剧《亮剑》中八路军团长丁伟的话来说："战斗力连三流都算不上。"

可是，预二师自从划归第十七军后，军长高桂滋和师长高增级都加强了对这支"三流都算不上"的部队的整训，经过了一年的训练，预二师脱胎换骨，与此前判若两"队"。

在中条山战役中,大敌当前,预二师同样威武不屈,死战不降。

1941年5月9日的这一天,预二师拼死向西突围,他们三次被围,又三次冲出,到了黄昏时分,负责断后的第四团第一营在殷家庄被日军重兵包围,营长胡成铎命令全体战士潜伏在草丛中,聆听四面枪声,判断出东南方向日军薄弱,便悄悄靠近东南方向的日军。当距离日军仅有百米距离时,全营仅有的两挺轻机枪突前开路,所有的枪支都对准了敌人,猛打猛冲,居然奇迹般地冲出了日军包围圈。

依靠着拼命三郎的闯劲,胡成铎带着一营战士趁着夜色,将日军甩在了身后的崇山峻岭中。天亮后,他们来到了一座小村庄,刚刚坐下来喘口气,突然与迎面而来的一队日军撞在了一起。胡成铎从背上抽出大刀,高喊:"今天不是鱼死,就是网破,冲上去,剁了狗日的!"他当先冲上前方,战士们跟在他的后面,挺着刺刀冲向敌群。日军虽然占有优势兵力,但是完全没有想到就在他们的眼皮底下冲出了一支中国军队,他们还没有来得及组织抵抗,就像被洪水冲垮的堤坝一样稀里哗啦,溃不成军。

预二师第四团第一营冲进了崎岖陡峭的山中,清点人数,全营尚存300人。后来,胡成铎率领着这支300人的队伍一直在中条山中打游击,专门伏击小股敌军。

一个月后的一天夜里,胡成铎带着这支300人的队伍,在当地百姓的帮助下,坐着羊皮筏子来到了黄河南岸,终于找到了预二师师长高增级。直到这时候,他们才知道5月9日掩护的大部队,同样遭遇了悲壮的激战和行军,师长高增级负伤。大部队被打散后,一部分躲在山中打游击,一部分南渡黄河。中条山战役结束后,预二师仅余千人。

我们在影视作品中看到的伪军都是懦弱胆怯,毫无战斗力的,可是预二师是一支伪军反正队伍,它的表现丝毫也不逊色于当时的中国军队王牌军队。

还是在同一天,第十七军军长高桂滋和八十四师都经历了严酷的考验。

我曾经见到过一张十七军军长高桂滋的照片,照片中的他身材高挑,两颊塌陷,瘦骨嶙峋,目光炯炯。据十七军老兵回忆,那时候的杂牌军十七军经常吃不饱饭,每人每月仅供应30斤粮食,而且还是包谷面居多,当兵打仗需要好身体,一天一斤口粮哪里够吃啊!军长高桂滋带着大家在山坡上挖野菜,将野菜放在包谷面里一起煮食,即使这样,还是不够吃,军中每天只能开两顿饭。而且那时候因为军中缺乏运输工具,每支部队都要派出大量人员从黄河北岸去背口粮,这些

中条山保卫战（1938~1941）

背粮的人翻山越岭，一走就要好几天，才能返回队伍。而同时期的日军，因为装备精良，拉运粮草使用的工具全部是汽车。中条山保卫战之初的东坞岭战斗，八路军和国民党军队一起伏击的，就是日军的300辆运粮车队。

除了吃不饱饭，他们还穿不暖衣。老兵们说，中条山的冬天滴水成冰，房檐前的冰溜子几个月都不能融化，野外里的积雪有半人高，到了午夜，狂风呼呼地刮着，将站岗的士兵冻成了冰柱子，所以哨兵需要不断地活动身体产生热量。而房间里的士兵也不好受，他们不得不以"打脚头"的方式睡觉，互相抱着对方的脚取暖。

然而，这样一支食不果腹、衣不御寒的杂牌军队，却照样给了日军沉重打击。

当预二师第四团第一营冲出了日军的包围圈时，八十四师还在日军的包围圈中左冲右突，觅路突围。

5月11日拂晓，八十四师分为四支，四个团各为一支，从不同的方向向外突围。午夜时分，四个团都冲出了日军的包围圈，可是，找不到军部，找不到高桂滋。

高桂滋在哪里？

5月9日这天，高桂滋不但联系不上预二师，而且军部也和八十四师被日军冲散了。

四面都是日军，满耳都是炮声，眼前到处都是硝烟和火焰，军部来到了一个叫做柴家圪垯的小村庄，高桂滋接到了上级的命令，让他去第五集团军曾万钟司令部的驻地马村。在硝烟弥漫和震天动地的轰炸声中，高桂滋率领军部突围，冲向马村方向，想要与第五集团军司令部会合。

可是，还没有走到马村，就听到马村方向传来密集的枪炮声。侦察人员带来的情报是，日军正在全力攻打马村，足有数千人。早在中条山战役之前，日军就已经摸清了中国军队所有部队的驻军情况，所有团以上指挥部的所在地，所在地的驻军数目，都被他们摸得一清二楚。所以，当战役一开始，日军一方面派遣伞兵切断所有的交通要道、桥梁、涵洞、隧道，一方面集中优势兵力，攻打中国军队的司令部。

蓄谋已久的日军主动出击，毫无防备的中国军队被动挨打。

高桂滋站在山岗上，望着马村的冲天火光，他想去解救，可是手下兵微将寡，主力部队八十四师和预二师都下落不明，如果带着十七军军部去解救，无异于抱

第六章 中条山失守

第五节 突围，突围

薪救火。

凌晨四时，第五集团军司令部派来一名参谋，告诉说让高桂滋不要去马村了，马村正在激战。司令部派参谋跑步来通知，估计电台也被炸坏了。

5月10日的晨曦照耀着中条山，中条山又度过了一个不眠之夜，每道山谷每道山梁都是红色，那是被鲜血染红的。

高桂滋带着十七军军部向北行走，想与主力部队会合。走不多远，身后传来了接踵而起的爆炸声。日军的飞机看到了高桂滋和十七军军部的行踪，已经占领了马村的日军立即倾巢出动，一边用重炮轰击，一边派出大队骑兵追击。骑兵像一朵黑云，沿着大道小径飘来了，"噔噔噔"的马蹄声，似乎就响在耳边。空中，三架日军飞机展开了扫射和轰炸，高桂滋的身边不断有人倒下去，马在悲鸣，人在呻吟。

这是一场杀戮，一场实力严重悬殊的杀戮，一场天平严重倾斜的杀戮，占领了空中优势和地面优势的日军，用钢铁机器冲向中国军人的血肉之躯。这是希特勒的装甲师侵入波兰的重现，当作战双方的实力严重不对等的时候，战争就会变成杀戮。

千钧一发之际，军部特务营营长齐天然踊跃而出，率部抵挡日军，掩护军部向北撤退。

八十四师一直在焦急地等待着高桂滋的消息，他们派出多路侦察人员寻找高桂滋下落，均无功而返。

高桂滋军长在哪里？事实上在当时遍地烽烟的战场上，要寻找一个人无异于大海捞针。

没有了军长，没有了电台，没有了上级的指令，八十四师的师长团长们只能自己判断敌情，商量突围方向。可是，深陷方圆几百公里的中条山战场，他们就如同万顷波涛中的一叶扁舟，环顾四野，茫茫一片，哪里才是坚实的陆地？当时，中国军队完全陷入了被动中，日军的飞机在天上像鹰群一样穿梭飞舞，日军的坦克在地上像狼群一样来回奔袭，在这样一场事先精细规划的战争中，日军像拿着手术刀一样，将中国军队的阵地切成了方方块块，中国军队只能手持与飞机坦克根本就不能匹敌的枪支，各自为战。

最后，八十四师决定从闻喜县东北穿过铁路，渡过汾河，向阎锡山第二战区所在的吉县突围。吉县的西部，就是著名的黄河壶口瀑布，越过黄河，就是中国共产党领导人所在的陕北。当年，毛泽东和阎锡山只有一河之隔。黄河东面，是阎锡山；黄河西面，是毛泽东。第二战区的司令部驻扎在黄河东面的几眼土窑洞里，后来，这几眼土窑洞所在的村庄被命名为避难堡。现在，来到壶口瀑布的游客，向东方望去，一眼就能够望到山崖上的这几眼土窑洞。

八十四师继续突围。然而，无论他们冲向哪一个方向，他们的行动都在日军飞机的严密监视中。

他们来到了一座叫做下马关的小村庄，又渴又饿，又困又乏，刚刚坐下喘口气，身后就传来了日军的装甲车和马蹄叩击地面的声音。战士们翻身而起，在村口构筑简单工事，抵挡日军。一个时辰后，日军越来越多，像蚂蚁一样密密麻麻地围聚在村庄周围。附近村庄的老百姓冒着生命危险，冒着在头顶上纷飞的枪弹，给这些已经奋战了一天一夜的子弟兵送来了馒头和水。很多年后，八十四师的老兵们回忆起当年的一幕，还在感慨万千地说："中条山的百姓真是好啊！"而十七军军长高桂滋也在事后多次向家人提起这一幕，他表示等到时局稳定，一定要去中条山看看这些淳朴的老百姓。可是一直没有成行。

老百姓给八十四师带来了干粮和饮水，还带来了一个极为重要的消息，附近有一道河堤，高出地面有两三米。

入夜，日军停止了攻击，八十四师的一部偷偷潜至河堤边，掘开堤坝，滔滔洪水形同万千巨兽，冲向酣睡中的日军。黎明，洪水过后，日军的阵地上只剩下几辆裹满泥浆的坦克。

八十四师继续向前行走，走到日上三竿，遇到了军部特务营。特务营在营长齐天然的率领下，冲出了日军的包围圈，几乎人人身上都带着伤。

齐天然说："特务营自从掩护军部撤退后，就与军部走散了，再也没有见到高军长。"

高桂滋在哪里？

随同八十四师突围的，有一个猛进剧团，其实也就是秦腔剧团，因为八十四师都是高桂滋一手带大的陕北子弟，都有听秦腔的嗜好。没有战事的日子里，战士们围坐在一起，看猛进剧团表演秦腔曲目，他们表演的都是反映民族气节的传统秦腔剧目。猛进剧团就是十七军的宣传队。

猛进剧团的团长叫刘清华，曾经是西安易俗社的著名文武小生，抗战开始后，就弃戏从戎，穿上了军装。至今，在很多陕西老人的口中，还能听到刘清华的名字。陕西老人对秦腔名角的膜拜程度，丝毫不亚于今天的少年对周杰伦的崇拜。

找不到高桂滋军长，刘清华心急如焚，他派剧团里几个少年演员，化装成拾粪孩子，肩挎竹笼，重回被日军占领的地区。那时候北方农村有一种农活就叫拾粪，在北方的官道上经常能够看到拾粪的老人和小孩，将官道上的牲畜粪便捡拾进竹笼里，倾倒在自己家门前的粪堆上。这些粪堆作为肥料，以后会被拉进田地里，增加庄稼产量。

等到夜晚，少年演员们陆续回来了，他们没有找到高桂滋军长，但是看到了日军捉拿他的告示。

刘清华心花怒放，他相信高桂滋还活着。

回过头来，再说说高桂滋。

5月10日早晨，高桂滋带着军部行走，突然被日军的骑兵赶上来了。齐天然带着特务营拼死抵抗，军部急急行进。

陈数民说，正在行进中，空中突然飞来了七八架飞机，对着军部轰炸，子弹"哒哒哒"扫射下来，呈一条直线，激起一泡泡黄尘。"一头骡子就在我眼前倒下了，驮背上的竹筐倾翻了，面粉洒了一地，血液渗着面粉，一直流到我的脚边。还有一匹受惊的骡子撒蹄奔跑，撞倒了前面的人。"

飞机轰炸过后，还能爬起来的人，跟着人群向前奔跑。

跑进了一座山谷间，突然发现前无去路，三面都是悬崖峭壁，而背后是日军坦克轧轧的响声，前无去路，后又追兵，该怎么办？

陈数民说，特务营离开后，现在军部能够作战的人员只有几十人，枪支也只有几十条，一名三十多岁的大个子作战参谋挥舞着手枪，站在高坡上喊道："有枪的人，跟我走。"所有拿着长枪短枪的人跟随在这名大个子参谋的后面，旋风一般地卷向峡谷口。没有枪支的人，向两边的悬崖躲避。

陈数民不知道来了多少日军，只听到峡谷口枪声密集，像爆炒豆子一样，枪声中夹杂着隆隆的炮声，有坦克发射出的声音沉闷的炮弹，也有小钢炮发出的声音尖厉的炮弹，每一声炮弹过后，地面似乎都在颤抖。那是日军在进攻。

后来，再也听不到炮声了，枪声也渐渐地稀疏了，陈数民躲藏在半山腰的一个暗窟窿里，透过草丛，看到日军沿着山谷的小路走进来了。

在峡谷口抵挡的那几十名中国军队，伤亡殆尽。

十七军军部躲藏的这道山谷叫西山，日军搜山的时候，高桂滋能够清晰地听见日军皮鞋踩踏地面的脚步声，他和几名随从人员躲藏在一个深坑里。为了免遭被俘，高桂滋拔出手枪准备自尽，随从副官紧紧地抱着高桂滋的双手。就在这时候，突然风云大作，天降暴雨，日军从高桂滋眼前不到十米的地方撤走了。

那场大雨也挽救了陈数民。

夜晚来临了，每个人都饥肠辘辘，他们互相搀扶着，一步一滑地翻越西山，来到了山那边的河西村。

河西村没有人，中条山战役一开始，村中的百姓就躲进了山中。陈数民打开了一户人家的房门，可是找不到吃的，老百姓把粮食埋藏了起来。他们只好收拢了一些干柴，点起篝火，烘烤衣服。

连续几天以来，他们一直在山中奔走。今天晚上，窗外下着瓢泼大雨，他们在雨声中酣然入睡，一直睡到了天亮。

然而，他们没有想到的是，天亮后雨停了，日军开进了河西村，他们又只好逃进山中。

当时，高桂滋藏身在山中一眼废弃的土窑洞里，与八十四师几名军官意外相遇。尽管军部的人陆续找到了，但是因为缺少弹药，仍然没有战斗力。他们在日军的四面合围中，只能东躲西藏。

一天，一名参谋对高桂滋说：连日激战，十七军主力下落不明，日军又不断搜山，逃出去的可能性很小。即使侥幸逃出去了，蒋介石也不会饶恕打了败仗的人。既然这样，军座不如去找汪精卫，因为军座和汪精卫在北伐战争中有过交往。

高桂滋听到这席话，勃然大怒，喝道："这次战败，责任不在我，在于友军防线被攻破。十七军是我一手带大的部队，我相信不会被全歼，我们一定能够找到。至于汪精卫，北伐时期我和他确实有过来往，当时他是民国领袖，但是现在他投降日本人，是奴才汉奸，我堂堂抗日军长，怎能投降日寇，投奔汪逆？我生是中国人，死是中国鬼！这次能够脱险，再跟鬼子干；不能脱险，我就自杀殉国。"

参谋看到军长高桂滋雷霆震怒，不敢多言，匆匆溜走。

日军又开始了搜山，高桂滋不得已，又带着军部撤离。陈数民说，日军的部队像梳子一样，在中条山中梳来梳去，中国军队每天都要撤离好几个地方，在日军的梳齿间穿梭。

在一个叫做石头圪垛的小村庄里，乡民郑忠义将高桂滋安排进了村庄旁边的天主教堂里。

日军不会轻易进入天主教堂，更不会破坏天主教堂，因为天主教堂的神父是欧美人。在激烈的常德保卫战中，常德城被日军炸成了一片废墟，而天主教堂是全城唯一完好的建筑；在同样激烈的衡阳保卫战中，日军同样把衡阳城炸成了瓦渣滩，但是天主教堂同样保存完好。

在石头圪垛村外那间破败的天主教堂里，高桂滋终于在宁静中生活了几天。

特务营仍在寻找高桂滋军长，他们看到日军在墙壁上门扇上张贴的告示，悬赏十万元捉拿高桂滋，然而中条山是抗日根据地，百姓对告示置之不理。

特务营找不到高桂滋军长，便将十七军八十四师一名牺牲了的伙夫掩埋，并在坟墓上插上一块木板，上面写着"陆军第十七军中将军长高桂滋之墓"。此伙夫也身材高大，与高桂滋有几分相似。

此前，日军已经在山中找到了高桂滋的坐骑，现在又找到了高桂滋的坟茔，因而确信高桂滋已经被击毙。日军将坟墓挖开，拍摄照片，在报纸上大肆宣扬。

而此时，高桂滋在当地群众掩护下，西渡黄河，去了宜川。不久，又重返抗日战场，任三十六集团军副司令，兼中条山游击总司令。

第六节 将军一去，大树飘零

高桂滋来到天主教堂的这一天，是 1941 年 5 月 13 日。

就在这个时候，又有两名中国军队将领战死中条山战场。他们是第三军军长唐淮源和第三军十二师师长寸性奇。

唐淮源出生于云南，毕业于云南讲武堂，投军 30 年，从排长升至军长，身经百战，战功卓著，抗战开始后，率滇军来到中原作战，后移防中条山。

中条山战役开始的时候，唐淮源带着第三军坚守在西面阵地，虽然进行了顽强抵抗，阵地几度易手，但终于因为后援不继，又与两翼友军失去联系，形势极为不妙。

而第三军军部的形势更为焦虑。敌军在马村击溃了第五集团军司令部后，又继续前行，进攻第三军军部。第三军军部与日军激战三日，伤亡惨重，当地人介绍说，当时，沟壑间填满了尸体，以至于很多年后，当地学生上学从沟壑间经过，还能看到山沟里的累累白骨。

后来，第三军军部被日军攻破，此时，唐淮源接到了第一战区司令部的电报，让他们向南突围，渡过黄河。

唐淮源不得已，命令主力部队以团为单位，向外围突破，然后在外线与日军作战，等到渡过黄河后，再一起聚集。唐淮源在各师师长的会议上说道："现在情况极为险恶，吾人在事有可为之时，应竭尽心力，恢复原态势，否则当为国家为民族保全人格，我已抱定不成功则成仁之决心。"

唐淮源已经意识到形势异常严峻，日军的包围圈密如铁桶，层层包裹，要突围出去谈何容易，他又对手下的师长说："中国只有阵亡的军师长，没有投降的军师长，此例千万不能从第三军开。"

会议结束后，唐淮源亲率一个团奋勇突围，且战且走，走到了夏县尖山，唐

第六节 将军一去，大树飘零

淮源的身边只剩下几名通讯兵和报务员。四面日军围堵而来，唐淮源借助暗淡天光，在笔记本上写下遗书：

> 余身受国恩，委于三军重任，当今战士伤亡殆尽，环境险恶，总军两部失去联系。余死后，望余之总司令及参谋长收拾本军残局，继续抗战，余死瞑目矣！

写完后，唐淮源就开枪自杀了。

唐淮源自尽后，通讯兵和话务兵悲痛万分，他们冒着大雨，抬着唐淮源，来到尖山附近的清道村，推开一户农民家的房门，跪在农民面前，留着眼泪说："老兄，求求你，把我们一个同伴埋了，我们和他的家人永远都会感激你。"

这户农民就做了一口薄木棺材，组织了村中十几个人，将唐淮源入殓了，然后埋在了附近的山上。当时，农民们并不知道他们掩埋的就是第三军军长，直到战争结束后，才知道了唐淮源的身份。

唐淮源殉国后的第二天，第三军十二师师长寸性奇也壮烈牺牲了。

寸性奇也是云南人，曾经做过云南南溪县县长，后来到广州拜见孙中山，深受孙中山赏识，担任大本营少将参军。

全面抗战开始后，寸性奇担任第三军十二师三十四旅旅长，北上河北，转战山西，在紫荆关、井陉等地，与日军浴血奋战，以军功升为十二师师长。

中条山战役时，寸性奇奉命坚守夏县与垣曲县交界的中条山主阵地，与日军激战三日，阵地被突破。后，接到南撤至黄河对岸的命令，又一路南下，准备抢占渡口，却在夏县张家坪与日军遭遇，双方展开肉搏，境况极为惨烈。当时，日军从四面合围而来，飞机大炮狂轰滥炸，十二师面临生死存亡，寸性奇对部下说："吾辈今日唯有奋力杀敌，枪在手，剑在腰，不令为贼俘也，济则为国家光荣，不济以死继之。"

5月13日，寸性奇率军来到垣曲县毛家湾，又被优势日军包围，寸性奇绰枪在手，亲自带领突围部队与日军搏杀，不幸胸部中弹，他强忍疼痛，仍旧躺在担架上指挥战斗。

13日晚，寸性奇的右腿又被日军炮火炸断。他自知伤势严重，不肯被俘受辱，于是拔出腰间短剑，自杀殉国。

寸性奇在自尽前已经知道了军长唐淮源牺牲，他曾对身边的人说："忻口会

中条山保卫战（1938~1941）

战中，中国有一个军长一个师长一起殉职，这次战役，我们滇军也要有一个军长一个师长一起为国殉职。"

在忻口会战中，第九军军长郝梦龄和手下的五十四师师长刘家麒一起阵亡，在这次战役中，阵亡的还有第九军独立第五旅旅长郑连珍。

十七军少将参谋长金崇印也牺牲在中条山战役中。

金崇印是直隶通县（现为北京市通州区）人，早年从军，曾经跟着北洋军队出兵西伯利亚，后又参加了北伐战争。

抗战开始后，金崇印升为十七军参谋长，和军长高桂滋配合默契，参加了平型关团城口阻击战和太岳山等战役。1941年5月7日，中条山战役爆发，他率队与日军激战至9日，因为横垣大道被日军截断，十七军腹背受敌，于是撤退到山区，继续与日军交战。当时大雨滂沱，日军四面夹攻，情势异常凶险，金崇印率部与日军血战三日，身上多处带伤，不幸于11日被日军俘虏，押解到绛县横水镇。在横水镇，日军百般引诱，严刑拷打，但金崇印不为所动，全身浴血，大骂日军，目眦尽裂，誓不投降。日军见劝降无效，便于16日夜晚将他杀害了。

牺牲在中条山战役中的还有石作衡中将。

石作衡是山西浑源人，黄埔军校四期生。黄埔军校中的山西人共有66名，其中包括徐向前、程子华等。

石作衡参加过古北口长城抗战，当时是第九军三十师一名营长。后又在南口、大同、平型关、忻口等战役中，与日军作战，每战必身先士卒，奋勇当先。在忻口会战中，他与日军展开拉锯战，阵地反复易手达十余次，身负重伤。

中条山战役时，石作衡任四十三军七十师少将师长，坚守横岭关。横岭关被日军突破后，他不得已率众转入阳城山林中，困守两个月，偷袭日军，补充给养。

后来，石作衡得知中条山已经全面失守，中国军队主力退往黄河南岸，中条山中的抗日力量缺乏统一指挥，他便联络各地尚未渡河的守军残部，共同进入日军防守薄弱的地区，一起开展游击战。

从中条山失守的5月，到1941年9月，这四个月里，石作衡组织的游击战，给予了日军一定的杀伤。

9月5日，日军集结了1500名兵力，坦克两辆，大炮十门，围剿石作衡率领的七十师。由于兵力和武器悬殊极大，七十师被压缩在一个三平方公里的山坳里，

第六节 将军一去，大树飘零

石作衡大声疾呼："坚决不做俘虏，杀出一条血路，冲出去。"他带着战士们奋勇拼杀，经过两天一夜激战，终于打开了一道缺口。

9月6日凌晨八时，七十师已经脱险，正在山谷中行走，突然与日军增援部队遭遇，于是展开了激烈的白刃战。日军呼叫飞机助战，石作衡冒着枪林弹雨，与日军拼死冲杀，不幸一颗炮弹击中了他，他的左腿被炸断，肋骨被炸断，肚子被弹片划开，肠子流了出来。他将肠子塞进肚子里，对部下说："协同一致，亲密团结，以铁血保卫祖国，完成复兴大业，吾死亦无憾矣！"言毕，壮烈殉国。

石作衡牺牲后，战士们抬着他，冲出了日军重围，他们从绛县丁家洼一直抬到了花崖山。村民们知道抬来的是石作衡将军，无不泪流满面，他们用做好的棺材装殓好将军的遗体后，存放在山崖的窑洞里，派人专门看管。每逢清明节，人们都自发组织来到那里烧纸钱。

石作衡牺牲20天后，武士敏将军也牺牲了。

中条山战役开始的时候，九十八军军长坚守东北线，他在王村将2000名日军击溃，毙伤日军800人，而且还击毙了日军滨田少将。然而，局部的胜利无法扭转整个战局，武士敏带着部队且战且走，不断给敌重创。日军尽管在整个中条山中，对中国军队采用攻势，但是，在九十八军面前，日军一直没有占到便宜。

到了5月13日，日军腾出手来，大举进攻九十八军。九十八军为了掩护集团军渡过黄河，就将更多的日军吸引过来，激战昼夜，两万人的军队，只剩下了7000人。

14日，九十八军接到命令，突围南渡。这时候，本来武士敏可以带着军队杀到黄河渡口，可是他却选择了另一条道路，转战敌后，与日军继续作战。

当时，九十八军以沁河以东，白晋公路以西作为根据地，军部设立在沁水县东峪村。

武士敏和九十八军孤悬敌后。

为了更有效地打击日军，武士敏和陈赓、薄一波领导的太岳抗日根据地达成了协议，共同开展抗战，互通情报，打击敌人。当地百姓说，这是真正的民族统一战线。

日军看到九十八军与八路军联合起来，就感到恐慌，他们采取分化瓦解的卑

十万男儿血
中条山保卫战（1938~1941）

鄙伎俩，大肆宣传说：日军不打九十八军，日军愿和九十八军一起打共产党。而且，日军还送来了劝降书，让九十八军归顺。

为了赢得时间，武士敏采取拖延的办法，将日军的劝降书放在一边，让日军误以为他在考虑，而实际上，武士敏号召九十八军全力备战，准备给予日军迎头痛击。

1941年5月，日军集中了临汾、晋城、平遥、介休等地的25000名武装，兵分九路，围剿太岳山区。武士敏接到了情报后，就给在西安的妻子写了一封信，信中说：凶险袭来，日军以三万兵力铁壁合围东西峪，九十八军危矣，我已做好牺牲准备，倘我不幸捐躯，切勿悲伤。

当时，八路军分析了眼前的种种情势，也给武士敏送来了一封信，劝武士敏撤到沁水西岸边，然而这封信不知道武士敏是否收到。九十八军没有撤往沁水西岸，而是向东朝着马头山进发。

于是，激战开始了。

武士敏率领着九十八军与强大的日军血战，战至28日，日军的包围圈逐渐缩小，武士敏号召全体将士"拼杀到底，决不投降"。

夜晚时分，日军停止攻击，武士敏将所余战士分成七支小分队，向外突围。

黎明时分武士敏带着两营战士已经突出日军包围圈，抵达白晋公路，听闻一六九师还没有突围出来，又回身接应，结果被日军包围。武士敏奋力冲杀，腿部中弹，警卫员背着他继续突围，可是腰间又中一弹，无法再行。日军冲上来，武士敏自戕殉国。

武士敏牺牲后，日军列队向他的遗体告别，还准备了一口上好棺材，将他的遗体入殓后，运往长治厚葬。

中条山战役，中国军队一下子失去了这么多优秀将领，实在让人痛心。古希腊时期，力学之父阿基米德被一名罗马士兵砍杀，后世评论说："这一刀，砍下了一个世纪也难长成的头颅。"而中条山战役，也丧失了我们中华民族的忠诚将士。

中条山战役，中日双方伤亡如何？

据日本《中国事变陆军作战史》记载，在中条山战役中，中国军队战死被俘近80000人，遗弃尸体42000具，战死被俘的中国将军十余名。

除了中国军队外，日军还野蛮屠杀中条山百姓3000余人，致残45000人，屠杀牲口 10000 余头，烧毁房间 18000 间。

中国军队牺牲将军八人。

这样惨重的损失，是抗战相持阶段绝无仅有的。

中国军队为什么会败得这么惨？1942 年 12 月，国民党军令部的机密文件《中条山会战》中，记载了一些将领的总结发言，基本上可以看出当年失败的原因。

八十军军长孔令恂认为："敌对我阵地兵力之配置均相当明了。"第五集团军司令曾万钟认为："我对敌情缺乏有系统之判断。"

日军对我了如指掌，我对日军没有了解，这样的战役，中国军队如果再不失败，《孙子兵法》就要重写了。

薛岳的分析也很透彻，他说："东西横扩百余公里，南北纵深不足 80 公里之山地，注入防守兵力达 20 个师，十五六万人，如置巨鱼于井中。"

当初，陕西军三万人在这里坚守，为什么每次都能反败为胜，关键在于有足够的辗转腾挪的空间，而现在十五六万人局促在一起，无法转身，正好成为日军机械化军队攻击的靶子。

还有将领认为："补给困难，虽至战时，亦以三分之一兵力背送给养，士兵背粮磨面等杂勤太多，每团千人参加战斗者仅五六百人。"

当时，中条山山路盘旋蜿蜒，天旱少雨，广种薄收，土壤贫瘠，难以供应十几万军人的口粮，粮食需要从黄河南岸运来，因为没有机械工具，每支部队只能派出相当数量的人去背粮。中国军队尽管在中条山中有十五六万军队，然而有一半要从事运粮，参加一线战斗的仅有七八万人，而日军有十万人，武装到牙齿，这样比较起来，中国军队也败在必然。

第七节 战俘的悲惨命运

日军战报记载,中条山战役后,中国军队战死被俘近80000人,这些中国战俘的命运如何?

郭基羚当年是一名战俘,是在中条山战役中被俘的。

日军先将郭基羚送到了山西临汾城内的一个大庙里,过了几天,又把他和很多中条山中的战俘一起送到了位于太原市小东门内的战俘集中营——当时叫做太原工程队。

太原工程队,这是一座人间地狱,这里关押着很多国民党军队士兵和八路军士兵。

郭基羚至今能够记得一件令人发指的事情。1941年7月的一天夜晚,中国军队一名团长想从太原工程队逃出去,可是被日军捉住了。日军士兵当着左右战俘的面,把他的心挖出来,放在盘子里,端给了负责俘虏营的日军军官,作为下酒菜。

那个时候,战俘营中,身体胖一点的俘房,经常就会莫名其妙消失,去了哪里? 是被日军军官吃了。有个日军军官有吃人肉的嗜好,尤其喜欢吃人的心脏,简直就是一只恶魔。战俘营中,身体胖一点的和体格好一点的,整天提心吊胆,因为说不定什么时候,就会被日军军官吃了。

因为很多战俘居住在一起,环境极差,食不果腹,很长时间不能洗澡,各种病菌在战俘营里传播,而日军不给战俘医治,反而听任病菌传播蔓延。郭基羚亲眼看到过两名战俘因为患有伤寒病而死亡。

在太原工程队里,战俘是毫无自由的。6月的一天,放风的时候,郭基羚随便和几名战俘交谈了几句,不料给日军看守发现。看守将他们殴打了一顿,然后强迫他们站在火辣辣的阳光下,仰起头来看太阳。他们被太阳晒得浑身汗水,而眼睛看着太阳,又像针刺一样痛苦。日军看守监视他们,不允许他们的眼睛眨一下,

第六章 中条山失守

第七节 战俘的悲惨命运

如果违反了，棍棒就会像雨点一样落在背上。

郭基羚说，日军对战俘的体罚方式，简直超出了人们的想象。

在战俘营里，朱永祥就属于那种体格好的人。值得庆幸的是，他没有和郭基羚在一个战俘营里，也没有遇到一个喜欢吃人心的恶魔看守。然而，他的遭遇照样很悲惨。

当年5月，和朱永祥一起被日军俘虏的有40多人，他们先被日军关在运城十多天，然后坐着闷罐子火车来到太原。火车在路上走了一天，这一天里，他们没有吃没有喝，连厕所也不让上。每节车厢里装120人，密不透风，异常闷热，夏季的太阳照在铁皮车厢上，车厢里的温度高达五六十度，等到到了太原，车厢里有四名俘虏死了。

在太原工程队，战俘们每天只能吃两顿饭，每顿只有一小勺子米饭，米饭已经发霉了，散发着馊味和臭味；每天只能喝一次水，每次只给一小碗水。隔三天才能吃一次菜，菜也是那种腐烂的菜叶，没有盐也没有油。到了冬天，也不给战俘发棉衣，你进来的时候穿着什么，以后还穿什么。日军根本就没有把战俘当人看待。

在战俘营里，朱永祥每天都能看到十个以上的人死亡。每天早晨，体格强壮的朱永祥，就被日军指定抬死尸，抬到东城墙根预先挖好的壕沟里，然后掩埋。每个壕沟埋六七十具死尸。

日军看守还经常对战俘耍花招，看到谁不顺眼，就说谁有病，需要治疗，命令这个战俘走到室外，日军给他注射一种战俘们不知道名字的针剂，本来没有疾病的很健康的人，几分钟后就会死亡。朱永祥亲眼看到他所在的班里，有两名战俘就是被日军注射了毒针而死亡的。

日军还对战俘营中身体强壮的青年进行抽血，他们定期将这些战俘拉到日军的医院里，每次都抽取很多血液，每20天抽取一次，直至将战俘的身体彻底抽垮。朱永祥就曾经被抽过三次血。战俘体内的血液被抽干后，变得奄奄一息，日军才不再抽血。而这样的战俘，能够活下来的很少。

朱永祥在太原集中营被关押了三个月，抽血三次后，日军就将他和其余的400人拉到北门外去修飞机场。在修飞机场的过程中，有两名战俘逃跑，被日军抓回，日军看守当着所有战俘的面，让狼狗将他们咬得浑身流血，然后绑在木柱上，让新兵用刺刀捅死了他们，借此锻炼新兵的胆量。

日军每次杀害战俘的时候，还迫使周围的老百姓观看，以摧毁中国民众的抗日意志。

当时，被关押在太原工程队中的战俘有15000名左右，有中央军的，有晋绥军的，也有八路军的，这些战俘每天都遭受非人的折磨。

战俘在这里关押一段时间后，就被日军送往各地充当苦力。其中向阳泉煤矿送过两次，大约有400人；向东北送过五六次，共有6000余人；向唐山煤矿送了800人；向井陉煤矿送了800人……除此而外，日军还强迫这些战俘给他们充当炮灰，编入皇协军，每逢作战和通过危险地域，比如要穿过地雷阵，就强迫皇协军走在前面。

每一个战俘，都有一段痛苦的经历。

1942年8月12日的《新华日报》中，曾有一篇关于太原工程队的回忆文章，作者是赵培宪。《新华日报》当年是共产党创办的报纸。

在战俘营的日子里，只要有太阳，每天下午二时，是一天之中最燥热的时候，日军就强迫战俘站立在水泥地板上暴晒，有的人脊背上被晒出了一层皮，有的人被晒死了，还有些人被晒昏了，而晒昏了的人，会遭到日军棍棒和鞭子的毒打，强迫他再站起来。最后，晒昏的人不是被晒死，就是被打死。

日军还把八路军战俘当成了活靶子。

7月20日，日军把赵培宪等20个人集中在一起，从战俘营向一座坟场的树林走去。此前，日军已经多次把战俘拉到坟场边的树林里杀害，每天80个人，分成四组，每组20人，进行杀害。

这天，赵培宪被安排在第三组。

赵培宪亲眼看到日军将前两组战俘的衣服剥去，背捆着双手，排成一字队形，20个日军端着刺刀，刺向战俘们的胸脯和心脏。战俘们在临死前怒视着日军，齐声高呼："打倒日本帝国主义！"

两组战俘倒在了日军的刺刀下，鲜血染红了脚下的土地和荒草。

就在日军走向第三组战俘的时候，赵培宪转身就跑，他跳下土崖，奔过深沟，一直不回头地拼命奔逃，终于逃脱了。

后来，赵培宪找到了队伍，又开始与日寇作战。

赵培宪新中国成立后担任云南省蒙自地委书记和云南省民政厅长等职务。

日本人住冈义当年是太原工程队的军官，他在1956年5月31日写过一份供状，里面详细写到了杀害中国战俘的情况。

当年，住冈义是日军独立步兵第十三大队机关枪教育队少尉教官，他在供述状中写道：

……对各中队的新兵实施刺杀活肉靶检阅时，我以安尾大队长辅佐官的身份参加了，当时在各队教官的指挥下，越220名新兵参加。根据大队长的命令，大队教育主任小池中尉从太原市小东门第一军工程队带来的俘虏（大部分是八路军战士、干部、学生，一部分是抗日军的战士），越220名，每人刺杀一名，尸体弃之于杀人的赛马场内的东边沟里。

这次屠杀是根据当天来视察检阅的独立混成第四旅团旅团长津田守弥少将的命令实施的，旅团长津田少将对旅团所属大队在昭和16年（1941年）征集的现役兵的教育方针是：为把这批新兵作为旅团的骨干，要彻底地对他们进行作战警备训练，以达到老兵的水平……并对大队长安尾大佐训示：要以活着的中国人做教育材料，进行试胆锻炼为方针……

各教官进行准备，于检阅的日期集中于指定的地点太原，实施每个检阅科目。检阅课中的刺杀假设敌就将中国人作为活肉靶进行检阅。就在检阅之时，有一名俘虏从刺杀场逃跑了，经过东山孟家井逃到解放区，以后于当年秋，在《新华日报》上揭露了这一罪行。

住冈义供述状中所写的这名逃跑的俘虏，应该就是赵培宪吧。

然而，尽管日本人用战俘作为活肉靶的罪行被公之于众，然而，他们并没有收敛。

住冈义继续写道：

1942年8月2日前后，我根据大队的检阅计划表，指挥机关枪班约70名，把小池中尉由小东门第一军工程队带来的八路军、年轻的抗日大学生及一部分病人俘虏约70名（其中约50名妇女），当作教育材料将其刺杀。当时大部分的妇女在刺杀前，都高呼中华民国万岁等口号……于此次检阅期间，各教官、助教及340名新兵，共杀害了约340名俘虏。

日军把中国战俘,更多的是八路军战俘当成了活肉靶,肆意刺杀,放眼全世界,也找不到比这更残忍的强盗。

这几年,熟悉抗战历史的人,都在谈论一个叫做汤浅谦的日本人,这个晚年良心发现的日本人,写了一封自悔书,承认自己当年在太原工程队从事过人体解剖试验,而且从事过八次人体解剖。而他解剖的是,是活生生的中国人。

汤浅谦这样写道:

> 走进手术室,里面有院长、护士和见习医生。一会儿,从外面推进来一个30岁左右的男人,长得很健壮,可能就是平时常说的八路军吧。他一点没有恐惧的样子,怒目注视着我们,然后毫不畏惧地上了手术台。尽管打了麻药,但那毕竟是一个鲜活的生命。在所谓的"解剖实习"中,我们把他好端端的阑尾切掉,把肠子剪断再缝上,再剪断再缝上,来回好几次。还有的医生把他的胳膊截断再缝上……一开始我给别人打下手,但后来的气管切开手术,我是主刀医生。

而那些用作人体试验的战俘,或者在手术中或者在手术后就死亡了,日军将他们掩埋在医院附近的土坑里。

日军的暴行,超越了人类的忍受期限。日军的罪恶,中华民族永远都要铭记。前事不忘,后事之师。牢记日军的罪恶,是为了让这种悲剧不再重演。

尾 声

1941年5月，留在中条山的中国军队被日军战败，一部分牺牲，他们至今连姓名也没有留下；一部分逃过了黄河，盼望着能够打过黄河以北来；一部分做了战俘，遭受了非人的折磨，九死一生。

而一直到抗战胜利，中国军队都没有打过黄河以北。

1941年5月，尽管日军占领了中条山，却再也无力进入西北了。

那支在中条山中坚守了两年半，挫败了日军11次进攻的第四集团军，他们此后的命运如何？

第四集团军渡过黄河后，驻扎在河南偃师、汜水、巩县、广武一带，担任河防，阻击日军渡过黄河。日军占领了中条山后，曾派出一支部队从邙山偷渡，被第四集团军三十八军击败。

邙山位于洛阳市北，黄河南岸，系秦岭山余脉，为洛阳的天然屏障。传说这里风水极好，所以成了东都洛阳历朝历代的官家墓地，邙山上已无一块卧牛之地。民间有"生在苏杭，葬在北邙"的谚语，唐代诗人王建《北邙行》这样写道："北邙山头少闲土，尽是洛阳人旧墓。旧墓人家归葬多，堆着黄金无置处。"白居易的《浩歌行》中也这样写："贤愚贵贱同归尽，北邙冢墓高嵯峨。古来如此非独我，未死有酒且高歌。"

唐代的邙山都已经没有掩埋之地，更何况现在。

想来，当年三十八军在邙山上抗击日军的时候，高耸嵯峨的墓碑和高高隆起的墓茔，是天然的防御工事。

十万男儿血
中条山保卫战（1938～1941）

在河南，第四集团军依旧开办干部培训班。

在一次培训班上，孙蔚如向学员们讲起了当年替杨虎城守法的事情。卢沟桥事变后，孙蔚如两次面见蒋介石，愿意替杨虎城守法，让杨虎城出来指挥陕西军作战。他恳求蒋介石说，双十二事变，杨虎城是出于爱国的目的，出于对日寇的愤慨，"论带兵，我是书生；论打仗，杨先生比我强得多，为了国家民族，请委员长三思"。

然而，蒋介石没有同意。

孙蔚如文武全才，他的书法、诗词都造诣极深，而且非常讲义气，看淡名利，与士兵同甘共苦，所以，陕西军从上到下，都非常敬重孙蔚如。将士一心，同仇敌忾，这也就是陕西军能够打胜仗的原因。

1943年，统帅部又将三十八军从邙山一带调离，调来汤恩伯部队在邙山坚守。

1944年4月19日夜晚，日军突破了邙山阵地，汤恩伯的85军一路溃败，日军接着用主力步兵两个师团、装甲第三师团之一个旅团，向第四集团军阵地实施攻击。第四集团军九十六军坚守左翼阵地，路云亭营坚守虎牢关据点，日军前锋部队攻击七天七夜，援兵增至两个联队，依然无法攻破虎牢关天堑。后，日军被迫采用迂回战术，占领了西十里铺，截断了虎牢关与大本营的联系，虎牢关守军弹尽粮绝，弹药难以为继，便趁夜色撤出了虎牢关，而日军在虎牢关也丢下了近千具尸体。

仅仅一个虎牢关，就让日军攻打了七天七夜，付出了千个士兵死亡的代价。从1940年撤离中条山到1944年虎牢关战斗，时隔四年，日军又见识了杂牌军陕西军的强悍战斗力。这支由陕西冷娃组成的军队，打起仗来从来都不要命，有一股二杆子劲，日军在这些二杆子面前感到畏惧。1944年的陕西军，都是从中条山血战中杀出的威武之师，他们在坚守黄河南岸时，几乎没有什么大仗，所以也没有多少伤亡，这些士兵都是当年那些在中条山中与早期日军血拼的老兵；而日军就不同了，1944年的日军，兵力已经严重不足，敌后战场上的很多日军都是新兵，这些没有打过大仗的新兵，战斗力是非常孱弱的，怎么能与在中条山中血战了多年的陕西军老兵一对一地较量？

日军在陕西军坚守的阵地上吃了大亏，便改变部署，派一部分兵力牵制陕西军，主力用来进攻汤恩伯阵地。

孙蔚如的军队是杂牌军，汤恩伯的军队是中央军，日军先前以为陕西军比中央军好打,没想到在陕西军面前丢盔弃甲,醒悟过来后,这才将主力用来攻打中央军。

汤恩伯的中央军阵地像豆腐渣工程一样,让日军轻易就攻破了,然后,日军接连攻陷密县、襄城、许昌、临汝、宜阳等地,直逼龙门。

龙门陷落后,统帅部又命第四集团军向洛阳以北的邙山挺进;第四集团军向邙山行进一天,统帅部又命反攻汜水;向着汜水行走一天,统帅部又命向偃师进攻;长途奔袭来到偃师,刚与日军交战,统帅部的命令又来了,这次是要求第四集团军到新安西南地区。

第四集团军的战报中这样写道:"数万大军进退如此轻忽,统帅部之企图令人无测。"

一场这么大的战役,统帅部朝令夕改,忽左忽右,这和当年中条山战役如出一辙,统帅部坐在大后方,对着地图发号施令,哪里懂得前方将士是如何拼杀的?是如何浴血奋战的?

纵然这样,第四集团军仍旧在洛阳地区打了好几个伏击战,广大民众送军粮、抬担架、运弹药,异常积极。当地武装聂玉堂、聂振寰还带来几百人枪,帮助第四集团军作战。而豫西别处,民众一看到汤恩伯的军队,就逃跑一空,中央军想找人带路询问,连一个人也找不到。豫西战役失败后,中央军各指挥官向重庆方面抱怨:豫西民风剽悍,袭击中央军,帮助日军,是非不分。而河南参议会则回电:人民袭扰各军,何以不袭扰第四集团军,且帮助之。此纪律不良以致之,自己战败岂能诿过于人民?

整个豫西战役中,日军在第四集团军面前都没有占到便宜。当时,日军的广播中也有"与彼第四集团军作战,未能击破主力"之语。日军还在广播中讥刺汤恩伯的军队说:日本人在国际间赛跑从不落后,此次与汤恩伯作战,却是望尘莫及。日军的这句话是讥讽汤恩伯的军队一打仗就转身狂奔,日本人撵都撵不上。

1945年7月,孙蔚如被调任第六战区司令长官,他带着张境白的警卫团先行赴任,赵寿山的三十八军随后开进。孙蔚如上任后,立即布置进攻宜昌,突然接到日本投降的消息,三十八军便停止开进。

这时候,第六战区秘书长是连瑞琦。我小时候曾经多次见到过连瑞琦,他每天下午从山沟里走上来,腰杆笔直,昂头挺胸,完全一副军人的姿势。我只听人说他在新中国成立前当过大官,但是不知道他是谁。直到他去世后,才知道他有过非常显赫的经历。可惜,那时候我太小,没有采访他。

日本投降后,孙蔚如任武汉战区受降主官,接受冈部直三郎大将第六方面军的投降。李兴中任第四集团军司令,接受郑州日军投降;赵寿山任第三集团军司令,驻扎甘肃武威,保障甘南新疆交通要道的畅通。

孙蔚如和国民党军队五大主力之一的十八军军长胡琏关系很好。胡琏也是陕西人,陕西人极为看重本土情谊。孙蔚如有一位陕西厨师,陕西饭做得很好,胡琏每周都会来到孙蔚如公馆吃午饭,每次吃完饭都要谈论很久,经常还会吵起来,因为两人政见不同。但是吵归吵,吵完了还是好朋友,有时候胡琏吃完了晚饭才离开。胡琏来的时候,孙蔚如列举了蒋介石反动独裁、日本投降后接收大员贪污腐化等丑事丑闻,劝胡琏认清形势,不要再为蒋介石卖命,要给自己留有余地。胡琏认为孙蔚如分析有道理,但同时又说他深受蒋介石和陈诚的栽培之恩,不能做对不起他们的事情;但是他也不会出卖朋友,对两人之间说过的话严守秘密。

1946年,第六战区撤销,成立武汉行营,程潜为主任,孙蔚如为副主任,实际已经被完全架空,他每天除了去办公室转一圈,其余时间以与随从下棋打发时光。

1947年,华中剿匪总司令部成立,白崇禧任总司令,总揽一切大权,程潜与白崇禧矛盾激化。

1948年,蒋介石撤销武汉行营,成立长沙绥靖公署,程潜任湖南省主席兼长沙绥靖主任。孙蔚如被调任"总统府战略顾问委员会"委员。

淮海战役时,胡琏受伤,孙蔚如派人前去上海医院探望。胡琏伤愈后,也前来拜访孙蔚如表示感谢,并对孙蔚如的远见卓识深表钦佩。

1949年,国民党大势已去,高官要员纷纷前往台湾,胡琏来与孙蔚如告别,孙蔚如明确表示,他不去台湾。胡琏问孙蔚如有什么事情需要帮忙。孙蔚如说:"有两名部下想去台湾,你带上一起去。"胡琏就将两人带走了。

新中国成立后,陈毅探望孙蔚如,并传达周恩来指示,邀请孙蔚如参加第一届政协会议。与此同时,二野特种兵副司令员孔从洲也来探望孙蔚如,孙蔚如让身边工作人员跟着孔从洲一起走,他说:"跟着我没有出息,跟着孔副司令员多学习,学会本事,共产党是靠本事吃饭的。"

1979年7月27日,孙蔚如去世。

尾 声

说完了孙蔚如，再说说赵寿山。

1946年，内战爆发后，赵寿山以出国考察的名义，脱离了国民党控制。1947年，他宣布起义，进入冀鲁豫解放区。1948年1月，赵寿山被任命为中国人民解放军西北野战军副司令员。新中国成立后，赵寿山先后担任青海省主席和陕西省省长等职务。

1956年6月20日，赵寿山在北京逝世。

李兴中在孙蔚如升任第六战区司令长官后，接任第四集团军司令。

之后，第四集团军番号撤销，李兴中被闲置。

内战开始，李兴中不愿意打内战。

1947年初，陈诚曾约李兴中来到南京，询问他的想法，李兴中说：中国人打中国人的事情，我不干。随即卸职去了上海，不愿再在军队中干。

后来，李兴中经于右任提名，担任监察院监察委员，化名在《大公报》等报纸上发表反对内战的文章。

新中国成立后，李兴中来到北京，受到党和国家领导人接见。不久，出任河北省交通厅厅长、民革中央委员等。

1962年7月24日，李兴中去世。

孔从洲很早就与地下党有联系，抗战时期，考虑到统一战线，一直没有率部起义。

抗战结束后，孔从洲担任郑州洛阳警备司令。1946年5月，孔从洲在河南巩县起义。

1946年9月，孔从洲加入中国共产党，担任西北民主联军第三十八军军长，后参加解放战争。

1955年，孔从洲授中将军衔，先后担任西南军区炮兵司令、军委炮兵副司令、炮兵学院院长等职。

1959年，孔从洲第二子孔令华与毛泽东之女李敏结婚。

1991年6月7日，孔从洲逝世。

李振西在第四集团军移师河南后，担任一七七师师长。孔从洲在巩县起义时，李振西奉命追赶孔从洲。

中条山保卫战（1938~1941）

1949年，李振西在四川茂县率部起义。

新中国成立后，李振西被判入狱14年，后平反，担任陕西省政协文史资料委员会委员。

高桂滋在中条山战役后，率领十七军移防河南渑池，重整军队，救助难民，为豫西民众所称赞。

抗战胜利后，高桂滋担任第一战区副司令长官、西安绥靖公署副主任。内战爆发，高桂滋不愿打内战，曾将胡宗南围堵解放军中原军区的计划，和胡宗南进攻延安的计划，秘密告诉地下党员，并想尽千方百计，推迟了进攻延安的时间。胡宗南进攻延安时，曾想让高桂滋担任前线总指挥，被他拒绝。

全国解放前夕，身在重庆的高桂滋为了逃避去台湾，躲在一家外国人开设的医院里，直至重庆解放。

中华人民共和国成立后，高桂滋先后担任农林部副部长、西北行政委员会委员等职务。后，又担任陕西省政协副主席。

1959年1月6日，高桂滋去世。

李家钰，生于四川蒲江，在川军中累功升至四十七军军长。1937年9月，抗战仅开始两个月，李家钰就率领18000人从西昌出发，单衣草鞋，行程4000公里，抵达晋东南抗日前线。在驻防长治期间，与八路军联合抵抗日军。八路军一二九师师长刘伯承途径长治，李家钰邀请刘伯承为营以上军官讲解游击战。

1938年春，李家钰在朱德、彭德怀指挥下作战，在东阳关战斗中，重创日军一〇八师团一〇四旅团一部，自己也伤亡惨重，仅营长就牺牲四名。当地百姓在东阳关修建"川军抗日死难纪念碑"。

1939年冬，李家钰升任三十六集团军司令，统辖第十四、十七、四十七三个军的兵力。后，李家钰率部担任黄河防务，在日军占领中条山后，李家钰多次派部队渡河北击日军。四川慰问团曾来河南灵宝县李家钰驻地劳军，李家钰手书"男儿欲报国恩重，死到沙场是善终"，以明志。

1944年春，日军发动豫中会战，相继占领郑州、许昌、洛阳等地，第一战区各部西撤，李家钰担任后卫阻击。5月21日，李家钰在河南陕县秦家坡遭到日军围攻，力战身亡。

在抗战时期，中国有两个集团军司令阵亡，一个是张自忠，一个是李家钰。

后　记

　　我出生在陕西关中一个偏远的小山村，在我很小的时候，就经常听到老人们说起中条山保卫战，他们说村里谁去了中条山打仗，再没有回来，活不见人，死不见尸；谁去了中条山打仗，没过几个月就死了，怎么死的，也没有人知道。

　　在我还没有出生以前，我家就从陕西黄河滩搬迁到了这座小山村，搬迁的原因是，下游要修建三门峡水库，当年一同搬迁的有几十万人。父亲也说，他出生在黄河滩的那座村庄里，也有不少人牺牲在中条山战场。

　　那时候，我总在想，中条山保卫战到底是一场什么样的战争，为什么会有这么多人牺牲？我想查找这方面的资料，可惜一直找不到。

　　后来，我考上了大学，又参加了工作，一直没有放弃了解中条山保卫战的想法。我在地图上查找到，中条山位于山西境内，和我所在的陕西关中，仅相隔一条黄河，于是，我多次前往中条山，去亲眼看了看当年陕西军阻击日军的战场。在查看战场的过程中，还走访了一些当年的抗战老兵和亲历者。

　　我在他们的口中了解到，中条山保卫战，前所未有的惨烈悲壮。

　　15年前，我参加陕西作家培训班时，听到原陕西作协主席陈忠实谈起中条山保卫战。陈忠实那样有名的大作家，也和我一样在关注这场保卫战，让我感到很亲近。十年前，我认识了陕西作家关本满，他是一个非常慈祥善良，又古道热肠的老作家。我通过关本满，认识到了一批研究中条山保卫战的专家、教授，和幸存的抗战老兵。

　　张恒是西北大学教授，这些年来，他前往中条山踏勘采访几十次，走访了几百人，掌握了大量的第一手资料，不但坐实了"八百男儿跳黄河"的传说，而且挖掘出这次战役中，宁死不降，跳入黄河的，多达三千人。

王忙有是渭南教育学院教授，他长期致力于中条山保卫战的研究，这场保卫战中的每次小规模战斗，每次战斗中连排一级的调防，他都了如指掌。王忙有是我在渭南教育学院上学时候的老师，现在，这所学校已经与渭南师范专科学校合并为渭南师范学院。

郭润宇是陕西省社科院专家，他对当年在中条山中担任阻击的另一路陕西军第十七军和军长高桂滋很有研究。

这些教授专家的研究成果，对本书的写作提供了很大帮助。在此，向他们表示感谢。

写完这本书稿，已经是 2011 年初冬。窗外寒风呼啸，落叶萧索，想起了我采访过的那些老兵。在这样寒冷的季节，他们的生活好吗？

于右任老先生曾经写过一首《天净沙》，写的是中条山保卫战，就以此作为全书结尾：

　　中条雪压云低，
　　黄河浪卷冰澌，
　　血染将军战史。
　　北方豪士，
　　手擒多少胡儿！

参考文献

一、专著类

杨圣清主编:《苦痛的记忆:中条山战役难民口述历史实录》,2011 年 5 月
张恒:《黄河魂:中条山抗日钩沉录》,作家出版社,2011 年 3 月
徐剑铭、郭义民、张君祥:《立马中条》,太白文艺出版社,2010 年 8 月
范明:《范明回忆录》,陕西人民出版社,2009 年 4 月
何天义主编:《日军侵华集中营:中国受害者口述》,大象出版社,2008 年 6 月
西安市政协文史资料委员会、西安事变研究会杨虎城暨十七路军军史研究委员会编:《十七路军军史》,2008 年 1 月
李幼兰:《爱国将领李兴中》,社会科学文献出版社,2006 年 5 月
孔从洲:《孔从洲回忆录》,解放军出版社,2006 年 4 月
刘成学、刘觉生:《芮城抗日斗争史》,香港银河出版社,2005 年 8 月
平陆县政协文史资料研究委员会编:《平陆文史资料》,2005 年 5 月
金钟:《条西武装斗争简史》,台海出版社,2004 年 11 月
山西省运城市政协教科文卫体委员会编:《河东文史》,2004 年 1 月
政协山西省垣曲县委员会编:《垣曲老新闻》,香港金陵书社出版公司,2003 年 3 月
政协河津县文史资料研究委员会编:《河津文史资料》,2002 年 12 月
王宇明:《中国共产党的特别党员赵寿山将军》,陕西人民出版社,2001 年 5 月
杨圣清、段玉林:《巍巍中条:中条山军民八年抗战史略》,中央文献出版社,2000 年 7 月

政协永济县文史资料研究委员会编:《永济文史资料》,1998年4月

姚杰:《抗日战争中的第十七路军》,中国文史出版社,1997年10月

靳英辉、李长林编著:《孙蔚如将军》,陕西人民出版社,1996年1月

政协绛县文史资料研究委员会编:《绛县文史资料》,1993年8月

马宣伟、吴嘉陵:《李家钰将军传》,巴蜀书社,1993年4月

政协闻喜县文史资料研究委员会编:《闻喜文史资料》,1992年10月

十七路军中共党史资料征编领导小组主编:《丹心素裹》,中国文史出版社,1987年12月

政协垣曲县文史资料研究委员会编:《垣曲文史资料》,1986年5月

中共中央党史资料征集委员会编:《中央党史资料》,中共党史资料出版社,1984年4月

二、论文类

陈文峰:《试论国民党军第4集团军在中条山的抗战》,《军事历史》,2012年第1期

杨奎松:《关于中条山战役过程中国共两党的交涉问题:兼与邓野先生商榷》,《近代史研究》,2010年第4期

刘贵福:《抗战中期的国共配合作战问题:以百团大战、中条山战役为中心的讨论》,《抗日战争研究》,2007年第2期

叶增宽、宋书云:《从西安事变到中条山抗战看中华民族的抗战精神》,《陕西社会主义学院学报》,2006年第1期

景惠西、景鹏:《我党中条山抗日根据地崛起的原因》,《运城学院学报》,2005年第4期

张安、房彬:《国民党中条山根据地述评》,《运城学院学报》,2005年第4期

杨圣清:《原杨虎城十七路军对抗战的重大贡献》,《中共党史研究》,2003年第6期

杨圣清:《关于中条山战役研究中的几个问题》,《抗日战争研究》,1996年第3期

李茂盛:《论中条山战役及其失败原因》,《山西师大学报》,1987年第2期

三、报刊类

《平型关下：国军八十四师血雨腥风肉搏战》，《看历史》，2010 年第 10 期

《"守不住望原，砍下我的头扔进黄河"：中条山战役望原会战追忆》，《各界导报》，2010 年 5 月 14 日

《杨虎城为何被称为"关中刀客"？》，《华商报》，2006 年 11 月 24 日

《中条山会战死里逃生，为铭记血战更改生日》，《华商报》，2005 年 7 月 12 日

《揭开沉默的历史》，《西安晚报》，2004 年 12 月 12 日